高等学校应用型特色规划教材

新媒体营销实务

张文锋　黄　露　编　著

清华大学出版社
北京

内 容 简 介

本书从单一的营销形式逐一入手，清晰地展示了新媒体营销的各个主要领域，包括网络广告、软文营销、搜索营销、博客与微博营销、微信营销、论坛营销、邮件营销、IM 营销、APP 营销、第三方平台营销，以及比较前沿的场景营销、直播营销和 VR 营销。

本书主要面向应用型院校的学生，以应用性为基本特色，注重学生应用能力的培养，同时也兼顾了学习者应当具备的基本理论知识，在每个章节之后设置了"知识扩展"栏目，有利于拓宽学习者的专业视野。

本书可作为市场营销、广告公关、电子商务及相关专业的教学用书，也可作为相关从业人员的参考用书。为了方便教学，本书制作了配套课件供教师参考。

图书在版编目(CIP)数据

新媒体营销实务/张文锋，黄露编著. —北京：清华大学出版社，2018(2023.2 重印)
(高等学校应用型特色规划教材)
ISBN 978-7-302-49100-2

Ⅰ. ①新… Ⅱ. ①张… ②黄… Ⅲ. ①网络营销—高等学校—教材 Ⅳ. ①F713.365.2

中国版本图书馆 CIP 数据核字(2017)第 300302 号

责任编辑：姚 娜 吴艳华
装帧设计：李 坤
责任校对：王明明
责任印制：宋 林
出版发行：清华大学出版社
   网 址：http://www.tup.com.cn, http://www.wqbook.com
   地 址：北京清华大学学研大厦 A 座   邮 编：100084
   社 总 机：010-83470000   邮 购：010-62786544
   投稿与读者服务：010-62776969, c-service@tup.tsinghua.edu.cn
   质量反馈：010-62772015, zhiliang@tup.tsinghua.edu.cn
   课件下载：http://www.tup.com.cn, 010-62791865
印 装 者：三河市龙大印装有限公司
经 销：全国新华书店
开 本：185mm×260mm   印 张：16   字 数：407 千字
版 次：2018 年 1 月第 1 版   印 次：2023 年 2 月第 8 次印刷
定 价：49.00 元

产品编号：075730-04

前言

一本名为《公众风潮：互联网海啸》的译著曾风行一时，该书把社会化媒体带来的社会冲击与互联网冲击形容为"海啸"，虽有些夸大，但的确比较形象。正如众人所感知到的那样，以微博、微信为代表的新媒体在包括营销在内的社会各领域掀起了一阵阵"风潮"，如今热度犹在，而网络直播、虚拟现实技术等又掀起一阵阵"巨浪"……不仅如此，新的营销理念与营销形式还在不断地创生。新媒体逐渐崛起壮大，社会对新媒体营销人才的需求也日益增加，新媒体营销课程在市场营销、电子商务和广告公关等专业的课程体系中，应当居于重要地位。

两年前当笔者开设新媒体营销课程时，发现合适的教材并不容易找到。那时国内已出版的相似教材大体分为两类：一类是营销专业教材，如"网络营销与策划"等，强调网络营销的特点，但主要还是市场营销学概论的延伸；一类是广告学专业教材，着重于"新媒体"广告，传播媒体囊括数字电视等媒体形式，而传播形式却仅限于"广告"，与当前营销传播形式多样化的实际相脱节。所以，笔者萌生了要编写这本教材的念头。

时值教育部倡导地方性院校实施应用型人才培养转型，所以，笔者认为该门课程的教学应突出学生的实践能力的培养，必须教授与新媒体传播相适应的知识与技能，才能培养适应新媒体时代需要的应用型营销人才。

因此，在本书的编写中，我们从每一种单一的营销形式入手，尽可能地涵盖新媒体营销的各个主要领域，把常见的成功营销案例中综合应用的营销形式分解开来，各个击破，这样做既符合学生的认知规律，也有利于学生掌握系统的专业技能。基于此，本书内容设置了以下章节：网络广告、软文营销、搜索营销、博客与微博营销、微信营销、论坛营销、邮件营销、IM 营销、App 营销、第三方平台营销，以及比较前沿的场景营销、直播营销和VR 营销。

本书主要面向应用型院校的学生，以应用性为基本特色，内容注重实际操作和应用技巧的介绍，每章以"引导案例"开始，展示该章知识的实际应用状况，给学生以认知先导；每章以"知识扩展"结束，或为理论知识的补充，或为营销应用的拓展深化，目的是兼顾学习者应当具备的基本理论知识，既作为对应用性特色的一种补充，也可鼓励学生进一步学习探究。

为了方便教学使用，编者制作了与本书配套的教学课件，供使用本书作教材的教师参考，课件可在清华大学出版社官网进行下载。

由于编写人员知识和经验有限，书中难免有错漏之处，恳请读者将发现的问题或有关意见与建议反馈给我们，以便我们进行更正和修订。

编　者

目录

目 录

目 录

目　录

目 录

目 录

导言

一、新媒体的界定

"新媒体"概念的提出可以追溯到 1967 年，当时的美国 CBS(哥伦比亚广播电视网)技术研究所所长，同时是 NTSC 电视制式的发明者 P. 戈尔德马克(P. Goldmark)发表了一份商品计划，第一次提出了"新媒体"(New Media)一词。之后，在 1969 年，美国传播政策总统特别委员会主席 E. 罗斯托(E. Rostov)在向尼克松总统提交的报告书中也多处使用"新媒体"一词。由此，"新媒体"一词开始在美国流行，不久以后便扩展到了全世界。[①]

"新媒体"一词使用甚广，但是，关于新媒体的内涵与外延却见解不一。学者蒋宏、徐剑等人认为，从内涵方面说，"新媒体是指 20 世纪后期在世界科学技术发生巨大进步的背景下，在社会信息传播领域出现的、建立在数字技术基础上的，能使传播信息大大扩展、传播速度大大加快、传播方式大大丰富的，与传统媒体迥然相异的新型媒体。"该定义强调了数字技术这一基本特征，但是对其传播形态却并不限定，所以导致其外延较广，把光纤电缆通信网、都市型双向传播有线电视网、图文电视、电子计算机通信网、大型电脑数据库通信系统、通信卫星和卫星直播电视系统、高清晰度电视、互联网、手机短信和多媒体信息的互动平台、多媒体技术以及利用数字技术播放的广播网等，都视作新媒体，[②]这与现实中"新媒体"的使用范围相差较远。

赵凯等学者认为，对"新媒体"的界定，要根据其技术特性和传播特性来进行。从技术特性看，传统媒体都是模拟的，新媒体是数字的；从传播特性看，传统媒体是单向的，新媒体是互动的。因此，他把新媒体定义为"数字化的双向互动的传播媒体"。[③]此定义突出了新媒体的"互动性"这一特点，与传统媒介作了一定的区分，但是，仅仅用互动性难以完全概括新媒体在传播形态上的本质特征。

联合国教科文组织曾将新媒体定义为"以数字技术为基础，以网络为载体进行信息传播的媒介"，对新媒体的技术特征和传播形态作了较明确的限定，更接近人们对"新媒体"一词的认知习惯。

在人们的使用习惯和普遍认知中，新媒体主要指的是互联网、连接了互联网的电脑、智能手机和其他移动上网设备，而并未把使用了数字技术的数字电视、通信卫星、数字广播等以传统形式存在的媒介当成新媒体。

尤其在营销领域，话及新媒体营销，主要指的是以"新形态"的互联网、移动上网设备等为终端进行的营销活动。因此，为了更清晰地描述新媒体的本质，使其便于理解和接受，以及更接近人们的认知习惯，本书对新媒体的界定是：以数字化为传播技术特征，以

① 蒋宏，徐剑. 新媒体导论[M]. 上海：上海交通大学出版社，2006.

② 蒋宏，徐剑. 新媒体导论[M]. 上海：上海交通大学出版社，2006.

③ 赵凯，复旦大学新媒体研究中心. 解码新媒体[M]. 上海：文汇出版社，2007.

互联网为传播渠道,以智能终端为接收介质的互动性媒介。这样就可以把概念限定在人们平常所接受的范围里面,而把某些以数字化为传播技术,却以传统媒介为接收介质的媒体暂时搁置一边,如数字化电视、IP电视、卫星电视等,更接近人们的认知与实际讨论的边界。

在如今的日常生活中,数字化技术已被广泛应用,所以在讨论新媒体营销时,我们更愿意强调其媒介之"新",而忽略其技术特征,这样更能表明其与传统媒体营销的区别,因此,"新媒体营销"虽然属于"数字营销",但在不强调其技术特征的语境下,本书采用"新媒体营销"这一名称。

新媒体是基于互联网而运行的,因此有必要对互联网的发展作一番回顾,才能更好地理解新媒体在营销领域的应用特征。

二、从 Web1.0 到 Web2.0

计算机技术与现代通信技术的结合,产生了互联网。自1969年世界上第一个分组交换试验网 ARPANET 建立,到20世纪80年代,基于 TCP/IP 技术的主干网 NSFNET 开始连接美国的一些超级计算中心、大学和研究机构,之后迅速蔓延到世界各地。20世纪90年代中期以来,随着 Web 技术和网络浏览器的出现,网络由简单到复杂、由低级到高级不断升级,已经从 Web1.0 时代发展到 Web2.0 时代,目前正向 Web3.0 时代迈进。[①]

Web 是 World Wide Web 的省略语。World Wide Web,简称 WWW,中文称为"万维网",其特点是将分布存在的信息片断无缝地组织为站点,其中,图像、文本、音频、视频成分可以分散存储于相距甚远的计算机上。它是1990年由英国人 Tim Berners-Lee 在欧洲共同体的一个大型科研机构任职时发明的,此时,世界有了第一台 Web 服务器和 Web 客户机。1993年,伊利诺伊大学学生安德里森在美国国家超级计算机应用中心实习时开发出图形界面浏览器 Mosai,让人们可以用空前方便的方法访问万维网信息资源。从此,万维网在世界范围内广泛传播,被称为"网中之网"。万维网是因特网应用取得爆炸性突破的关键性条件,通过万维网,互联网上的资源可以在一个网页上比较直观地表示出来,而且资源之间,可以在网页上链来链去。这种利用互联网络实现人类海量资源共享的技术,就叫作 Web1.0。[②]

Web1.0 的本质是聚合、联合、搜索,其聚合的对象是巨量、芜杂的网络信息。Web1.0 的聚合对象是业界所说的微内容(Micro Content)。微内容,是相对于我们在传统媒介中所熟悉的大制作、重要内容(Macro Content)而言的。这些零星散乱的数据聚沙成塔,就成为网络神奇力量的真正来源。可见,在互联网问世之初,其核心竞争力就在于对"微内容"的有

---

① 毕荣,范华. 从 Web1.0 到 Web3.0——网络升级对图书馆信息资源建设的影响[J]. 全国新书目,2010(16).

② 刘畅. "网人合一":从 Web1.0 到 Web3.0 之路[J]. 河南社会科学,2008(2).

效聚合与使用。

Web1.0 是以编辑为特征，以静态、单向阅读为主，网站提供给用户的内容是网站编辑进行编辑处理后提供的，用户阅读网站提供的内容这个过程是网站到用户的单向行为。Web1.0 时代的代表站点为新浪、搜狐和网易三大门户。Web1.0 只解决了人对信息搜索、聚合的需求，而没有解决人与人之间沟通、互动和参与的需求，所以 Web2.0 应运而生。

Web2.0 的本质特征是参与、展示和信息互动，它的出现填补了 Web1.0 参与、沟通、交流的匮乏与不足。目前，关于 Web2.0 较为经典的定义是 Blogger Don 在他的《Web2.0 概念诠释》一文中提出的："Web2.0 是以 Flickr、Craigslist、Linkedin、Tribes、Ryze、Friendster、Del.icio.us、43Things.com 等网站为代表，以 Blog(博客)、TAG(标签)、SNS(社会网络服务)、RSS(聚合内容)、Wiki(维基)等社会软件的应用为核心，依据六度分隔、XML(可扩展标识语言)、Ajax(异步传输)等新理论和技术实现的互联网新一代模式。Web2.0 是相对 Web1.0(2003 年以前的互联网模式)的新的一类互联网应用的统称，是一次从核心内容到外部应用的革命。"

Web2.0 不同于 Web1.0 的最大之处在于它的交互性。Web2.0 加强了网站与用户之间的互动，网站内容由用户提供，网站的诸多功能也由用户参与建设，实现了网站与用户双向的交流与参与，主要表现方式为用户的参与或社交、博客空间、社区网站、平民记者、点对点工具等。

Web3.0 的本质是深度参与、生命体验以及体现用户参与的价值。目前，这一概念正在酝酿、形成之中，对营销传播的影响尚未明确。

与 Web1.0 相对应的营销方式主要有企业网站、电子邮件、搜索营销和网络广告等。与 Web2.0 相对应的，是具有互动性的博客、微博、微信和 APP 等营销方式。在新媒体时代，技术是影响营销的重要因素，如今所谓的社群营销、口碑营销和病毒营销，都离不开 Web2.0 技术的支持。

而在互联网发展演进的同时，我国的移动互联网发展之势也颇为惊人。中国互联网信息中心发布的第 40 次《中国互联网络发展状况统计报告》，截至 2017 年 6 月，我国网民规模达到 7.51 亿，手机网民规模达 7.24 亿，较 2016 年年底增加 2830 万，而在 2010 年上半年，中国手机互联网用户仅为 2.77 亿。使用移动支付、手机外卖等应用的手机网民快速增长。伴随手机网民规模扩张的，是场景化营销、移动直播营销等营销新技术、新理念、新形式的出现，其大大丰富了新媒体营销的内涵。

三、大数据与人工智能对营销传播的影响

1. 大数据与营销传播变革

大数据对营销传播的影响是广泛而深远的，其作用可能发生在拉斯韦尔(Lasswell)所提出的传播过程"5W 模式"中的每个环节。拉斯韦尔的"5W 模式"是描述传播行为的一个

方便方法，包括谁(Who)、说什么(Say What)、通过什么渠道(In Which Channel)、向谁说(To Whom)与有什么效果(With What Effect)。

(1) 谁：智能化选择广告主。在大数据技术的作用下，可由过去的预先购买变为计算程序自动匹配、选择，实时竞价(Real Time Bidding, RTB)广告即为典型代表。RTB广告就是将用户每次浏览页面的数据记录下来，通过"竞拍"形式售予有需求的广告主，出价高者可获得该广告位，向用户推送自己的广告与产品。此做法的好处是实现了广告主与媒介方的双赢：对广告主而言，提高了广告与受众的关联度，传播更精准，从而节约广告成本；对媒介经营者而言，则提高了广告位的资源利用效率。

(2) 说什么：智能化调整广告内容。依靠大数据技术，广告内容的展示也将变得更加个性化——智能的内容个性化，可以向不同的网页浏览者提供个性化的交互界面，向他们提供符合各自偏好的内容，不仅如此，营销者还可以利用其所拥有的数据，有目的地优化内容以及优化用户体验。

(3) 传播渠道：智能化的媒介投放。依靠大数据，数据工程师在决定广告投放、营销支出方面越来越有话语权。通过对T字节量级的数据的复杂计算，各个数字媒体渠道的广告购买与出售都可以按预设的算法自动执行。有专业人士预测，几年后75%数字广告份额是由计算机程序自动完成的，而不借助人力决策。

(4) 向谁说：智能化的消费者细分与精准营销。云计算与数据管理技术的运用可以提供更加有效的消费者细分，进行"一对一"(One-to-One)投放与实时营销(Real-Time Marketing)，并且进行成本优化。之所以能够做到更精准，是因为大数据实现了消费者的"镜像化"呈现。数据库获取消费者在现实世界与虚拟空间的行为轨迹后，通过关联整合，可以"镜像化"呈现消费者的生活形态。也就是说，营销者不但可以知道谁接触了品牌信息，还可以知道消费者在何处、如何与营销信息产生互动。

(5) 效果：智能化监测与反馈，进行更精确的成本控制。营销者综合运用网站分析、社会化分享、登录页转化等手段获取大规模的有用数据，对所展示的内容进行监测、反馈，一方面可以优化用户体验，另一方面还可以进行比较精确的成本收益控制，对实现ROI(投资回报率)目标大有帮助。eBay通过数据挖掘可以精确计算出广告中的每一个关键词为公司带来的回报。通过对广告投放的优化，2007年以来eBay产品销售的广告费降低了99%，而顶级卖家占总销售额的百分比却上升至32%。

可见，在营销内容智能个性化、广告投放、受众测量与广告成本收益控制等诸多方面，大数据都可以发挥重要作用，在各传播环节上更加智能化，即更客观、更精确、更富有效率，使营销传播提升到新的层次。

然而，我们承认"更多即不同"，大数据对营销传播业产生的变革意义无疑是巨大的，但它并不能改变营销传播业自身所具有的创意产业的属性，且作为变革的驱动力，大数据本身也并非是完美的，因而其变革必有边界。

营销是说服的艺术，而不是冰冷的数据和僵硬的算法，所以在广告活动中，人性化的分析，甚至直觉和想象，都是数据无法代替的。把大数据看作全知全能的上帝，以为拥有越大的数据就与客观真理越接近的思维，被微软公司的研究者凯特·克劳福特(Kate Crawford)批评为"大数据原教旨主义"。营销传播始终需要创意的火花、灵感的爆发以及对整个广告活动的创新性策划，营销活动仍然由人而不是数据来操纵。

但是创意并不排斥大数据。大数据可以为创意提供意想不到的基础性发现，也往往能提供创意的方向，比如数据分析可以统计男性洗浴用品在多大程度上由女性购买，进而思考说服因素与广告形式。所以，大数据可以为广告创意服务，可以整合为创意的重要部分，我们可以把大数据当作营销传播的游戏变革者，或是游戏升级者，而不可能是颠覆者。

2. 人工智能对营销传播的影响

人工智能(Artificial Intelligence，缩写为 AI)，从 1956 年概念被提出到现在，进入了前所未有的发展时期，也是当下各行各业热议的话题。

过去人们认为机器人就是人工智能，能让计算机自动做一些事情，经过现在的探讨，人工智能可以用一个比较标准的观点来概括：能够和人一样进行感知、认知、决策、执行的人工程序或系统。

技术专家认为，人工智能分为三个阶段，第一个阶段为运算智能，通过计算机的算法做事，计算机就是为计算而诞生的机器，到现在为止，运算智能已经超过人类。在 1994 年，计算机智能战胜了国际跳棋，而近年，不断有计算机击败国际象棋或围棋世界冠军的新闻报道，这就是计算机运算智能的极好例证；第二个阶段为感知智能和运动智能，主要是人工智能和物理世界沟通的能力，让计算机能听会说、能看会认、能走会跑；第三个阶段为认知智能，就是指认知计算，机器能理解、会思考。[①]

那么人工智能该如何实现呢？人工智能的三大法宝是：深度神经网络、大数据以及产生的涟漪效应，其中深度神经网络与大数据的结合成为当前主流路径。

具备人工智能的机器人，通过用户的互动、人脸识别技术、语音技术、Wi-Fi 探测技术等，准确获取用户的数据和 LBS(基于位置服务)信息，通过结合线下数据与其他来源的大数据匹配，可以实现高效、缜密的运算与决策。运用于营销领域，人工智能和大数据技术可以改变数字广告的体验和效果，做到让广告能听会说，能理解、会思考，并且和用户实现交流，能够将线下数据和线上数据充分融合，给营销领域带来营销主动化、目标精准化、品牌人格化及效果可量化等四大重点突破。

与人工智能相伴而起的广告应用有智能创意、智能出价及智能定向等程序化应用，不仅能极大降低广告主的人力成本，还能精准分析用户需求，灵活调取适配物料，按需投放，实现广告内容的高效触达。

例如，360 公司拥有几十万个广告主，让这些广告主，尤其是中小广告主以个性化内容

---

① 于继栋. 人工智能+，共创新世界[J]. 数字营销，2017(7).

去匹配不同投放场景的用户需求时，依靠人工已无能为力。360 的"文案助手"就是能通过人工智能来解决海量广告主的海量创意问题的智能程序。广告主只需设置好核心元素，智能工具就能够通过识别用户的地理位置、节日、天气、时间、兴趣特征等标签，结合当前最热门的资讯标题自动生成个性化的广告内容，这就是智能创意。

广告主可能同时需要投放搜索广告，并购买几万个关键词，每个关键词又有若干个创意，这种情况下广告主很难针对不同的人群、不同的关键词、不同的创意来进行合理精确的出价。而通过对人工智能技术的利用，也能够基于广告主的效果目标，来针对诸多维度下的每个关键词、每个创意给出自动出价建议，极大地提升了投放效率，这就是智能出价。

智能定向能满足广告主更精准的投放需求，在 360 点睛平台中，性别、年龄、地域、地理位置、兴趣爱好、常用关键词等定向功能开放给广告主，实现自主投放。但当数据维度和定向条件越来越多时，广告主就需要智能系统托管的帮助。系统会根据广告主的目标、预算等，智能地从强到弱列出可以选择的定向范围，并给出需要优先购买的定向。

所以，在未来程序化原生广告的投放中，人工智能可以极大地简化人工决策，降低人力成本，同时提升决策效率。广告主只需提供广告元素，包括图片、文字、视频、Logo、按钮等，由媒体对广告元素进行二次组装，以确保广告和内容的一致性。而媒体在决定推送给用户什么样的广告时，也不仅会基于兴趣画像，而且会综合运用意图画像、场景画像，以提升准确性。

四、对新媒体营销的反思

新媒体营销有精准化、智能化、效果直接、可控性强等优势，近些年来，我国的网络营销迅猛发展，互联网广告已经成为我国广告产业规模最大和增速最快的版块。艾瑞网新近发布的《中国网络广告市场年度监测报告》显示：2016 年，中国网络营销收入逼近 3000 亿元，占五大媒体广告收入的 68%，而电视广告收入仅占总体收入的 1/4。受网民人数增长、数字媒体使用时长增长、网络视听业务快速增长等因素推动，未来几年，报纸、杂志、电视广告将持续下滑，而网络营销收入还将继续增长，预计至 2019 年，我国网络广告规模有望再翻一倍。[①]

但是，新媒体营销本身并非完美无缺，一方面广告欺诈、监测数据造假等行业不正之风饱受诟病；另一方面便是其本身的促销功能大于品牌建设作用，导致营销效果受限。最近不断有大企业质疑数字营销的声音出现，较早发声的是宝洁，继而是可口可乐公司。

在传播领域有"西点军校"之称的宝洁，它的品牌经营手段被国内很多企业奉为营销典范。截至 2016 年 6 月的上一财年中，宝洁全球广告开支达到 7.2 亿美元，但是，华尔街

---

① 中国电商广告首超搜索，成为品牌新宠[J]. 中国广告，2017(6).

日报援引相关人士消息称，因投放效果并不明显，宝洁很可能即将缩减在 Facebook 上"精准投放"的广告费用，并加大对电视等传统媒体的投入，消息传出后 Facebook 股价应声下跌。

宝洁是全球最大广告主之一，Facebook 是号称全球最大的精准投放平台，两强联合，效果却并不尽如人意，这表明，营销并不能完全依赖于精准。

无独有偶，可口可乐公司的全球首席营销官 Marcos 在 2016 年一次行业会议上，也质疑可口可乐在过去几年里的数字营销成效。Marcos 做了一个对比：从 2014 年至 2016 年，可口可乐的广告费用每花出 1 美元，通过电视广告获得的回报是 2.13 美元，而通过数字广告仅获得 1.26 美元，他强调电视渠道对可口可乐非常重要。

决定营销效果的因素不仅是营销信息的传递要精准，还包括信息让消费者产生了真正意义上的触动，更深层次的是品牌形象与消费者的紧密连接。毕竟消费者的购买决策往往不是在网络闲逛时瞬间作出的，而是长期以来品牌影响的结果。所以，以便捷、精准为特长的数字化营销，并不能完全取代"广而告之"式的、可树立长期品牌声望的传统媒介营销。

因此，开展营销活动，应该从营销目的、市场竞争态势、消费者购买习惯与媒介接触习惯等角度综合考量，选择合适的新媒体或传统媒体，或者两者相互配合，才能取得预期的营销效果。

第一章

网络广告

学习目标

- 理解网络广告的特征与优势；
- 熟悉网络广告的发布方法；
- 了解网络广告的计费方式；
- 掌握利用网络工具设计和制作广告图片的方法

覆盖+精准，新浪升级智能营销

很多爱车人士都关注到，为推广全新车型——昕动，斯柯达在新浪发起了一波宣传攻势。但是，大家未必注意到的是，根据受众兴趣爱好、年龄阶层的不同，不同受众实际上看到的广告并不相同。

根据新浪方面提供的数据，其中针对商旅人士、旅游出行、青春校园等"行走"人群，与白领、极客的"汽车"人群的两个广告创意投放效果最佳，点击率分别达到了 24.29‰和 17.85‰，投放效果分别提升了 7 倍以及 5 倍。达成这一结果的终极武器正是新浪于 2015 年第 4 季度推出的轩辕广告系统。

轩辕广告系统的最大优势是，既可以帮助客户尽可能多地覆盖目标受众——还是相对精准的目标受众；同时减少采购过程中的沟通成本和决策成本，并且能够在整个采购过程中进行实时的优化。

相对于 2014 年就已经上线的龙渊广告系统，轩辕广告系统具有品牌类广告的优势——强曝光、高覆盖，同时还能够满足广告主进行广告效果优化的需求。在帮助客户最大程度挖掘品牌价值的同时，提升广告采购的性价比。

1. "智"取用户

尽管轩辕广告系统上线时间不长，但与上一季度相比，新浪 2016 年第 2 季度投放规模和客户数量都有 100%的提升。姜安琦表示，原因其实很简单，因为广告主非常重视广告的展现环境和可见性，所以传统的按天收费购买模式仍然是最常规的品牌广告采购模式。这种模式虽然覆盖量极大，却不能保证最好的广告效果。因为不同兴趣爱好、不同身份的人对广告内容的偏好极具差异。"所以，我们推出轩辕广告系统，保证广告主实现目标受众千人千面的品牌广告覆盖。"也就是说，在同样的广告位，通过轩辕广告系统，让不同的受众看到不同的创意，接受品牌从不同创意角度传递的理念。

以使用轩辕广告系统进行投放的汽车类客户为例，同一款车型面对不同受众的广告创意是不同的。对于男性受众，特别是年轻的男性受众，主打信息可能是该车性能，如操控性强等；对于稍微成熟一些的男性受众，可能就需要强调品位、格调，推出符合调性的代言人等。而对于年轻的女性受众，更多需要强调漂亮时尚的外观、流行的配件等；对于稍成熟的女性用户则需要强调内饰摆放、环保理念等。

上述内容只是基础的广告投放逻辑，在实际的投放过程中，轩辕广告系统会根据全面的受众及效果数据分析进行更为精准的投放。根据新浪统计测算，当一个品牌客户在一个固定的广告位上，针对不同的人群使用不同的创意进行投放时，"点击率平均会提升 3 倍，甚至更多。"姜安琦自信地表示。

在推出轩辕广告系统的同时，新浪对之前推出的龙渊广告系统进行了智能化升级，最大程度地简化了客户在龙渊广告系统里投放的决策过程。

此番升级中一套叫作"广告智能优化"的算法模型相当抢眼。这个"新卖点"可以帮助客户在投放广告时，实现不需要设置广告位、人群和频次，系统后台会通过"广告智能优化"算法，实时收集客户广告投放的效果数据，并对广告的受众人群、投放频次自动进行实时调整，保证客户高效完成广告投放的同时，得到更优质的广告效果。经过过去两个季度的实践，"广告智能优化"算法对于所有广告位的广告点击率有25%～40%的提升。

姜安琦表示实际上新浪针对广告产品的开发都是顺应着用户习惯和客户需求的改变而改变，新浪智能广告体系越来越完善，除了满足客户广告投放效果上的需求，也最大化降低了投放的前期沟通及决策成本，提升了客户的广告投放执行效率。

2. "智"取数据

"新浪在过去这么多年留下的最好资产，就是非常充实、大规模、高质量的用户群体。"姜安琦表示，这些高质量的用户资源，也是新浪智能广告系统发展的重要支点。

在新浪，用户数据被定义为 4 个维度的数据：第一类是基础属性，如性别、年龄等；第二类是媒体属性，如经常浏览哪些内容等；第三类是社交属性，如关注关系、互动行为等；最后一类是"精准数据"，这类数据更具商业价值，它代表着用户和一个商品或者品牌的关系。

经过 3 年的积累，新浪已经建立起一整套的用户画像库，通过跟踪用户在新浪网、新浪微博上的行为，对用户进行画像。例如，用户在新浪汽车频道经常浏览的车型、在财经频道经常关注的行业信息、在新浪上点击不同广告位的行为，以及新浪网和新浪微博的重合用户行为，都可以通过新浪的数据清洗、数据建模、相关性评测等流程，进入新浪的用户画像库。通过这种方式将相当一部分用户，与品牌和产品之间建立相对精准的关联关系，并不断进行相关性优化。

"我们用到的是客户精准的兴趣，和用户对于广告的访问频次，并且通过深度学习的方式，对广告创意图片和落地页特征进行提取，不断地训练广告智能优化模型基于用户特征、广告特征进行更精准的点击率预估，从而为客户的广告投放带来更好的效果表现。"姜安琦表示。同时，在广告系统架构方面，新浪在过去的一年中修建了一套秒级实时流的反馈系统，通过这套系统支持智能优化模型，可以实时地根据广告投放效果进行持续的自动优化。

（资料来源：鲍妍. 现代广告.2016 年第 10 期，有删节）

思考：结合上述案例，请分析网络广告有哪些优势？

第一节　网络广告概述

一、网络广告的定义及发展概况

(一)网络广告的定义

网络广告一般是指在互联网上所发布和传播的广告，主要以旗帜、按钮、视频影像和文字链接等形式呈现。从技术上说，网络广告是以数字代码为载体，采用先进的电子多媒体技术设计制作，通过互联网广泛传播，具有良好交互功能的广告形式。

法律意义上的网络广告涵盖比较广泛，根据我国 2016 年 9 月 1 日起实施的《互联网广告管理暂行办法》，凡是通过网站、网页、互联网应用程序等互联网媒介，以文字、图片、音频、视频或者其他形式，直接或者间接地推销商品或者服务的商业广告，都属于网络广告，包括推销商品或者服务的电子邮件和付费搜索广告。本书将电子邮件广告和付费搜索单独分章节介绍，把网络广告限定为文字、图片、音视频等形式的互联网广告。

(二)网络广告的发展概况

网络广告发源于美国。1994 年 10 月 27 日是网络广告史上的里程碑，美国著名的 Hotwired 杂志推出了网络版的 Hotwired，并首次在网站上推出了网络广告，立即吸引了 AT&T(美国电话电报公司)等 14 个客户在其主页上发布广告 Banner，这标志着网络广告的正式诞生。尤其令人兴奋的是，当时的网络广告点击率高达 40%。[①]

我国第一个商业性网络广告出现在 1997 年 3 月，传播网站是 Chinabyte，广告表现形式为 468×60 像素的动画旗帜广告。Intel 和 IBM 是国内最早在互联网上投放广告的广告主。

随着互联网的发展与普及，网络媒体在社会传播体系中的重要性日益凸显，在 1998 年 5 月的联合国新闻委员会年会上，互联网被正式宣布为继报刊、广播、电视三大传统媒体之后的第四大媒体。与此相伴随的是网络广告的迅猛发展，而传统媒体的广告却面临增长的困境甚至下滑。据艾瑞网 2017 年发布的《2017 年中国网络广告市场年度监测报告》，2016 年，中国网络广告收入为 2902.7 亿元，在五大媒体(即广播、电视、报纸、杂志和网络)广告收入中的占比已达到 68%；同期电视广告收入为 1049.9 亿元，在五大媒体广告收入中的占比接近 1/4。受网民人数增长、数字媒体使用时长增长、网络视听业务快速增长等因素的推动，未来几年，报纸、杂志、电视广告将继续下滑，而网络广告收入还将保持较快速度的增长。

---

① 网络广告人社区. http://iwebad.com/wiki/227.html，2016-10-09.

二、网络广告的优势

网络广告具有以下几个方面的优势。

1. 互动性强

传统媒体的广告基本上是单向传播，受众只是阅读、观看，而不能与广告和广告主进行即刻的互动。但是网络媒体改变了受众接受广告的方式，受众可以对网络广告进行点击，链接到另一个网站进行详细了解、填写表单，或购买、付费。网络广告的互动性，大大提升了广告传播效果，也提高了广告的转化率[①]。

2. 突破时空限制

除了一些国际媒体之外，大多数报刊、广播、电视的发行范围和覆盖面都会受到地域的限制，依此可以将其区分为区域媒体或全国性媒体。但互联网在理论上是跨国界的，无论在世界的哪个角落，都可以访问互联网上的任意一个网站，因此，网络广告的传播范围可以突破地域的局限，增大传播范围。

此外，在时间限制方面也摆脱了传统媒体的印刷出版、编辑制作、时段分割等传播周期和时段安排等束缚，网络广告一旦发布即可全天候在线传播，并可随时更改，即刻上线，运作更加便捷。

3. 传播更加精准

精准、有效是广告传播追求的重要目标。网络广告应用互联网技术，可以比较准确地分析每位网页访问者的个性化特征，并推送相应的广告，减少了无效传播，使得广告传播更加精准。应用大数据分析技术，网络广告将变得更具实效。而传统媒体广告，虽然在受众细分方面有一定的依据，但总体而言还是比较模糊，难免出现媒体的发行量广、覆盖面广但广告的有效到达率却不成比例的情形。

4. 成本更加经济

传统媒体的运营成本较高，并且媒体资源相对有限，导致广告收费较高，有时广告投放的媒体费用占到广告总费用的80%。有的媒体因为广告收费高昂，让不少企业望而却步。而网络广告的平均费用仅为传统媒体费用的 3%，[②]所以网络广告传播在成本方面具有明显优势。

5. 广告效果的可监测性

传统媒体的广告效果比较难评定，无法准确估算广告到达人群的数量，更难估算多少

[①] 转化率指广告受众接收到广告信息后注册个人信息或提交订单的比例。

[②] 阿里学院. 网络整合营销[M]. 北京：电子工业出版社，2014.

人受广告的影响而作出了购买行动，而网络广告可以解决这一难题。利用服务器端的访问记录软件，可以即时获得本网页的访问数量、访问时长、访问者的 IP 地址、广告被点击的次数以及转化率等，也就是说广告效果可以实时加以准确量化。

三、网络广告的形式

网络广告的形式较多，主要有以下几种。

1. 旗帜广告

旗帜广告，是以 GIF、JPG、Flash 等格式建立的图像文件，大多位于网页的最上方或中部，以及两侧，用户注意程度比较高，还可使用 Java 等语言使其产生交互性，用 shockwave 等插件工具增强表现力，是经典的网络广告形式(如图 1-1 所示)。旗帜广告可分为三种形式：静态、动态和交互式。

图 1-1　旗帜广告示例

旗帜广告是网络广告的重要形式，还有诸多不同的变种，如擎天柱广告、互动式旗帜广告、浮动旗帜广告、播放式旗帜广告和通栏广告等。

1) 擎天柱广告

擎天柱广告也称为对联式广告，利用网站页面左右两侧的竖式广告位置而设计，广告面积较大，较狭窄，能够展示较多的广告内容。这种广告形式可以广泛应用于产品促销、品牌宣传、公关活动等，由于广告面积较大，且设于网页两侧，有较高的关注度，但又不过度影响网页的正常阅读。

2) 互动式旗帜广告

互动式旗帜广告是一种新式的旗帜广告，该广告表面上与普通旗帜广告别无二致，但当用户鼠标接近该广告时，广告图像便可以发生变化，在吸引用户注意力的同时，显示更多的广告信息。

3) 浮动旗帜广告

浮动旗帜广告面积一般较小，在页面中随机或按照特定路径飞行，当访问者使用滚动条滚动屏幕时，浮动旗帜也会随之滚动。浮动广告可以有更多的时间展现在访问者视线内，吸引更多的注意力，但是也会对访问者形成干扰。

4）播放式旗帜广告

播放式旗帜广告是在同一个广告位上按照设定好的程序轮番展示不同的旗帜广告。这种形式增加了广告位自身的动感，易引起用户的注意，同时满足了更多的广告展示需求。

5）通栏广告

通栏广告是一种尺寸超过两条标准旗帜广告的长条形宽屏广告，横跨页面中央，如图 1-2 所示。

图 1-2　通栏广告示例

2. 按钮广告

按钮广告是从旗帜广告演变过来的一种形式，图形尺寸比旗帜广告要小，形似按钮，表现手法较简单(如图 1-3 所示)。按钮广告类似于旗帜广告和标志广告(Logo)，但经常表现为不同的图形，只要单击这个按钮，将会链接到一个更为详细的页面。

图 1-3　按钮广告示例

3. 插播式广告

插播式广告，又称弹出式广告，是指访客在请求登录网页时强制插入一个广告页面或弹出广告窗口(如图 1-4 所示)。它们有点类似电视广告，都是打断正常节目的播放，强迫访客观看。插播式广告有各种尺寸，有全屏的也有小窗口的，而且互动的程度也不同，从静态的到动态的全部都有。

4. 文本链接广告

文本链接广告是以一排文字或文段中的某些文字作为一个广告，点击链接可以进入相应的广告页面(如图 1-5 所示)。这是一种对浏览者干扰最少，却较为有效果的网络广告形式。有时候，最简单的广告形式效果却最好。

设置了链接的文字嵌入某文段中，当鼠标移动到该文字时可以显示一定的信息，或单击进入另一个页面，从而实现广告信息的展示。如图 1-5 所示，"支付宝"三字便是设有链接的广告文字，鼠标移到该文字上便可见其意在推广的"蚂蚁聚宝"的微博账号，还可以进一步单击其上的链接。图 1-5 中"界面"二字同样设有链接，也属链接广告。

图 1-4　插播式广告示例

图 1-5　文本链接广告示例

5. 电子邮件广告

向他人发送电子邮件广告是一种方便快捷的广告形式，具有针对性强(除非肆意滥发)、费用低廉的特点，且广告内容不受限制。但是，此种广告容易被收件人的邮箱自动分类为垃圾邮件或广告邮件而被收件人忽略，甚至发件人邮箱被拉黑。如何有效地进行 E-mail 营销，本书将在第七章详细介绍。

6. 关键字广告

所谓关键字广告，就是每则广告都会提供一些关键字，当用户在搜索引擎(如百度、Google、360 搜索等)搜索某些词语正好含有这些关键字时，在展示搜索结果页面的广告位上会出现相应的广告链接或广告图片。

如图 1-6 所示，当用户在 360 搜索上搜索"行车记录仪"时，搜索结果页面中的前两条即为相关产品的网购网站链接，而右侧则出现了相关车载用品的广告。关键字广告以其高相关度为显著优势，是网络广告的重要形式。

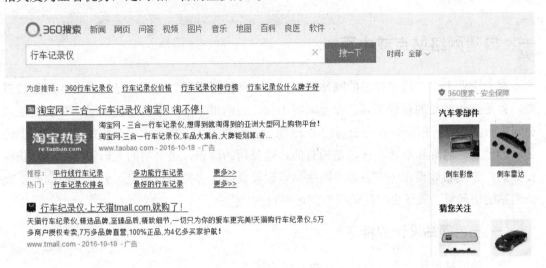

图 1-6　关键词广告示例

7. 互动游戏广告

互动游戏广告就是在网络互动游戏中植入广告信息，使广告信息融入游戏场景的广告形式。

网络互动游戏广告是一种新型的网络广告形式，它产生于玩家众多的网络游戏中。网络游戏凭借互动体验、全感参与、在线交流等优势正迅速发展为互联网中新的业务增长点，不仅赚足了玩家的金钱，还将他们的"注意力"作为一种资源转而贩卖给部分广告商，创造了"二次销售"，即实现将游戏产品销售给目标受众之后的又一次盈利。

有时候，广告主也可以为其产品量身定做一个属于自己产品的互动游戏广告。美国箭牌糖果有限公司为给旗下的新装黄箭口香糖上市造势，在网上进行了为期 10 周以"黄箭水果乐园"为主题的网络游戏竞赛。该游戏由若干个趣味小游戏组成，这些小游戏有着不同的内容及各自鲜明的风格，充分考验了玩家手指的灵活性和大脑的反应能力。针对产品定制的网络游戏,有效地缩短了公司和消费者的距离,极大地吸引了消费者有限的注意力。

除以上介绍的网络广告形式外,还有 IM 即时通讯广告、电子杂志广告和墙纸式广告等,在此就不一一列举了。

第二节　网络广告的发布

网络广告的发布,或称之为推广,主要有三种形式:一是通过自建网站发布广告;二是通过他人的网站或广告代理公司将自己的广告在网上发布,即网络广告的网站投放;三是通过网络广告联盟投放,除此之外还有其他渠道,如通过电子邮件、网络即时通信工具等发布网络广告。企业应根据广告内容、广告目的选择适当的发布形式,以求得良好的广告效果。

一、自建网络站点或主页

对于企业来说,建立自己的网站或主页是一种重要手段。它不但是树立企业形象的需要,也是宣传产品的良好工具。在互联网上做广告的很多形式都只是提供了一种快速链接公司主页的途径,所以,建立公司的 Web 主页是最根本的。实际上,公司的主页地址也像公司的地址、名称和电话一样,是独有的,是公司的标识,是公司的无形资产。而要获得良好的广告发布效果,一方面要求网络站点建设良好,方便用户浏览;另一方面则是要提高网站的访问量,实现更广泛的广告到达率。

(一)出色网站设计的特点

出色的网站设计一般具有以下几个方面的特点。

1. 布局清晰,导航便捷

清晰的网站布局让用户浏览通畅,能够快速找到想要的东西,而且还能够让搜索引擎爬虫以最快的速度抓取网站信息,这种特点必定使网站更有吸引力。

而导航在网站中起着重要的作用,引导着用户进入不同的栏目,它的好坏同样影响着用户的浏览体验、访问时长,甚至能够决定用户的去留。所以导航的设计一定要清晰、好看、大方。

2. 版式设计美观

随着网站建设行业的不断发展,用户的欣赏水平也在逐渐提高,网页上需要有不同的颜色以形成对比。不同颜色之间的对比可以使一个单调的页面变得更丰富、活泼,也可以提高网站的视觉冲击力。所以,网站需要修饰,内容需要美化,图片需要变清晰,以更好的效果呈现给用户。

3. 让用户对网站产生信任感

调查表明，网站备案信息、经营资质展示、完整的联系方式、权威的网络安全认证标志以及详细的地址等信息，能够增强用户的认可程度。用户只有在感到安全的前提下，才会对网站产生信任感，进一步产生业务联系、在线购买等行为。

4. 简化转化流程

用户的转化流程主要体现在浏览过程、购买流程、注册流程和互动流程等方面。千万不能去考验用户的耐心，而应该尽量让用户心情愉悦地进行每一步操作，并快速得到他想要的结果。简化流程是一项细活，需要反复地测试和揣摩。

5. 控制首页的广告数量

有的网站一打开，全部都是广告、在线留言、在线 QQ、即时对话框、分享弹窗等，页面信息显得纷繁芜杂，这种情况容易引起用户的反感。所以，营销型的网站应该在广告信息的展示上注意突出重点，把次要信息安排到二级页面。

6. 优化网站加载内容

一些网站是以专题形式的页面呈现给读者的，专题类型页面图片比较大、数量比较多，容易造成加载时图片不显示，或是加载速度特别慢的情况，这样直接影响着用户的浏览体验。其实，对这样的网站只要稍加优化，就能使网站的转化率有明显的提高。例如，可以把大图切割成小图；可以提高服务器的配置；可以把主要加载的页面放在最上面的位置；还可以利用外部调用的方法，提高网站的加载速度和质量。

(二)提高网站访问量的技巧

要提高网站访问量，要注意做好以下几个方面的工作。

1. 提交网站到更多的搜索引擎

搜索引擎是用户进入网站的重要桥梁，将自己的网站提交给更多的搜索引擎，从而让搜索引擎关注及收录，这样可以提高网站的曝光率，达到提高网站点击率的效果。目前，国内常用的搜索引擎比较多，如百度、360 搜索、SOSO、搜狗搜索、必应、有道搜索等。关于如何进行搜索引擎的提交、登记工作，将在本书第三章再作介绍。

2. 引入更多高质量的外链

外链也是提高网站访问率的一种方法，同时是网站排名优化的重中之重，外链在很大程度上可以左右站点的前期排名。我们可以收集大量的外链发布平台，通过这类平台把自己的网站信息循序渐进地发布，大大增加网站的展现量，这既可以吸引同行，获得比较好的交流及人脉累积；同时可以提高搜索引擎的收录率，从而让用户更容易找到你的网站，提高网站点击率，获得更好的转化。但外链并不是以数量取胜，最重要的是外链的品质。

3. 利用其他的营销方式增加网站流量

搜索引擎优化(Search Engine Optimization，SEO)是获得网站流量的直接方式，但从网络营销方式来说，搜索引擎优化只是其中的一种，可以进一步寻找潜在客户，利用 QQ 营销、微信营销、邮件营销和微博营销等营销方式来增加网站的流量，获得多方面的用户补充，从而提高网站点击率。

4. 提高服务器的稳定性和安全性

服务器的稳定性是非常重要的，不稳定的服务器会导致站点无法被搜索引擎的软件工具访问，而服务器是否安全很大程度上会影响服务器的稳定性，如果服务器运行不正常，那么在搜索引擎中肯定不能得到一个稳定和长久的排名，自然也会影响网站的访问率。

5. 经常更新网站内容

一个网站想保持良好的排名，必须要使得搜索引擎每次到来的时候有新的内容抓取，就是说活跃度对一个网站来说相当重要，所以必须要经常更新网站，才能保持网站排名。

二、网络广告的网站投放

网站投放包括广告主直接投放与委托广告代理公司投放以及广告交换、广告联盟等形式。网上发布广告的渠道和形式众多，各有长短，企业应根据自身情况及网络广告的目标，选择网络广告的发布渠道及方式。在目前，可供选择的渠道和方式，除了自建网站(亦可称为主页)，还有以下几种。

1. 网络内容服务商

例如，新浪、搜狐、网易等，它们提供了大量的互联网用户感兴趣并需要的免费信息服务，包括新闻、评论、生活、财经等内容，因此，这些网站的访问量非常大，是网上最引人注目的站点。目前，这样的网站是网络广告发布的主要阵地。

2. 专类销售网

专类销售网是一种专业类产品直接在互联网上进行销售的方式。进入这样的网站，消费者只要在一张表中填上自己所需商品的类型、型号、制造商和价位等信息，然后按一下搜索键，就可以得到所需要商品的各种细节资料。例如，在汽车之家网，只要选择好汽车品牌、车系、车型和区域经销商等信息，就可以查看到该车型的主要参数、经销商报价及其联系方式等。

3. 企业名录

企业名录是由一些 Internet 服务商或政府机构将一部分企业信息融入他们的主页中。例如，香港商业发展委员会的主页中就包括汽车代理商和汽车配件商的名录，只要用户感兴趣，就可以通过链接进入相应企业的主页。

4. 免费的 E-mail 服务

在互联网上有许多服务商提供免费的 E-mail 服务，利用这一优势，能够帮助企业将广告主动送至使用免费 E-mail 服务的用户手中。

5. 黄页形式

在 Internet 上有一些专门用以查询检索服务的网站，如 Yahoo！，Infoseek，Excite 等。这些网站就如同电话黄页一样，按类别划分，便于用户进行站点的查询。采用这种方法的好处，一是针对性强，查询过程都以关键字区分；二是醒目，处于页面的明显处，易于被查询者注意，是用户浏览的首选。

6. 网络报纸或网络杂志

随着互联网的发展，国内外一些著名的报纸和杂志纷纷在 Internet 上建立了自己的主页；更有一些新兴的报纸或杂志，放弃了传统的"纸"的媒体，完完全全地成为一种"网络报纸"或"网络杂志"。其影响非常大，访问的人数不断上升。对于注重广告宣传的企业来说，在这些网络报纸或杂志上做广告，也是一个较好的渠道。

7. 微博和微信

微博、微信是一种比较精准的网络广告媒体，在自媒体时代，某些有影响力的微博博主、微信公众号可以覆盖大量"粉丝"，网络广告可以获得比较广泛而精准的有效到达率，显著提升广告效果。

8. 广告交换

在网络广告交换网上，一般包括文本的交换及图标(Logo)的交换。其中，图标交换网的运作机制一般为：广告主先向该交换网管理员申请获得一个账号，然后按照要求，制作一个宣传自己的图标，并将自己归到某一类中，然后传送给交换网络。此时，作为交换网的成员，广告主可提交自己主页的图片，该交换网会相应给出一段 HTML 代码，广告主把该代码加到自己的主页中即可参与交换。因为交换广告涉及双方的利益，所以，实际上是一个双方互相选择的问题。对方希望你的网站有一定的访问量，或者网站内容具有吸引潜在访问者的潜力。在选择自己希望的交换广告信息网时，要考虑的主要因素包括交换比例、网站影响力和稳定性。

三、网络广告联盟

(一)网络广告联盟的概念及要素

1. 网络广告联盟的概念

网络广告联盟，是指由众多中小型网站通过一个共同联盟平台为广告主进行广告的营销活动。1996 年亚马逊通过这种新方式，为数以万计的网站提供了额外的收入来源，且成为网络 SOHO 族的主要生存方式。目前，我国网络广告联盟处于蓬勃发展的阶段，有很多个人和企业涉足这个领域，广告主也都越来越倾向于网络广告联盟这种以效果作为成功营销标准的投放模式。

2. 网络广告联盟的要素

网络广告联盟包括广告主、网站主和广告联盟平台三要素。

1) 广告主

广告主是广告活动的发布者，是在网上销售或宣传自己产品和服务的商家，是互联网广告的提供者。任何推广、销售其产品或服务的商家都可以作为广告主。广告主可以是通过网络长期推广销售其产品、服务的厂商，或期望提高知名度、增加会员的网站，或寻找新的营销渠道、新的营销增长点的企业。广告主发布广告活动，并按照网站主完成的广告活动中规定的营销效果的总数量或总销售额向网站主支付费用。

2) 网站主

网站主是网站的拥有者，具有特定网站的修改、新增、删除内容的能力，并承担相关法律责任。网站主在联盟中，可以选择广告主的广告活动在自己网站播放，并按照自己完成的广告活动中规定的营销效果的总数量或总销售额而获得收益，并承担相应的法律责任。网站主可以是门户网站、垂直网站、专业网站、个人网站和博客等。

3) 广告联盟平台

广告联盟平台通过连接上游广告主和下游加入联盟的中小网站，通过自身的广告匹配方式为广告主提供高效的网络广告推广，同时为众多中小站点提供广告收入。

(二)常用的国内广告联盟平台

目前国内广告联盟有很多，比较常用的有以下这些。

1. 百度网盟

百度网盟是国内广告联盟的首选，是一种单价高、多样化的广告展现形式。只要网站备案，有一定的内容，就可以申请百度网盟。没有备案的网站和电影网站是很难通过申请的。

2. 谷歌联盟

对于没有备案的网站，谷歌联盟是个很好的选择，单价也很高，但是盗版网站很难通过申请。

3. 阿里妈妈

阿里妈妈是阿里巴巴旗下的广告联盟，如果做淘宝客，无须网站备案，但是投放橱窗广告等需要对网站进行备案。

4. 搜狗联盟

搜狗联盟是搜狗旗下的广告联盟，只要网站备案，即可通过申请。点击的单价很低。

5. 网易联盟

只要网站通过备案，就能投放广告申请。网易联盟对网站主作弊打击非常严厉，因此对广告主相对有利一些。

四、网络广告媒体的选择

企业在互联网上投放广告，还需要确定投放广告的网络媒体，即在哪些站点上置放企业广告。这就需要尽可能选择性价比最高的网络广告媒体。虽然没有严格统一的选择标准，但仍有一些可以遵循的规律，对网络媒体的评估通常包括以下几个指标。

1. 网站质量与技术力量

网站的质量与技术力量决定网站信誉，任何一家企业在从事网络广告时，都希望自己能找到一个较安全可靠的网站，否则，网站的破产倒闭也会殃及自己，不仅浪费了广告费，而且有可能延误商机。

2. 访问量

作为广告投放媒体，可接触到的受众数量是最重要的。广告投放站点必须有较高的访问量，不包括重复访问者数量(可根据站点或第三方提供的资料，判断站点的访问者是否过于集中)。不重复的人群越大，广告所能达到的受众就越多。如果访问量太小，尽管广告费用支出也相应较低，但广告效果难以保证，对于有时效性的广告活动，还会贻误时机。因此，人们总是喜欢在访问量高的站点做广告，有统计资料表明，占全部网站数量1%左右的大型网站控制了90%以上的网络广告市场。

但是，广告主在选择网站的时候，首先应该考虑的是网站及网站访问者的特点是否与自己的产品(活动)相符；其次才是该站点的访问量。一般来说，知名的综合门户网站因其访问量大，故广告投放的价格也相对比较高，但最贵的未必就是最适合的。

很多人认为，网站首页的广告效果要比其他页面好，其实，这是片面的。虽然网站首页的访问量较高，但由于网站首页的访问人群一般存在主题不明确、目的性不强的特点，这样就会造成投放的广告缺乏针对性，效果不理想，也造成资金的浪费。与网站首页相比子频道的广告价位一般要低。广告主选择与产品特性相关的子频道投放广告，不仅节省了广告费用，而且能使推广更有针对性。浏览子频道的网民，很可能就是有此类产品需求的人，他们最有可能转化为企业的真正客户。

3. 定向功能

广告投放站点访问者是否与企业目标客户群重合，重合度多大，这是企业在选择网络媒体时必须要考虑的问题。企业应充分利用互联网的定向功能，选择浏览人群与自己的目标受众重合度较高的站点投放广告，将广告指向目标客户，以达到较好的效果。通常情况下，选择与广告主业务方向相关的专业站点，广告效应会成倍增长。

知名的门户网站、娱乐网站和新闻网站等通常有较高的访问量，但目标定位程度会相应较低，而且这些高访问量的网站，广告定价也较高，因此总体网络广告效果未必最优。广告主越来越清晰地意识到网络广告站点的定向性非常重要，因此内容专一的专业网站越来越受广告主的青睐。这是因为这样的网站往往聚焦于一个独特的领域，而这一类独特的受众群体，能够帮助广告主接触到较为集中的目标客户，对提高网络广告的效率大有好处。专业性网站，如 IT 类的硅谷动力等，网民主要集中在 IT 行业的用户；财经类的和讯、东方财富网等，网民则主要集中在对财经感兴趣的用户。此外，流量大的门户网站广告价格往往比专业站点高很多，因而对于广告主来说，选择专业站点更加经济，性价比更高。

4. 可靠性

利用电脑软件可以很轻松地夸大主页访问量，从而达到多收取广告费的目的。因此，对于选用点击量计费的企业，访问量数据的可靠性十分重要。Alexa 是世界上比较权威的第三方流量监测站点，网站在 Alexa 上的排名通常被认为是在全球的排名。目前，国内比较权威的网站排名检测机构是中国互联网信息中心(CNNIC)访问量监测中心。

5. 计费方法

由于广告投放站媒体的知名度、访问量不同，各个网站之间的广告费用的差距也较大。广告主最好对比几家类似网站，选择最适合自己企业情况的媒体。另外，网站首页的广告价格通常比次级页面要高，也是企业需要考虑的一个选择因素。

6. 管理水平

网站的管理水平包括网络媒体自身的管理和对网络广告的管理两方面内容。一方面，一个好的网站会因为管理水平的更改与变换而衰落，例如某个网站的点击数在短时间内大幅下降，那么及时查清其原因以调整广告预算是非常必要的。一个不负责的管理者会擅自更改你的广告位置、大小或播放时间，为了避免这一点，就需要先对网站进行考察，同时要签订必要的合同。

另一方面，企业网络广告的内容并不是保持不变的，要保持优势需要在一定时期内有规律地对广告内容进行更新。因此，广告发布管理接口应便于日常的上传、查看、调整、确认等操作，并对重要操作过程进行记录。此外，还要考虑众多操作人员的权限分配和协作问题。

7. 广告效果监测

网站是否可以出具中立的第三方提供的详细的广告监测报告，这一点也很重要。如果刊登广告的网站可以提供实时、详尽的统计报告，并以表格、图标等方式提供资料，将给市场人员带来极大便利，可以根据监测报告分析许多有关的信息。例如，重复访问者是否过于集中？网站的访问者主要来自什么地方？因为网站不重复的访问者越多，广告可以送达的受众也越多，而访问者的地域分布则对服务范围有一定限制的公司有重要影响。根据实时监测效果可以对网络广告的表现及时作出调整，对提高网络广告的最终效果具有重要作用。

五、网络广告的计费方式

网络广告的收费方式主要有以下几种。

1. 按点击付费(Cost Per Click，CPC)

CPC 是一种点击付费广告，根据广告被点击的次数收费。例如，关键词广告一般采用这种定价模式，比较典型的有 Google 的 AdSense for Content、百度联盟的百度竞价广告，以及淘宝的直通车广告。

2. 按展示付费(Cost Per Mille-impression，CPM)

CPM 也称千人印象成本，是一种展示付费广告，只要展示了广告主的广告内容，广告主就为此付费。比如说一条旗帜广告的单价是 1 元/CPM 的话，意味着每一千人次看到这则广告就收费 1 元，如此类推，每一万人次访问该网页就收费 10 元。

3. 按行为付费(Cost Per Action，CPA)

CPA 是一种按广告投放实际效果计价的广告计费方式，即按回应的有效问卷或订单来计费，而不限广告投放量。CPA 的计价方式对于网站而言有一定的风险，但若广告投放成功，其收益也比 CPM 的计价方式高。

4. 按销售付费(Cost Per Sales，CPS)

CPS 是一种以实际销售产品数量来计算广告费用的广告，这种广告更适合购物类、导购类、网址导航类的网站，需要精准的流量才能带来转化。

5. 按时长付费(Cost Per Time，CPT)

CPT 是一种以时间来计费的广告，国内很多的网站都是按照"一个月多少钱"这种固定收费模式来收费的，这种广告形式很粗糙，无法保障客户的利益。但是 CPT 的确是一种很省心的广告，能给网站、博客带来稳定的收入。阿里妈妈的按周计费广告和门户网站的包月广告都属于这种 CPT 广告。

相比而言，CPM 和 CPT 对网站有利，而 CPC，CPA 和 CPS 则对广告主有利。目前比较流行的计价方式是 CPM 和 CPC，最为流行的则为 CPM。

除此之外，还有按回应量付费(Cost Per Response，CPR)、按购买数量付费(Cost Per Purchase，CPP)、以搜集潜在客户名单多少来收费(Cost Per Leads，CPL)和按业绩付费(Pay-For-Performance，PFP)等计费方式。

第三节　实训：百度霓裳的应用

一、百度霓裳简介

百度霓裳是百度网盟推广为有图片推广需求的客户量身打造的一款快速生成多媒体创意(图片/Flash)的在线工具系统。用户无须任何美术及设计经验，只须选择使用大量精美的动画模板，经过简单编辑和修改，即可快速完成多媒体创意制作。用户还可以灵活搭配各种素材编辑所选模板，以快速完成个性化的多媒体创意制作。

百度霓裳具有以下几个方面的优势。

1. 完全免费，海量设计方案任意选择

庞大的模板数量、优质的设计、快速的更新及多元化的选择，都为客户提供了最方便、最快捷的体验。无须美术基础及设计经验，更不用花费重金。对于所有百度推广客户，该产品可免费使用。用户只须选择适合自己业务推广的模板，添加上自己的推广语，即可生成使用。

2. 设计模板可以任意编辑

模板上提供灵活多样的编辑功能，用户可以任意替换更改现有样式(如背景、图片、颜色、动画等)，即使相同模板，也可产生无数的变化，不必担心与其他人雷同，更能彰显创意。

3. 批量生成，多个尺寸一次完成

只需输入推广语，即可生成横幅、竖幅、矩形共 18 种不同尺寸的模板，轻松、高效、快捷。

二、用百度霓裳制作广告图片

进入百度霓裳官网，注册、登录后即进入物料制作页面(如图 1-7 所示)。单击"新建静态物料"按钮，进入下一步制作。

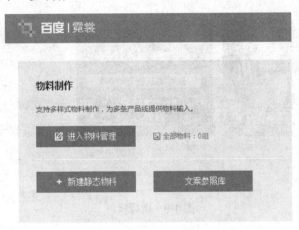

图 1-7 物料制作页面

(一)选择尺寸

根据广告投放的需要，在"适用产品"中选择"网盟"或"凤巢"等，然后选择所需制作图片的尺寸(如图 1-8 所示)，再单击"选择物料模板"按钮，进入下一步制作。

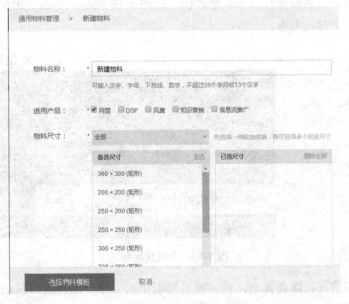

图 1-8 选择尺寸

(二)选择模板

根据所需推广的企业或产品性质，选择相匹配的行业(如图 1-9 所示)。

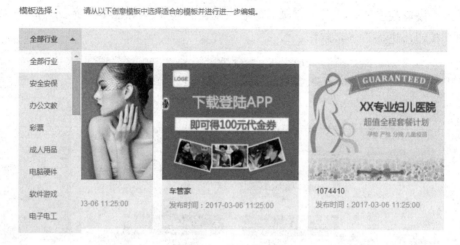

图 1-9　选择模板

当遇到中意的模板时，可将鼠标移至模板缩略图处，单击浮层上的"选择编辑"按钮，进入个性化定制中的图片编辑。

(三)图片编辑

在图文替换面板中，可将原有文字及图片替换成自己想要的，此操作具备全局性，即多个尺寸的模板中文字和图片将被批量替换，如图 1-10 所示，单击"预览"按钮，可快速生成用户所需的个性化创意。

图 1-10　个性化定制

编辑器中图层可以随意拖动，也可以对模板中的文字、图片进行移动、缩放等操作。同时，为满足用户的使用需求，系统除了可以让用户自己添加素材外，还配有丰富的素材库，用户可以从素材库中选择合适的模板和动画效果，如图 1-11 所示。

图 1-11　创意编辑

(四)预览及保存

在预览面板中，可以按不同类别逐个预览所有尺寸。当遇到效果不满意的尺寸时，可以单击该尺寸，单独进行编辑(如图 1-12 所示)，如果满意，单击"保存物料"按钮，然后在物料管理页面单击"提交"按钮，此次制作的广告图片将保存在账号里，供复制和下载使用。

图 1-12　物料预览

本章小结

　　网络广告一般是指在互联网上所发布和传播的广告，主要以旗帜、按钮、视频影像和文字链接等形式呈现。从技术上说，网络广告是以数字代码为载体，采用先进的电子多媒体技术设计制作，通过互联网广泛传播，具有良好交互功能的广告形式。网络广告具有以下几个方面的优势：互动性明显、突破时空限制、传播更加精准、成本更加经济和广告效果的可监测性。

　　网络广告的发布主要有三种形式：一是通过自建网站发布广告；二是通过他人的网站或广告代理公司将自己的广告在网上发布，即网络广告的网站投放；三是通过网络广告联盟投放，除此之外还有其他渠道，如通过电子邮件、网络即时通信工具等发布网络广告。具体应根据广告内容、广告目的选择适当的发布形式，以求得良好的广告效率。

　　网络广告主要的收费方式有按点击付费(CPC)、按展示付费(CPM)、按行为付费(CPA)、按销售付费(CPS)和按时长付费(CPT)等。

思考与练习

　　利用百度霓裳设计一则多种尺寸的图片广告。

知识扩展

实时竞价(RTB)广告

　　自谷歌在 2011 年 6 月推出 AdX(Ad Exchange，广告交易平台)起，阿里巴巴、腾讯、新浪、百度等国内头部互联网企业密集上线了自己的 Ad Exchange 平台，一方面提供了大量的优质可竞价资源；另一方面，具有相对丰富完善的功能模块，并先后与市场上众多第三方DSP(服务需求平台)完成对接，快速拉动了 RTB(Real-Time Bidding，实时竞价)市场的热度。RTB 正日益受到广告主、媒体、代理商的欢迎与重视，而这一切都得益于 RTB 模式本身所具有的无可比拟的优势。

1. 什么是 RTB

　　实时竞价(RTB)，是一种利用第三方技术在数以百万计的网站上针对每一位用户的展示行为进行评估以及出价的竞价技术。

它的核心是 DSP 平台，DSP 平台如同展示型广告竞价投放的指挥部：第一步通过其数据追踪能力来发送带有用户展示信息的请求；第二步 DSP 平台依据预估算法计算用户的展示价值，并把竞价返回给竞价请求引擎；第三步，指令下达至广告交易系统，广告代码加载至各大媒体，最终传递给最精准的用户。

2. RTB 的优势

RTB 模式为什么能够获得如此巨大的成功与推崇？其中主要的原因有以下几点。

(1) 它能够为参与广告活动的三方——广告商、代理公司和广告主带来更大的投资回报率。

(2) 这是一个能够实现各方"三赢"的模式。经济均衡模型是在经济学中阐述供求关系效率最大化的一个经典模型。当供给与需求处于交汇点时，既没有价格过高的资源不足，也没有资源过剩，形成了效率最大化。

(3) 如果将这套理论搬到展示型广告市场，交易的货品是每个广告展示的曝光，需求方是广告商和代理，供应方就是各大媒体，那么效益最大化的竞价策略就是在每个广告展示曝光的基础上，根据这个展示曝光的需求量，在支持维克瑞拍卖模式的大环境下，给出不同的竞价。

(4) 宏观来说，对于媒体可以达到更多的广告销量，实现销售过程自动化，减低各项费用的支出；而对于广告商和代理最直接的好处就是提高了效果与投资回报率。

广告学者谷虹等认为，RTB 模式实质上是一项购买"用户"的技术，它的成功很大程度是要依赖于数据的运用，广告主对 RTB 投放的需求越旺盛，就会对用户数据的分析要求越高，而国内 DSP 之间的数据不可以进行交换，这将促使一直以来缺位的第三方独立数据管理平台 DMP 的出现。RTB 广告投放会从单一 PC 端逐渐走向多屏幕整合，那么用户兴趣、上网行为、地理位置、交易信息、物流信息等数据将深度融合，未来会构建出一个更庞大的大数据服务、多渠道整合营销体系。

(资料来源：根据网络资料整理)

第二章
软文营销

学习目标

- 理解软文的营销特点；
- 掌握软文撰写的相关技巧；
- 熟悉软文的发布方法

"肠"胜将军的秘密

现代社会生活节奏快，上班族普遍工作压力大、情绪波动大，加上不规律的饮食，使得肠道负担加重，出现亚健康状态，甚至引发急性或慢性腹泻等症状。在这样高压的环境下，如何保持肠道健康，做一名"肠"胜将军呢？

1. "菌"衡才是硬道理

其实，人体肠道内寄居着种类繁多的细菌，统称为肠道菌群。和复杂的人类社会一样，这些菌群在肠道里"拉帮结派""各立山头"，形成了"有害菌"和"有益菌"两大阵营。各方菌群帮派只有在势均力敌时，肠道才会平安无事；若是有一方"豪强"做大，侵占其他势力的地盘，就会引起肠道不适，所以，"菌"衡才是肠道健康的关键！为了达到"菌"衡的目的，我们需要有一支强力的"城管"大队来肠道"维稳"。乳酸菌饮品就完美地扮演了这个角色。它可以帮助肠道消化，并抑制肠道内"有害菌"的生长，居中调停，使人体肠道菌群恢复平衡，带来和平稳定的肠道环境。

2. 膳食纤维与"菌"共舞

膳食纤维作为"健肠派"的高手，早已名满天下，它被誉为人体第七大营养素，是健康饮食不可或缺的组成部分。

膳食纤维十八般武艺样样精通：促进肠道蠕动，缓解便秘；增加饱腹感，帮助人体减少食物摄入，有效帮助控制体重；吸附肠道中的有害物质并排出体外；帮助降低人体内胆固醇水平，等等。不过，膳食纤维还有一项不为人知的绝技：帮助肠道里的有益菌发酵，协助保持肠道菌群平衡。

综上所述，要成为一名"肠"胜将军，肠道"菌"衡和补充适当的膳食纤维才是王道，忙于生活和工作的你，不如把这个问题交给娃哈哈乳酸菌吧！经过层层遴选，保障肠道势力平衡的菌群已经脱颖而出，加上清肠、促消化的膳食纤维"双剑合璧"，融于一瓶之内，让你常喝常舒畅，肠道更健康！怎样，新技能 get 了吗？

（来源：网易）

思考：软文与广告有哪些区别？有哪些优势？

第一节　软文营销概述

软文，是指企业通过策划，在报纸、杂志或网络等媒体上刊登的可以提升企业品牌形象和知名度、促进企业营销的一系列宣传性、阐释性文章，包括特定的新闻报道、深度文章、付费短文广告、案例分析等，有的电视节目会以访谈、座谈方式进行宣传，这也被看作软文，"软文"因此又被称为"广告文学"。

一、软文营销的主要特点

软文营销具有以下几个方面的特点。

1. 软文的营销目的具有隐蔽性

软文在内容上没有明显的营销目的，而是将要宣传的信息嵌入文字，从侧面进行描述，属于渗透性传播。软文的本质是商业广告，但以新闻资讯、评论、管理思想、企业文化等文字形式出现，让受众在潜移默化中受到感染，这就是软文的首要特征。

2. 内容丰富，形式多样，受众面广

软文由于文字资料的丰富性，传递的信息极其完整，并且不拘泥于文体，表现形式多样，从论坛发帖到博客文章、网络新闻，从娱乐专栏到人物专访，从电影到游戏……几乎遍布网络的每个角落，因此，大部分的网络用户都是其潜在消费者。

3. 吸引力强，可接受度高

软文的宗旨是制造信任，它弱化或者规避了广告行为本来的强制性和灌输性，一般由专业的软文写作人员在分析产品目标消费群的消费心理、生活情趣的基础上，投其所好，用极具吸引力的标题或话题来吸引网络用户，然后用细腻、具有亲和力或者诙谐、幽默的文字以讲故事等方式打动消费者，而且文章内容以用户感受为中心，处处为消费者着想，使读者易于接受。尤其是新闻类软文，从第三者的角度报道，消费者从关注新闻的角度去阅读，信任度高。

4. 低成本，高效益

2012 年"中国好声音"总决赛的广告费最高曾经达到 100 万元/15 秒，央视一套广告费每秒动辄上万元，黄金时段广告费每秒超过 10 万元也是很正常的事情。平面媒体和户外媒体的广告也让很多中小企业望洋兴叹。而软文除了在主流平面媒体和网络媒体上需要付费之外，还有很多免费的平台。如果调研、策划、创意、撰写都到位，很有可能用免费的方式获得"硬广"付费都达不到的效果。

5. 影响周期长，有可能实现二次或多次传播

传统的硬广告受到版面限制，传播信息有限，投入风险大，成本较高。相比之下，软文营销具有高性价比的优势，信息量大，而且不受时间限制，可以在网站上永久存在。此外，软文有非常好的搜索引擎效果，可以进行二次传播，通过软文营销公司的网络整合营销服务，企业可以把相关信息同时发布到互联网上所有大型门户网站以及全国各个地方性门户、行业网站的相关频道，该软文还可以继续被其他网站转载。

二、软文的分类

从面向的读者对象看，常见的软文主要有新闻稿软文、行业类软文和用户类软文三大类型。

1. 新闻稿软文

新闻稿软文是指企业向媒体主动提供的具有一定新闻价值的软文稿件，它具有新闻内容及时性、独家性的特点，面向一般公众。新闻类软文的新闻主要来源于具有新闻性的社会事件或企业重要事件，如行业特色事件、危机公关信息、慈善活动、体育营销事件、新产品上市或企业领导人新闻。

2015 年，在公关公司策划的北京市脐血库宣传中，分别在北京市两家报纸发表《6 岁稚子欲脐带血救父》和《襁褓妹妹脐带血救治两岁哥哥》的新闻报道，有效地向大众传播了脐带血相关知识，也提升了北京市脐血库的知名度，起到了良好的公关效果。其中，北京青年报发表的《襁褓妹妹脐带血救治两岁哥哥》全文如下，可供借鉴。

> 本报讯(见习记者　彭小菲)　陕北榆林的两岁男童小伟(化名)去年 11 月被查出急性髓性白血病，由于没有找到配型成功骨髓，小伟的命运一度陷入绝境。然而，出生仅 1 个月尚在襁褓中的亲妹妹的脐带血，幸运地为他带来了一线生机。昨天上午，小伟的脐带血移植手术在北大人民医院顺利完成。这也是北京市脐血库第 13 例自存脐带血移植案例。
>
> 昨天上午 10 点，小伟成功进行了脐带血造血干细胞移植手术。主治医生王景枝告诉北京青年报记者，术后将对小伟进行一段时间的观察，等待新细胞在其体内"生根发芽"。"如果不做造血干细胞移植，能够获得长期生存的几率只有 20%~30%，选择做，生存率可以提高 1 倍以上。"由于同胞相合的移植成功率高达 70%，因此如果一切顺利，小伟今后将过上和正常孩子一样的生活。
>
> 对于不了解脐带血的人来说，很多人担心，像小伟和妹妹这样的幼童进行脐带血采集及移植，是否存在着风险和难度？对此，北大人民医院医生王景枝解释称，脐带血采集是在新生儿娩出后胎盘脐带与胎儿完全分离以后进行的，因此对母亲和孩子没有任何副作用和不良影响。脐带血造血干细胞移植适用于成人和儿童，可分为自体移植、同基因移植和异基因移植，其中同基因移植是指患者与移植供体为同卵孪生兄弟或姐妹。此外，根据 2007 年美国血液学年会上报告的一项研究成果显示，有亲缘关系脐带血的临床移植效果更好。
>
> 北青报记者了解到，小伟妈妈在怀第一胎时，曾考虑过为小伟存储脐带血，但因地域限制无法在国家批准的正规脐带血库进行储存。而幸运的是，当小伟患病时，妈妈恰巧怀上二胎，于是当小伟妹妹在北京出生后便顺利将脐带血存储到了北京市脐血库。
>
> 据悉，目前我国有上百万的白血病患者，并每年以 7 万人的速度增长，每年因白血病死亡的人数达 5 万以上。近年来，造血干细胞移植已经成为根治白血病的有效治疗手段之

一。其中，脐带血已成为造血干细胞的重要来源。此外，储存脐带血自用不存在配型问题，孩子的脐带血与父母至少可以达到半相合甚至更高的匹配度，脐带血在非孪生兄弟姐妹间的配型全相合率是 25%。因此，储存脐带血可增加家族成员找到合适造血干细胞来源的几率。

2. 行业类软文

行业类软文，即指面对某个行业内人群的软文，此类文章通常的目的是扩大行业声誉，打造行业品牌。行业类软文包括经验分享、观点交流和第三方评论等。一度在网络论坛和网站上广为转载的评论文章《雷军=雷不死？》，为当时新上市的红米手机起到了广泛的宣传作用。

雷军=雷不死？

商人的话永远不能当真，一年多以前当雷军在微博上义正严词地表示"小米专注在高性能、高性价比的发烧级手机，认认真真把高端手机做好就够了，不考虑中低端的配置"的时候，几乎所有人认为小米的标杆是苹果。但一年多后，雷军食言了，没有删掉的微博被好事的网友扒出来，成为对"雷布斯"天大的讽刺。

2013 年 7 月 31 日，小米联合 QQ 空间发布红米手机，配置为 4.7 英寸显示屏，1.5GHz 四核处理器，1GB RAM，130 万像素前置摄像头和 800 万像素后置摄像头，这款手机的售价为 799 元。从性价比来看，小米像发售米 1 时一样依然在打低价高质的牌，但与千元以下的山寨机相比，小米在两年多的时间内形成的品牌效应无疑会更有优势。

事实上，据 ATET 智能手机市场观察员分析：小米从发布米 1 青春版(低配版)的时候，就已经放弃了将苹果视为标杆的战略，从它之后发布品类手机越来越多的情况来看，它正是要走三星那种以多品类达到高市场占有率的路线。红米手机的发布彻底预示着小米告别了视苹果为师的时代。

ATET 智能游戏手机市场分析员说：红米手机的营销是精准的，定位也是清晰的，这显示了小米在营销上一贯的深厚功力。但红米手机的发布意味着小米想将自己打造成中国苹果的梦想已经破灭了。小米扩充产品品类并将目光投向三线以下城市的战略表明，它的标杆已由苹果变成了三星。新浪微博上，雷军不做低端手机的微博依然挂着，它似乎在告诉所有的关切者们：其实我不是"雷布斯"，我是"雷不死"。

(资料来源：搜狐网)

3. 用户类软文

用户类软文是我们最常见的网络推广手段，面向目标消费者，有信息分享类、娱乐搞笑类、经验类、爆料类、争议类、情感类、悬念类与故事类等。以下是阿里体育在 2017 年"五一"节前发布的消费信息。

五一小长假哪里浪？热搜 Top5 不容错过

一想到密密麻麻、川流不息、排山倒海的人群，小编的密集恐惧症都犯了！热啊！挤啊！我心累啊！我白花花的银子也随人流而去了！

我要大声说一句！NO！

黄金假期拒绝这样！"滚滚长江东逝水，浪花淘尽英雄！"

啪！爆款才是最懂你的！以下是小编的良心爆款推荐。

马术体验课程

做一个骑士是什么感觉？全套马术装备体验课程，感受马术运动中潇洒的外表、宁静的内心和勇于拼搏的精神。（此处省略附图和购买链接）

坐标：全国22家门店

时间：提个醒，五一要提早预约哟！

潜水体验课程

漫步于水底世界，享受在水中失重的感觉，感受水带给你的自由！同时在水中进行影像的拍摄，留下别样的假期留念照片。金牌教练全程保障安全，课程完成后可考取 PADI 开放水域潜水员证书，完成深潜不再是梦想。（此处省略附图和购买链接）

坐标：上海、北京、成都、郑州、重庆

时间：提前5天预约

高尔夫私教体验

普通人是不是被动辄10万元的高尔夫入会费吓跑？如今高尔夫运动不再遥遥无期。我们针对首次接触高尔夫的人群推出了高尔夫单人体验课程，百元便可享受高尔夫的奢华。

在大自然中，高尔夫运动让你远离市区的喧嚣、五一旅游大军，轻松休闲地度过五一假期。体验课我们也额外赠送高尔夫手套、高尔夫7号球杆。（此处省略附图和购买链接）

坐标：北京、上海、广州、深圳、南宁

时间：提前3天预约

ROCK ON！

酷酷的攀岩！徒手攀岩是指不依赖任何外在的辅助力量，只靠攀登者的自身力量完成攀登过程，是一种对自我的挑战，如果你喜欢积极向上、挑战自我，那么来攀岩一定没有错！

专业教练一对一指导，安全有保证！如今推出了特价活动，攀岩体验只需30元，五一出行性价比极高。（此处省略附图和购买链接）

坐标：杭州

时间：提前1天预约

最后，如果你只想要"静一静的任性"！那么只要9.9！9.9！9.9！超清直播20支英超球队！任意场次任意选！在家即可享受超清英超直播，准备好啤酒、零食，体会足球带给我们的激情与快乐。（此处省略附图和购买链接）

坐标：家

时间：你喜欢就好！

这么多的精彩活动都在五一假期呈现，都是小编的心头好，最真心最实在的推荐，都拿去享用吧！让我们红尘作伴，过得潇潇洒洒！你准备好了吗？！

第二节 软文的写作

一、确定写作策略

软文写作首先应确定软文的写作策略，即以何种结构方式，增强文章的吸引力，达到最好的传播效果。一般来说，软文的写作策略有以下几种。

1. 悬念式

悬念式也可以叫设问式，其核心是提出一个问题，然后围绕这个问题自问自答。例如，《人类可以长生不老？》《什么使她重获新生？》《汽车空调使用不当竟会窒息！你用对了吗？》等等。通过设问引起话题和关注是这种方式的优势，但是必须掌握分寸，首先提出的问题要有吸引力，答案要符合常识。

2. 故事式

通过讲一个完整的故事带出产品，使产品的"光环效应"和"神秘性"给消费者心理造成强暗示，促进产品的销售。例如，"1.2亿买不走的秘方""神奇的植物胰岛素""印第安人的秘密"等。讲故事不是目的，故事背后的产品线索是文章的关键。故事的知识性、趣味性、合理性是此类软文成功的关键。

3. 情感式

软文的情感表达由于信息传达量大、针对性强，可以使读者产生强烈的共鸣，从而增强软文的可读性和说服力。"老公，烟戒不了，洗洗肺吧""女人，你的名字是天使""写给那些战'痘'的青春"等，从情感入手，容易打动人，容易走进消费者的内心。

4. 恐吓式

恐吓式软文属于反情感式诉求，情感诉说美好，恐吓直击软肋，例如，"高血脂，瘫痪的前兆！""天啊，骨质增生害死人！""洗血洗出一桶油"等。实际上恐吓形成的效果要比赞美和爱更具备记忆力，但是也往往会遭人诟病，所以一定要把握好度，不要过火。

5. 促销式

促销式软文常常跟进在上述几种软文见效时。"北京人抢购……""……在香港卖疯了""一天断货三次，西单某厂家告急"等这样的软文经常是直接配合促销使用，通过"攀比心理""影响力效应"等多种因素来促使读者产生购买欲望。

6. 新闻式

所谓新闻式，就是为宣传寻找一个由头，采用新闻报道的手法，让读者认为仿佛是昨天刚刚发生的事情。这样的文体对企业自身有一定的要求，写作的时候一定要结合企业的自身条件，不能胡乱编造，否则多数会造成负面影响。在写作的时候可以运用新闻惯用的一些词汇，来增强文章的"新闻性"。

二、精心设计标题

具有吸引力的标题是软文营销成功的基础，软文文章内容再丰富，如果没有一个具有足够吸引力的标题，会使软文的传播效果大打折扣，甚至直接影响到软文营销的成败。所以在确定了软文的写作策略后，创作软文的第二步，就要赋予文章一个富有诱惑性、震撼力或神秘感的标题。例如，《还没开始用手工皂？你太 OUT 了》软文，通过反问和热门词"OUT"的组合，给爱美的女士一个充满神秘新鲜的标题，以这新颖的标题获得了大量的转载。

具体来说，标题写作可以从以下几方面着手，增强文章的吸引力。

1. 以"利"诱人

与其他类型文章不同，软文一般都是商家发布的宣传产品、品牌的文章，所以一定要以"利"诱人，在标题中就直接指明你的利益点。例如：

《小站长年收入 10 万不是梦——我的奋斗历程》(某网站培训软文)

《留下你的 10 块钱，也留下你的痔疮》(医疗软文)

《注册××网站会员，即送 100 元现金券》(某网上商城软文)

2. 以"新"馋人

人们总是对新鲜的人，新鲜的事物感兴趣，这是人之常理，把握住这个特征，制造出具有新闻价值的软文，往往会引发巨大的效应，特别是在网络传播的时候，可以获得更多的转载，这里新闻标题常用的词语包括惊现、首度、首次、领先、创新、终于、风生水起、暗流涌动等。例如：

《我市惊现"日光盘"》(某楼盘软文)

《终于，多功能车开始用安全诠释豪华》(某轿车软文)

3. 以"情"动人

人都是有感情的动物，可以借助这个特性，使软文标题抓住一个"情"字，用"情"来感动读者，包括亲情、友情、爱情，因此写此标题的时候作者一定要投入自己的感情。例如：

《19 年的等待，一份让她泪流满面的礼物》(某礼品软文)

《为了这个网站，我和女朋友分手了》(某网站软文)

《有一种幸福，叫上有老下有小，你知道吗？》(某奶粉软文)

4. 以"事"感人

作家莫言在诺贝尔文学奖获奖演说中说"我是一个讲故事的人。因为讲故事我获得了诺贝尔文学奖。"曲折、精彩的故事往往有着强大的吸引力，而故事型标题也更容易感动人，吸引人阅读。以下是几个"故事性"标题范例：

《那些年，我走过的弯路》(某招商手册的软文)

《一个襄樊汉子和他的世纪华峰装饰品牌梦想》(某装饰公司软文)

《我和采茶美女的邂逅》(某茶叶软文)

5. 以"悬"引人

制造悬念，使读者由于惊讶、猜想而读正文。此类标题应具趣味性、启发性和制造悬念的特点，并能引发正文作答。例如：

《洗澡都洗错！第一次知道沐浴露这样用才对》(某沐浴露软文)

《是什么让他的爱车走向了不归路？》(某防锈产品软文)

《我是如何从失败中奋起，进而走向成功的？》(培训机构软文)

6. 以"秘"迷人

和悬疑一样，大家最喜欢听到各种真相，人类的求知本能也让大家更喜欢探索未知的秘密，于是揭秘的标题往往更能引发关注。这类标题常用的关键词有"秘密""秘诀""真相""背后"和"绝招"等，如以下几个软文标题：

《半个月瘦身10斤，秘密首次公开》(减肥产品软文)

《净之美热销的背后》(化妆品软文)

《让销售业绩提升三倍的九种方法》(培训机构软文)

7. 以"险"吓人

恐吓式标题最早见于保健品软文中，通过恐吓的手法吸引读者对软文的关注，特别是有某种疾病的患者，看到相关软文后更能引发共鸣，能让他人意识到从前的认识是错误的，或者产生一种危机感。例如：

《女生的这5个坏习惯，会让你越变越丑！》(服装软文)

《高血脂，瘫痪的前兆！》(保健品软文)

《春季谨防肛肠疾病赖上你》(医疗机构软文)

8. 以"问"呼人

要使软文标题让读者感觉更亲近，最简单的方法莫过于打招呼。以对话、发问的形式，或者直呼其名的方式往往更能吸引读者的目光，甚至可能使一些不是被发问的人群也关注到这篇软文。如以下标题：

> 《××，××他们都来了，你呢？》(某营销活动软文)
>
> 《喜欢上海，非得坐飞机过来？》(新浪上海站软文)
>
> 《还有谁想要雅思、托福、GRE 学习资料？》(培训机构软文)

9. 以"趣"绕人

一个好的软文标题，读者阅读后往往会过目不忘，这个就得益于软文创作者所使用的语言。生动、幽默、诙谐的语言，可以将标题变得活泼俏皮，恰当运营修辞手法，谐音的效果，可以令读者读后回味无穷，甚至乐意进行口碑传播。例如：

> 《赶快下'斑'，不许'痘'留》(祛痘化妆品软文)
>
> 《有"锂"讲得清》(手机电池软文)
>
> 《不要脸的时代已经过去》(润肤水软文)

10. 以"议"动人

建议性的标题是常见的标题，只要戳中消费者需求的痛点，这样带有引导性的标题也能吸引读者点击。例如：

> 《不知道穿什么的男孩子，卫衣来帮你！》(服装软文)
>
> 《这些提高整体形象的手表品牌，你听过几个》(手表软文)
>
> 《相亲资深"剩斗士"，教你三招理容必修课》(服装软文)
>
> 《最适合学生党的 12 瓶香水！好闻又白菜》(香水软文)

11. 借"名人"

名人的任何事情都是大众所关注的，无论是他们的工作，还是他们的生活，或是他们的兴趣，等等，如果软文所宣传的事物或者产品能借助名人的影响力，定会吸引不少读者的眼球。例如：

> 《今年衬衫裙怎样买？娜扎周冬雨穿的肯定火》(服装软文)
>
> 《李冰冰最喜爱的几款包包》(品牌包软文)
>
> 《巩俐：欧莱雅，你值得拥有》(欧莱雅化妆品软文)

12. 借"热点"

抓住社会上的热门事件、热门新闻，以此为软文标题创作源头，通过大众对社会热点的关注，来引导读者对软文的关注，提高软文的点击率和转载率，软文撰写者可以借助百度的搜索风云榜来关注最近的热门事件。例如：

> 《神六采用爱国者 U 盘，能重复擦写百亿次》(数码产品软文)
>
> 《面对"用工荒"，企业如何借力电子商务》(某网站软文)
>
> 《圣诞节鲜花预定火爆鲜花网》(鲜花网软文)

三、正文的写作技巧

1. 体现新闻性

在软文的写作过程中，如果善于运用一些新闻惯用词汇，那么就能加深读者的印象，淡化广告性质。例如，在正文中经常使用类似"近日""昨日""连日来""在我市""×××商场"等能够增强正文新闻性的词汇。

2. 淡化广告色彩

广告信息要自然地融入在正文中，尽量把公司名称、品牌名称、产品名称和电话号码等信息巧妙地安排在文章中，使读者在不知不觉中很自然地获得这些重要信息，这是企业追求的最佳软文营销方式。

3. 集中主题

一篇软文，只能有一个主题，切忌杂乱无章，横生枝节。如果要反映出一个主题的多个方面，可以采用添加小标题的方式，分段叙述，使软文井然有序，条理清楚。

4. 讲究写作艺术

软文要求有可读性，因此也要适当运用文学艺术创造手法，注意文字方面的文学性、艺术性。软文的文字要尽量做到活泼、别致和形象，使软文富有人情味，使读者觉得亲切，乐于阅读，从而加强记忆和联想。在具体的方式上，软文的创作可以借鉴报道、理论、散文、记叙、论述和喜剧等诸多文学形式。

5. 增强感召力

撰写和发布软文，最终的目的是通过告之产品或企业信息，使产品或企业在消费者心中树立良好的形象，激发其购买行为。因此，软文必须像硬广那样有感召力。当然，软文的感召力是以高质量的产品、优秀的企业文化等为基础保障的。但要获得广大消费者的信赖，还需要采用各种方式方法来加强其效果。例如，在软文中，我们可以通过社会名人推荐、普通消费者采访、权威部门认证等方式加以证实，这样更易于引导消费者付诸行动。

6. 注重排版

文章的排版不可马虎，需要做到最基本的上下连贯，最好在每一段话题上标注小标题，从而突出文章的每个要点。同时，在适当的情况下配备相关图片，图文并茂，这样既做到了版式美观，又增加了文章的说服力。

四、软文写作的常见错误与对策

1. 错别字和语法错误

错别字和语法错误是每位写作者首先最应该避免的错误，否则会严重影响企业在消费者、投资者心目中的形象。这其中还包括导语以及结尾等段落是否缺失、段落是否有层次、逻辑是否分明等。

2. 不注重标题

要知道，一篇文章的标题是它的核心，使用一个新颖的好标题就是软文成功的一半。读者看网站新闻都是先看标题，如果感兴趣就会打开阅读。对于现在这个信息爆炸的社会而言，读者已经习惯了快速扫描阅读，读者一般会根据标题是否简单、明了、吸引人等条件，在第一时间作出是否阅读该篇文章的判断。调查显示，70%的浏览者会根据文章标题来决定是否对该文章进行查看，所以要在标题上下足工夫。

3. 篇幅过长，语言不简练

由于网络中信息过多，大部分网民们都习惯了跳跃式的阅读方式，对一般的软文通常是没有耐心看完的，因此，需要尽量在短短几行字内把意思表达清楚，同时引起读者的兴趣。所以，文章应以短小精悍为主，每篇文章只需要完整地表达一个主题即可，动辄一大篇的文字只会让阅读者头疼，丧失阅读兴趣。

4. 没有可信度

有些软文出于鼓动消费者的目的，在写作上夸大其词，欺骗消费者，这种不真实的软文实际上不但不会产生好的效果，还很容易引起消费者的反感。逻辑严谨、风格写实的软文更能从理性和感性两个方面说服消费者。为了写出这样的软文，作者需要对所要宣传的产品做深入系统的研究，包括用户的想法、用户对什么方面感兴趣等，这样才能够写出有血有肉、极具诱惑力的好软文。

5. 可读性差

软文不应该仅仅是对那些有购买需求的消费者产生效果，还应该刺激具有潜在购买欲望的消费群体。所以，当软文进行大量直白的产品和服务的介绍，使之带有明显的广告色彩时，会导致其可读性差，将会使企业最终的传播目的大打折扣。

第三节　软文的优化与发布

一、软文的优化

网络软文和传统媒体的软文不一样的地方在于，网络软文能够最大限度地利用网络的特性，为企业和产品进行广泛的宣传。网络软文总的浏览量分为主动浏览量和被动浏览量，当软文发布到各网站上，直接通过那些网站看到软文的宣传就是主动浏览量，这和传统的媒体没有区别；而同时，软文还有可能通过关键字被百度等搜索引擎搜索到，通过搜索获得的浏览量就是被动浏览量。

软文搜索引擎优化是提升软文被动浏览量的一门技术。它通过优化软文关键字来提高其在百度、谷歌等搜索引擎的搜索结果中的排名，从而增加浏览的人数，获得额外高质量的流量。对于那些有自己网站的企业，软文发布还可以增加网站的外链，文章发布在 PR 值[①]越高的网站，外链价值越高，同时也能快速提升网站的关键字排名，增加网站精准流量。

对软文进行搜索引擎优化，可从以下几个方面入手。

1. 标题关键字

发布的软文标题一定要完整，需要将所要营销的关键字或多个关键字组合成一个短语出现在标题中，且尽量将重要关键字放在其中靠前的位置。而标题关键词应该选择相对热门的词汇或词组，同时使标题的关键字成为整篇文章的关键字。

同时，可以通过"借力"来获得更多流量。例如，在标题中融入大公司或者新近发生的大事件，这样关注者在搜索的时候，就更容易看到该软文。因此，软文作者可以通过百度搜索风云榜来了解时事热点以及热门的搜索关键字。

2. 信息摘要

在发布软文的时候，有时会需要填写一个"信息摘要"。信息摘要的要求是结合标题与正文的内容来描述，一般使用的就是文章的第一段，精炼并突出关键词。

3. 正文搜索引擎优化

正文的第一段是很重要的，一般它应该是对整篇文章的一个概括。在这里需要尽量使用关键字，一般以 2~3 个为宜。在正文语句通顺的前提下，可以适当多次重复出现关键字。重点关键字应该加粗或者更改颜色，以区别于文章中的其他文字，让搜索引擎能够识别出这篇软文中的重点关键字是什么。在结尾对文章中心思想进行总结的时候，也应加上重点关键字。

---

① 全称为 PageRank，网页排名，是 Google 的搜索排名算法中的一个组成部分，PR 值越高说明该网页在搜索排名中的地位越重要。

4. 做好关键字链接

在可以使用超链接的网站中发布软文的时候，尽量在第一段做一个重点关键字的链接。在软文正文的前半部分可以出现 2～3 次关键字链接，搜索引擎对文章前几段的搜索权重较高。整篇文章的关键字链接数量应该尽量控制在 3 个以内。

发布软文的网站 PR 值越高，那么软文关键字的搜索排名也会越高。因此，需要尽量把文章发布在那些高质量的大的网站上，而不是一些低质网站。当然，这些网站的审核也会比较严格，大的网站还会需要支付一定的宣传费用。

做好软文搜索引擎优化是软文营销中非常重要的一个课题，通过搜索引擎搜索获得的浏览量都是比较精准的流量，也就是说，对你的企业或者产品比较感兴趣的人才会搜索你的关键字，这样就可以为网站提供一种生态式的自我营销解决方案。

二、常见的软文发布形式

(一)常见的付费发布形式

1. 报纸杂志

现在谈起软文，大家一般想到的都是网络，其实软文最早产生于报纸，当然也可以在平面媒体上发布，报纸杂志是最常见的形式。但是，平面媒体由于版面受限，软文发布费用一般高于网络。

2. 网络新闻

网络新闻是网络软文最常见的形式，其发表途径一般有以下几个。

首先，举办新闻发布会。对于大型企业，有重大事件可举办新闻发布会，邀请媒体记者到场，由企业方的新闻发言人对外公开发布企业重大消息。这种方式对企业来讲，资金花费较大，而且是有一定社会知名度的大型企业才有这样的号召力和媒体关注度。

其次，与公关服务机构合作。企业与公关服务机构合作，从企业角度来讲可以省去很多事情，公关公司在公关传播服务方面比较专业，而且媒体资源广，操作流程娴熟。公关公司通过挖掘企业的新闻点，编撰成新闻稿，然后通过公司的媒体资源发布到全国各大媒体。

再次，通过企业自主建立媒体关系。大型企业一般都有自己的公关团队处理媒介关系，如果企业有重要新闻，可以通过这些媒体关系发布企业新闻。这种方式的优点是比较直接、快速，花费小；缺点是工作难度大，媒体范围小，发稿数量受限制，稿件发布率低。

3. 名博挂文和博客推荐

软文可以写成博客文章的风格，发布到行业知名博客或者专业博客上，通过公关操作推荐到博客频道首页。根据网站和博客量级的不同，其收费标准也不同。借助知名博客的影响力和广泛的订阅量，可以提升软文的权威性和阅读率。

4. 论坛置顶

软文可以写成论坛帖子的形式，做成置顶帖或精华帖。

(二)常见的免费软文发布形式

1. 网站投稿

网络新闻发布一般是需要投入费用的，但是有些网站是接受用户投稿的。稿件文章质量好，对读者有用，网站的管理员会转成新闻发布出来，如 A5 站长网、艾瑞网和速途网等。

2. 博客发布

在企业博客或个人博客上发布，这个是完全免费的，只是流量不会太大。此外，包括QQ 日志、开心日志、飞信空间和威客空间等类博客也可免费发布。

3. 论坛发帖

大家对于论坛应该比较熟悉，可以将软文作为普通帖子发布到相关版块。

4. 文件共享

文件共享就是把软文文档上传到百度文库、豆丁网和道客巴巴等文件共享平台。

5. 知识问答

软文稍加修改，便可以作为百科名词底稿，也可以改写成问答形式，在互动百科和百度百科等知识问答类网络空间创建名词，完成软文的变相发布。

6. 微博

微博虽然只能发布 140 字，但软文可长可短，有的可以提炼软文的中心思想作为微博发布，如果觉得实在不够明了，还可以将文章的链接附上。

7. 其他

其他发布的形式还有很多，如新闻评论、视频评论、博客评论、商铺公告、邮件和IM 等。

本章小结

软文是网络营销中常用的宣传推广形式，广泛用于博客、微博、微信、论坛等网络空间。软文写作首先应确定软文的写作策略，即以何种结构方式，增强文章的吸引力，达到最好的传播效果。确定了软文的写作策略后,第二步就要赋予文章一个富有诱惑性、震撼力或神秘感的标题。广告信息要自然地融入在正文里,需要尽量把公司名称、品牌名称、产品名称、电话号码等信息巧妙地安排在文章中。为了增强软文的可读性,要适当运用文学艺术创造手法,注意文字方面的文学性、艺术性,文字要尽量做到活泼、别致和形象,使软文富有人情味,使读者觉得亲切,乐于阅读。软文除了要"软",还要讲究"真",避免在写作上夸大其词,欺骗消费者,这种不真实的软文事实上不但不会产生好的效果,而且还很容易引起消费者的反感,也是不符合营销道德的。

思考与练习

1. 找一款自己熟悉的产品,根据其特点撰写 1500 字左右的软文,并将软文发布到微信、微博、论坛中。

2. 从新闻网站、论坛社区、垂直网站等收集几篇风格各异的软文,分析其写作特点。

知识扩展

瑕不掩瑜:对软文广告的再认识(节选)

陈蕾

无论你身在何时何处,都能看到广告的身影,广告也越来越受到人们的关注和研究,其中软文广告就是历来较受人们关注的一种广告形式,而且人们对它的评价也是褒贬不一。

1. 软文广告繁盛带来的问题

软文广告混淆了广告与新闻的界限。指责者认为,现在的许多软文广告是以貌似新闻的方式出现的,它混淆了视听,使读者不辨真假,将其当作新闻来阅读、接受,它欺骗了消费者。因为人们对新闻会主动阅读,而对广告则存有排斥心理,软文广告恰恰利用了人们的这种心理。这种将广告混同于新闻的做法包括两种情况,一是将软文广告直接混迹于报纸的新闻版面,完全以新闻的面貌出现。这种情况下读者是无法分清楚谁是广告,谁是新闻的。二是虽然放在其他版面,却采用新闻的手法写作,不加或有意减弱广告的标志,使读者难以辨清其为广告。例如,提高软文广告标题的醒目程度,运用新闻报道常用的链接处理方式,在文字使用上采用"本报记者……"等类似语句,对于应该标注的广告标志有意不加或弱化其醒目程度,等等。

软文广告存在不实宣传,有意误导消费。这也有两种情况,其一是夸大其词、危言耸听,使消费者产生恐惧感而进行消费。例如,有一则软文广告的标题是《8000 万人骨里插刀》，就运用了恐惧诉求，不但吸引了消费者的注意，而且使消费者产生一定的恐惧感，从而产生购买需求。其二是对一些科学知识、权威机构或专家发表的信息等有意歪曲理解或偷换概念，造成对广告产品的有利局面，从而诱导消费者进行不必要的消费。例如，有篇题为《别让爸妈妻子倒在厨房油烟里》的软文，其引言中说"世界卫生组织和联合国开发计划署发表联合声明指出：厨房里的油烟相当于每天抽两包烟！"而正文中的表述变成了"家庭主妇每天做一次饭所受到的油烟危害，相当于每天吸两包烟"。实际上联合声明的表述是，"目前，世界上约有一半的家庭做饭时使用诸如粪便、木头、农业生产残渣和煤炭为燃料，这类燃料会产生有毒的混合气体，其危险是支气管炎和肺炎等传染性疾病的两倍。使用这种炉子做饭吸收的有毒气体相当于每天抽两包香烟"。这就是典型的有意曲解。

软文广告的这些问题客观存在，也确实给消费者带来了一定的损害，但我们不能因此而否定其存在的价值。

2. 正确认识软文广告

软文广告是好是坏，我们不必急于下结论，还是首先立足现实，从不同层面对其做一个认真的分析研究。

从软文广告的基本特性看其存在的合理性。纵观国内软文广告的实践，其至少有两个基本特性是不可否认的。

其一，软文广告具有广告性。广告本身是经济活动的产物，是为市场经济服务的。但广告本身并不直接产生经济效益，它只是一种信息传播行为。广告通过宣传企业或产品的信息，从而打动消费者，促使其产生购买行为，最终实现经济利益。因此，广告的基本特性就是进行宣传推广。那么软文广告呢？虽然它并没有明显地宣传某一企业或产品，但广告主之所以要做软文广告，其根本目的还是为了宣传自己的企业或产品，无非是"曲线救国"罢了。可见，广告性是软文广告的根本特性。有人把软文广告等同于广告新闻其实是不对的。早在1987年，张西明就发表了长文《广告与新闻》，以国际视角对"广告新闻"进行了批评，重点介绍了美国、日本、匈牙利、波兰的情况，其结论是："'广告新闻'与新闻道德的原则不相容，已被各种社会制度下的新闻事业所公认，成为国际新闻界普遍接受的道德规范。"可见，广告是广告，新闻是新闻，不存在广告新闻。因此，软文广告也不是广告新闻。虽然软文至今还没有一个确切的定义，但将软文称作广告新闻明显是不正确的。当然，在某种情况下，有些广告宣传的对象是可以成为新闻的，软文也是可以转化成新闻的。

其二，软文广告具有隐蔽性。优秀的软文广告，能深深地影响消费者，能让消费者不将其当作广告来读，但最终却能实现广告的目的。软文广告主要借助于语言文字的技巧和魅力，拉开了与其他形式广告的距离，披上了新闻性、科普性、经济性的外衣，达到一种春风化雨、润物无声的效果。之所以如此，就在于当今广告的狂轰滥炸已经让消费者产生了"审美疲劳"，软文恰恰能削弱甚至消除人们对广告的戒心，以一种更温和、间接的方式诉诸消费者。实际上，软文广告常为人诟病的一个主要原因也在于此。从广告的定义来看，无论是哪种定义，都认可广告是一种宣传促销手段。既然广告是进行宣传的，宣传的方式和手段也是多种多样的，因此，无论是旗帜鲜明的公开宣传，还是潜移默化的委婉告知都是可以的，也是不违背广告的本意的。因此，软文广告作为一种广告形式具有隐蔽性并不违理。再从我国颁布的《广告法》来看，其中对广告是这样界定的，"本法所称广告，是指商品经营者或者服务提供者承担费用，通过一定的媒介和形式直接或间接地介绍自己所推销的商品或者所提供的服务的商业广告"。这里不也是允许"间接地介绍自己所推销的商品或者所提供的服务的商业广告"吗？统观整个法律的禁止性规定，都没有对这种隐蔽性的限制。即使是《广告法》的第十三条，也只是强调要有标记和区别。因此，软文广告具有隐蔽性也并不违法。

软文广告的经济价值。广告对经济的促进作用，这是人所共知的。美国是世界经济最发达的地区，也是广告最活跃、最繁荣的地区。我国自改革开放以来，广告业伴随着经济的发展而不断走向繁荣，同时，广告业的发展也大大促进了我国经济的发展和繁荣。几十年来，我国不断涌现出的明星企业、名牌产品，没有哪一个不借助于广告宣传的。

软文广告作为一种有效的广告形式，对此也是功不可没，并且凭借其"价廉物美"已越来越受到企业的重视，成为整个广告活动中必不可少的一个环节。例如王老吉饮料，当初抓住机遇，通过一系列的整合营销策划(包括软文广告)，成功地在市场上站稳了脚跟，随后又运用了一系列软文广告及其他策略，大打其独特的企业文化牌，深化产品内涵，最终进一步巩固和拓展了市场，成为今天我国饮料市场独树一帜、响当当的大品牌。这样的案例还有很多。据悉，"世界网络业巨头思科公司在中国媒体发稿量是每月 600 篇左右，联想电脑每月则超过了 50 万字，海尔集团每周至少是 1600 篇"。可以说，今天中国的许多企业都运用了软文广告这一形式，在企业宣传、品牌建立等方面均取得了良好的战绩。可见，软文广告在促进我国经济的发展和繁荣上，确实起到了有益的作用。当然，由于一些夸大的宣传，一些无聊噱头的炒作，特别是一些虚假的宣传，软文广告也曾给人们的经济和生活带来了一些不良影响。但这些都是实际运用当中出现的问题，而并非软文广告这种形式惹的祸。

软文广告的社会价值。广告虽然主要是一种经济活动和现象，但广告的无处不在，已深深地影响了每一个人的生活。在今天，广告与人们的经济生活、文化生活等都存在着千丝万缕的复杂关系。因此，广告同样也是一种社会现象，并在我们的社会生活中发挥着积极作用。

首先，广告起到了信息传播者的作用。当今时代已进入信息化时代，我们每个人每天都需要并且希望获得新的信息。获取信息的途径是多种多样的，而广告就是一种常见而有效的途径。广告宣传的产品丰富多样，涉及各行各业，为增强可信度和说服力，广告常常会详尽地介绍与产品相关的各种知识和信息，特别是对于新技术、新领域来说更是如此。而且，广告是借助于各种各样媒介发布的，无论你走到哪里，广告总能进入你的视听范围，给你带来各种各样的新信息。

其次，广告起到了知识教育者的作用。人们的知识需要不断扩展和更新，人们希望生活丰富多彩，生活质量需要不断提高，这一切广告都能为我们提供帮助。广告为人们提供成功者的形象，给人们介绍品位生活的典范；广告教我们怎样穿着打扮，告诉我们如何吃才是健康的，等等。"广告总是试图把我们照顾得无微不至。即使是在生活中最细节的方面，广告都无微不至地教导我们应该如何去做。"可以说，广告如同现代人的塑造者、社会生活的引导者和大众文化的传播者。

我们在此虽然谈到的是广告的作用，但软文广告作为广告宣传的形式之一，又何尝不是如此。有时候，软文广告在这些方面甚至表现得更为突出。例如，对某些经济现象的分析，对新科技知识的介绍等，都是软文广告的强项。

从以上分析可知，尽管软文广告在发展中出现了一些问题，但瑕不掩瑜，其确有存在的价值和合理性，我们不能因为出现的一些问题就抛弃它。

(原文发表于《新闻爱好者》2011 年第 6 期)

第三章

搜索引擎营销

学习目标

- 了解搜索引擎的类型、工作原理及发展趋势等;
- 理解搜索引擎的概念及其发展历程;
- 掌握搜索引擎营销形式及营销策略,能策划相关的营销活动

精准广告投放——搜索引擎营销助力国航品牌提升

随着互联网技术的进步和电子商务的发展，通过网络订制产品、服务逐渐成了一种常见的生活方式。与此同时，许多航空公司纷纷开展在线订票业务。作为国内航运业的翘楚，中国国际航空股份有限公司(以下简称国航)也不例外，早在 2003 年，国航就开办了在线订票业务，希望通过电子商务方便消费者订票，提高市场份额。

为提高国航在线订票业务的知名度，国航在 2006 年开始进军网络营销。最初，国航采取了在门户网站投放全流量广告的方式进行市场推广。但经过一段时期的尝试，效果并不好。2007 年 4 月，国航试水搜索引擎营销，开始了与百度的合作之旅。

1. 精准广告投放

精准广告投放是指百度通过汇聚海量网民的搜索和浏览行为数据，以搜索引擎独有的数据挖掘能力，分析其兴趣所在，然后通过锁定不同的兴趣人群，跟踪投放针对性的广告内容。在百度和国航的合作中，精准广告成为合作的切入点。通过对网民的持续分析，国航精准广告锁定了关注航线信息和经常出行的高端人群，通过在百度贴吧、百度 MP3、百度知道等频道，进行精准广告的持续跟踪投放。这种广告投放方式深度契合了目标消费者的需求，取得了显著的效果，为国航和百度的合作开创了一个良好的开端。

2008 年 8 月，第 28 届奥运会在北京召开，作为北京奥运会赞助商，国航增开了国际、国内航线。百度精准广告通过对关心国际航线和关注奥运门票的相关人士进行了跟踪分析，然后将国航的广告"购国航指定国际机票，得奥运热点比赛门票"呈现在关心奥运门票和关心航班航线的用户面前。此次广告投放给了 14 139 013 位用户，多达 10 000 000 次的曝光，增强了国航与奥运之间的品牌关联，提升了品牌的形象，从而激发了网络用户的在线订票积极性。通过百度指数可以看到，仅仅不到一个月，网民对国航的关注度上升 3%，媒体关注度上升 11%。

2. 实施竞价推广

2006 年国航初次尝试搜索竞价排名，利用关键词及合理的排名机制，便于网民第一时间找到国航的相关信息。也就是说，通过百度，消费者和潜在消费者可以快速、便捷地找到国航网站，并进行在线交易。据国航电子商务负责人介绍，在 2008 年第一季度业绩统计显示，通过搜索引擎给国航带来的交易行为获得提升，有效促进了国航的在线交易量。同时，国航的航线、产品线等均在搜索引擎里进行了深入细致的投放，并且结合国航"春节机票，专享特权"等年度重磅活动进行具有不同侧重点的投放。在投放过程中利用效果跟踪系统对国航的搜索投放进行不断的监控，通过不断的优化，达到理想的推广效果。

3. 品牌专区推广

2007 年 11 月，百度重磅推出品牌专区。2007 年 12 月，国航开始在百度品牌专区投放广告，大面积地使用图文并茂的形式，呈现国航官网的活动及服务信息概况，创建了搜索引擎上的迷你官网。在百度搜索框输入"国航"等词，搜索结果的品牌专区页面，关于国航的简介、国航在线订票信息和最新促销活动就会完全展示在网友面前，一个专区，多个入口，网民能够根据需求自主选择入口，第一时间了解感兴趣的产品。国航品牌专区上线仅仅 11 天，其广告展现量就提升 40%，点击率提升 3～5 倍，显著提升了国航的品牌形象，扩大了国航在网民中的影响力。

4. 网盟广告推广

国航利用百度 60 万家的优质联盟网站，并通过前期对行业进行数据分析，精准定位国航目标人群，将目标人群从搜索引擎扩大至全网，主要是采用关键词定向、兴趣点定向及再营销等形式，配合国航的不同活动投放于 24 个行业联盟网站，取得了良好的效果。

国航以用户体验为核心，对网站的结构、内容、用户体验等多方面进行了搜索引擎优化并投放了精准广告，从搜索引擎上获取了更多流量，带动了网站销售，有效提升了品牌影响力。

(资料来源：CNET 科技资讯网，有改动)

思考：除了航空行业，还有哪些行业的消费者将搜索作为消费的重要环节？

第一节　搜索引擎与搜索引擎营销

在互联网时代，搜索引擎已渗透到用户的衣、食、住、行等各个领域，是用户上网最常用的渠道。而移动智能终端如智能手机、平板电脑的普及，也进一步推动了移动互联网搜索引擎的发展。据中国互联网络信息中心发布的第 39 次《中国互联网络发展状况统计报告》显示，截至 2016 年 12 月，我国搜索引擎用户规模达 6.02 亿，使用率为 82.4%，其中手机搜索用户数达 5.75 亿，使用率为 82.7%[①]。

在搜索引擎上，一旦用户输入关键词进行搜索，就意味着由消费者驱动的需求生成，便可以成为企业进行营销的入口。同时，随着技术的发展成熟，搜索引擎营销在成本控制、挖掘潜在用户、针对目标用户和品牌推广等方面拥有得天独厚的优势，被广大企业认可并不断加大投入。

---

① 中国互联网络信息中心(CNNIC)：第 39 次《中国互联网络发展状况统计报告》[OL]，http://www.cnnic.cn/hlwfzyj/hlwxzbg/hlwtjbg/201701/P020170123364672657408.pdf，2017-01-22.

一、搜索引擎概述

(一)搜索引擎的定义

搜索引擎(Search Engine)是指在一定的技术支持下，按照特定的程序和策略，收集并整理互联网上的信息，将其按一定的标准分类排序反馈给用户的检索信息系统[①]。

(二)搜索引擎的分类

1. 按其工作方式划分

搜索引擎按其工作方式的不同，主要可分为以下三种。

1) 全文搜索引擎

全文搜索引擎(Full Text Search Engine)是通过从各个网站提取的信息而建立的数据库中，检索与用户查询条件匹配的相关记录，然后按一定的排列顺序将结果返回给用户。其特点是自动建立索引数据库，优点是信息量大、更新及时，面向具体网页内容，适合模糊搜索。缺点在于返回信息量过多，包含许多无关信息。此类搜索引擎有国外的 Google、All The Web、Altavista、Inktomi、Wisenut，以及国内的百度(Baidu)等。

2) 目录索引类搜索引擎

目录索引类搜索引擎(Search Index Directory)是指用户不需要进行关键词搜索，仅靠分类目录就可以找到所需信息。其特点是人工整理、按主题分类，并以层次树状形式进行组织，形成分类目录树。优点是用户可以有效找到其关心的内容分类，网站导航质量高。缺点是分类不够详细，分类目录的建立需要人工介入，目录维护量大，信息更新不及时。此类搜索引擎有国外的 Yahoo(雅虎)，Open Directory Project(Dmoz)、LookSmart、About 等，以及国内的搜狐、新浪、网易搜索等。

3) 元搜索引擎

元搜索引擎(Meta Search Engine)是指当用户在该引擎输入关键词时，元搜索就会将搜索请求发送至多个搜索引擎，并根据一定的算法对于这些搜索引擎返回的结果进行排序、排除，呈现给用户。其特点是没有自己的数据库。优点是一次搜索，能返回多个搜索引擎的综合结果，包含的信息量大，比较准确。缺点是时间稍长，不太适合特殊搜索。此类搜索引擎有国外的 Infospace、Dogpile、Vivisimo 等，以及国内的 360 搜索。

除以上三大类外，还有集合式搜索引擎、门户搜索引擎、免费链接列表(Free For All Links，简称 FFA)等，这几类搜索引擎技术与上述类似，但应用范围较小，在此处不作详细介绍。

---

① 王宏伟. 网络营销[M]. 北京：北京大学出版社，2010.

2. 按应用范围划分

搜索引擎按其应用范围的不同可分为以下两类。

1) 综合搜索引擎

综合搜索引擎是指将所有网站上的信息整理在一个平台上供用户查询使用的引擎，如大家熟知的 Google、百度、雅虎、必应、搜狗和有道等都是综合搜索引擎。其特点是信息量大，但查询深度有所欠缺，查准率一般。

2) 垂直搜索引擎

垂直搜索引擎是指专门针对某一个行业的专业搜索引擎，是通用搜索引擎的细分和延伸，对于网页库中的某类专门的信息进行处理、整合。淘宝、去哪儿和搜房网等都属于这一类的专属类网站，其特点是信息收录较为齐全，更新及时，检出结果重复率低、相关性强、查准率高。

(三)搜索引擎的工作原理

目前全文搜索引擎应用最普遍，使用率最高，如百度和 Google。所以在此介绍全文搜索引擎的工作原理。

第一步，先从互联网上抓取网页。通过"网络机器人"或"网络蜘蛛"扫描网页的链接，并且沿着网页的链接找到所链接的网页，这个过程叫做爬行。搜索引擎会把一个 IP 地址的网页及链接网页采集完后又到下一个 IP 地址，直到采集完所有网页。

第二步，建立索引数据库。搜索引擎会对抓取的网页进行分解及分析，记录网页及关键词信息，以表格形式储存，也将全部信息通过一定的相关度算法进行处理后，储存在数据库里，建立数据索引系统。

第三步，在索引数据库中排序。当用户输入关键词查询时，搜索引擎从索引数据库中找到符合需求的所有网页，并按一定的排名算法呈现给用户。不同搜索引擎算法规则不尽相同，所以不同的搜索引擎的搜索结果也不尽相同。

第四步，数据更新。搜索引擎会定期重新访问所有网页，可能是几天，也可能是几周或几个月，以确保它们的数据库足够新。当然，面对现有随时都在变化的网页时，搜索引擎的蜘蛛程序不会马上就知道变化，这就是为什么搜索者在点击搜索结果时会呈现"网页没有找到"的结果。

(四)搜索引擎的发展

搜索引擎从 1990 年出现至今，经历了飞速的发展。现在的搜索引擎功能越来越强大，提供的服务也越来越全面。同时，随着人们对互联网依赖性的增强，搜索引擎因其信息获取的主动性、便捷性和精准性，成为大部分用户进行网络浏览首选的入口站点。

目前，大多数的搜索引擎会提供多样化和个性化的服务，以吸引更多用户使用。以百度为例，用户可以从首页中查看新闻、天气预报等信息，进行在线音乐收听、视频收看等或者直接链接到百度旗下的其他服务等。同时，其信息是根据用户的浏览行为和偏好需求而进行的个性化推送，既满足了用户更多的需求，也为搜索引擎网站带来了更多的利润。

而随着互联网技术的发展，实时搜索、精确搜索、社会化搜索、地理位置感知搜索、跨语言搜索(语音助手)、多媒体搜索(如图片搜索)以及云搜索等更契合现代受众需求和使用习惯的功能已经逐渐在搜索引擎上布局，而如何更适应用户的行为习惯、需求偏好，延伸各种功能，正是搜索引擎技术的发展走向。

二、搜索引擎营销概述

(一)搜索引擎营销的概念

搜索引擎营销(Search Engine Marketing，简称为 SEM)是指基于搜索引擎平台进行的网络营销活动。随着搜索引擎技术的发展，搜索引擎营销模式不断增多，其内涵也在不断变化。

起初，搜索引擎营销主要以在用户所搜索的结果页面上展示相关营销信息为主。在这个阶段，搜索引擎营销是指根据用户对搜索引擎的依赖和使用习惯，利用用户检索信息的机会，尽可能将营销信息展示给目标用户。[①]随着网络联盟广告等形式不断发展，该概念已经不能完全涵盖现有的搜索引擎营销形式和内容。例如，广告商可以通过对用户 Cookies(储存在用户本地终端上的数据)的跟踪和分析，在用户浏览其他网站时为其推送其曾在搜索引擎所搜索的相关内容的广告。因此简单来说，搜索引擎营销是指以搜索引擎为基础，在搜索引擎及其合作网站上进行的营销活动。

(二)搜索引擎营销的发展历程

搜索引擎营销的发展大概经历了以下四个阶段。

1. 免费提交阶段

在 1994 年到 1997 年之间，当时的搜索引擎技术尚未成熟，主要使用的搜索引擎为目录索引类搜索引擎。人们认为相关信息在目录类搜索引擎(如雅虎)上的排名靠前就意味着网络营销的成功。所以，当时的营销模式主要包括了解搜索引擎功能，针对搜索引擎的要求准备网站描述、关键词等基本信息并免费提交给搜索引擎。这个阶段的局限性在于当搜索引擎的分类目录及其结果信息数量变多时，容易让用户失去发现营销信息的机会。

2. 搜索引擎优化出现阶段

在 1998 年到 2000 年之间，以 Google 为代表的第二代搜索引擎即技术型搜索引擎(全文搜索引擎)迅速崛起并逐渐成为搜索引擎的主流。新的网站建成之后不再需要在搜索引擎上人工提交网站，搜索引擎会自主收录。所以为了让搜索引擎优先收录，有必要对网站进

---

① 冯英健. 网络营销基础与实践[M]. 3 版. 北京：清华大学出版社，2007.

行一定的优化，如标题设计、关键词选择等。因此，引发了搜索引擎优化策略，这时的营销方式仍以免费为主。

3. 免费向付费模式转变阶段

从 2001 年到 2003 年，搜索引擎营销从免费时代走向了付费时代。付费模式一种是在原有的分类目录上付费登录，另一种是购买用户搜索的关键词来推送相关结果广告，简称为关键词广告。关键词广告到 2002 年成为新型网络形式，引起了更多人的关注。

4. 定位营销方式延伸阶段

在 2004 年以后，搜索引擎优化得到高度重视，关键词广告也飞速发展，为了适应搜索引擎营销的发展需求，出现了大量的搜索引擎优化平台。同时，作为关键词广告搜索引擎营销模式的延伸，网页内容定位营销模式也开始走进市场并逐渐开始流行。随着网站数量的快速增加，搜索引擎推广资源的竞争也越来越激烈，这时候网站优化设计、选择搜索引擎推广平台、设计关键词组合、竞争状况分析、推广预算控制、点击率分析、用户转化率、网站流量统计分析、搜索引擎营销效果的跟踪管理等逐渐发展为一门专业化的知识体系。

(三)搜索引擎营销的特征

搜索引擎营销具有以下几个方面的特征。

1. 受众广泛

在信息时代，搜索引擎带来的信息获取和筛选的便捷性，非常符合现代受众获取信息的习惯，所以得到受众的欢迎和依赖。如前文提到的数据显示，截至 2016 年 12 月，我国搜索引擎用户规模已达 6.02 亿，渗透率为 82.4%，特别是在移动端，受众对搜索引擎的依赖性极强。所以，只要使用搜索引擎的用户都是搜索引擎营销的潜在受众，并且其用户规模会随着网民规模的增长而增长。

2. 受众自主选择

搜索引擎营销是一种用户主导型的网络营销。使用搜索引擎检索信息的行为是由用户主动发生的，搜索引擎广告基于用户的需求而进行推送，用户拥有更多的自主选择权力，其接受是非强迫性的。同时，由于是用户自主选择的，所以会给予更高的信任度。

3. 门槛较低

搜索引擎是开放性的平台，门槛比较低。任何企业，不论企业规模的大小，也不论品牌知名度的高低，都可以在搜索引擎上进行营销，并且机会均等。因此，市场竞争也十分激烈。

4. 定位精准

搜索引擎在其索引库中详细地记录了用户的网络行为，并按照不同标准将其分成精细化类别。因此，搜索引擎营销可以在对用户行为进行准确分析的基础上实现高程度定位，尤其是在关键词定位方面，完全可以实现与用户所检索关键词的高度相关，实现精准推广，从而提高营销信息被关注的程度。

5. 可控性较强

从搜索引擎的选择到广告的制作，再到投放选项的设置(如投放时段、投放对象和投放预算分配)，以及后期的优化全部都可以由企业自行掌控。同时，企业可以根据投放效果的直观数据，如广告的点击量、展示量等数据，随时对搜索引擎营销进行调控。

与传统媒体营销相比，搜索引擎营销具备了许多得天独厚的优势特点，同时也存在一些局限性。例如，搜索引擎营销不足以实现最终的交易行为，因为搜索引擎营销的效果主要体现为点击量和访问量等，至于转化为收益还需要辅以其他手段。同时，搜索引擎营销对搜索引擎服务商的依赖性较大，如果搜索引擎更改算法，搜索引擎营销也需做出相应的改变。

第二节　搜索引擎营销的目标与形式

一、搜索引擎营销的目标

在搜索引擎上进行营销活动可以达成以下目标，呈现金字塔结构，如图 3-1 所示。

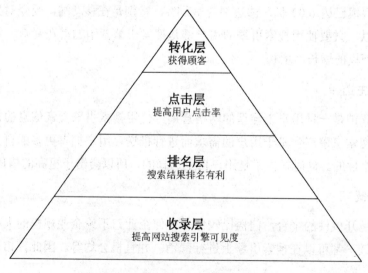

图 3-1　搜索引 擎营销目标结构图

1. 被收录

被收录是指在主要的搜索引擎中获得被收录的机会，这是搜索引擎营销的基础。例如，应让企业的官网尽可能多的网页(而不仅仅是网站首页)被搜索引擎收录，提高网页的搜索引擎可见性。

2. 排名靠前

排名靠前是指在被搜索引擎收录的基础上尽可能获得好的排名，在搜索结果中有良好的排名表现，提高曝光度。因为用户关心的只是搜索结果中靠前的少量内容，通常认为靠前的结果信息与其搜索内容是最相关的。

3. 被点击

被点击是指通过提高营销信息与用户搜索需求的相关性来提高点击率，从而达到提高网站访问量的目的。点击是用户对搜索结果进行判断，从中筛选一些相关性最强、最能引起其关注的信息进行点击的自主行为。所以，仅仅做到被搜索引擎收录并且在搜索结果中排名靠前是不够的，这样并不一定能提高用户的点击率，更不能保证将访问者转化为顾客。那么为了提高点击率，需要针对每个搜索引擎收集信息的方式进行针对性的研究，让信息呈现与用户搜索结果更相关。

4. 客户转化

客户转化是指将网站访问者转化为顾客，将网站访问量的提高转化为企业收益的提高。这是搜索引擎营销的最终目标，实现难度高。因为搜索引擎营销的效果直接表现为网站访问量，而从访问量转化为收益是由网站的信息推广、产品(服务)营销和在线销售等多种网络营销因素共同决定的。所以，这个目标在搜索引擎营销中属于战略层次的目标，其他三个层次的目标则属于策略范畴，具有可操作性和可控性。

二、搜索引擎营销的形式

搜索引擎营销的形式随着搜索引擎的发展和网络市场环境的变化而变化，在搜索引擎营销的不同发展阶段呈现出不同的主要形式，也由免费发展到今天的几乎全面收费，但是每一种模式几乎都是在前一种模式的基础上发展而来的，更适应了市场发展的需要。

(一)搜索引擎登录

搜索引擎登录包括免费和收费两种。在搜索引擎发展初期，搜索引擎大都是目录索引式的，此阶段搜索引擎营销的任务就是将网站登录到主要搜索引擎的相应目录下。所以，搜索引擎免费登录是最传统的网站推广手段，方法是登录搜索引擎网站，将自己企业网站的信息在搜索引擎中免费注册，由搜索引擎将企业网站的信息添加到分类目录中。随着网站的不断增多，搜索引擎的商业价值越来越大，很多搜索引擎开始实行付费登录的方式，国内以搜狐、新浪为主。现在，只有很少一部分搜索引擎才提供免费登录，不过其中包括百度和 Google。虽然如今搜索引擎登录已不是搜索引擎营销的主流形式，但是为了让网站尽快被搜索引擎收录，登录步骤还是非常必要的，尤其对于从未做过网络营销的企业，搜索引擎登录必不可少。

(二)搜索引擎优化

搜索引擎优化(Search Engine Optimization，SEO)，是指通过对网站内部的调整优化及站外优化，使网站满足搜索引擎收录排名需求，在搜索引擎中提高关键词排名的一系列方案。其最终目标是把精准用户带到网站，获得免费流量，产生直接销售或品牌推广。它侧重于让用户更关注自然搜索(非付费搜索)的结果。搜索引擎优化可以帮助企业优化网站基础，提升网站排名，增加流量；帮助企业优化品牌的网络搜索环境，实现新闻优化、口碑优化、下拉优化等，加大曝光度，树立品牌网络形象；同时对产品、品牌或企业相关的负面舆情进行优化和控制，因此是目前主流搜索引擎营销方式之一。

自出现以来，搜索引擎优化也逐渐分化成两类，分别为白帽(White Hats)SEO 和黑帽(Black Hats)SEO，是由搜索引擎优化专家 Andrew Goodman 于 2004 年 12 月 13 日在美国芝加哥举办的搜索引擎战略大会上第一次正式提出。白帽 SEO 是指符合主流搜索引擎发行方针规定的方法(如外部链接相关、适度关键词密度等)，其特点是投资多、周期长、见效慢、效益高、利益久，不用担心搜索引擎的惩罚。黑帽 SEO 是指不符合主流搜索引擎发行方针规定的所有使用作弊或可疑的手段(如垃圾链接、关键词堆积等)，其特点是投资少、周期短、见效快、效益高，但会因搜索引擎的变化而遭受惩罚。现在，各搜索引擎都在逐步加大对黑帽 SEO 的打击力度，以维持搜索引擎市场的良性发展。

(三)关键词广告

搜索引擎关键词广告，也称作付费搜索，是指企业给搜索引擎服务商付费，而当用户利用某一关键词进行检索，在检索结果页面会出现与该关键词相关的推广信息。由于关键词广告信息出现在搜索结果页面的显著位置，且与用户搜索的内容有一定的相关性，因而比较容易引起用户的关注和点击，是快速提高搜索引擎可见度的有效方式，也是目前搜索引擎营销市场成熟的推广模式。而根据实现方式的不同，关键词广告可分为定价排名和竞价排名两种方式。

(1) 定价排名。该模式是指企业只需要支付一定费用，就可以获得该搜索引擎关于某个关键词在搜索结果上的一段周期内的固定排名。这种模式存在较多缺陷，如关键词购买以后不能更换、投放时间不能灵活控制等，所以已基本被竞价排名方式取代。

(2) 竞价排名。该模式由百度于 2001 年在国内率先推出，是按效果付费的。也就是说，企业因其所投放的推广信息被点击而付费，但事先也要为这个广告链接的排序位置出价竞拍, 费用的高低与排序位置成正相关。有的搜索引擎将关键词的搜索结果出现在列表最上方, 有的出现在搜索结果页面的专用位置。具体来说, 企业在购买该项服务后, 通过注册一定数量的关键词, 其推广信息就会出现在网民相应的搜索结果中, 排名名次由关键词出价和关键词质量度共同决定, 计算方式为

$$关键词广告排名=关键词出价×关键词质量度 \tag{3-1}$$

而关键词质量度由关键词以往的点击率(CIR)、关键词与广告的相关性、目标网页与关键词和广告内容的相关性等因素来决定。也就是说, (关键词×关键词质量度)越高, 排名越前, 简单示例如表 3-1 所示, 可以发现, 质量度更高的关键词, 可能在出价更低的情况下获取更好的排名。而每次点击产生的价格计算公式为

$$实际点击价格=(下一名出价×下一名质量度)/关键词质量度+0.01 \tag{3-2}$$

简单示例如表 3-2 所示, 可以发现实际点击价格不会高于客户的出价, 而如果没有点击访问则不计费, 企业可以灵活控制推广力度和资金投入, 投资回报率高。

表 3-1　搜索结果排序示例

客户	关键词	出价	质量度	排名
A	机票预订	3.5	1	第 1 名
B	订机票	2.5	1.2	第 2 名
C	机票	4	0.7	第 3 名

表 3-2　实际点击价格计算示例

客户	关键词	出价	质量度	排名	点击价格
A	机票预订	3.5	1	第 1 名	2.5*1.2/1+0.01=3.01
B	订机票	2.5	1.2	第 2 名	4*0.7/1.2+0.01=2.34
C	机票	4	0.7	第 3 名	

(四)网页内容定位广告

网页内容定位广告(Content-Targeted Advertising), 也称为网站联盟广告, 其广告载体不仅仅是搜索引擎搜索结果的网页, 也延伸到相关合作伙伴的网页。其出现以 Google 在 2003 年发布 Google Adsense 为标志, 是借助自有平台及其合作网站平台, 基于内容定位的搜索引擎广告。只有广告客户才能选择是否启用网络联盟, 启用后意味着广告主的广告可以出现在更多内容相关的网站, 而不仅仅是局限于搜索引擎的搜索结果页面。单位时间内广告展示和点击次数更多也就意味着需要更多的广告预算, 其工作流程如图 3-2 所示。

该模式是关键词广告的进一步延伸, 但它与关键词广告的主要区别在于摆脱了关键词搜索的形式, 并且极大地扩展了广告展示平台, 覆盖了更为广泛的用户。在广告形式方面, 内容定位广告形式不仅拥有关键词广告形式仅有的文字广告, 还可以投放图片广告和动画广告, 更能吸引用户的注意力。

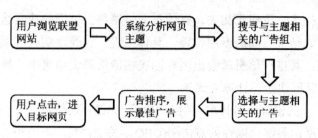

图 3-2　网页内容定位广告的工作流程

第三节　搜索引擎营销的执行过程

搜索引擎营销应从分析用户的搜索行为出发，制订相应的搜索引擎优化和关键词广告投放策略。

一、搜索引擎用户行为

美国专业搜索引擎服务公司 iProspect 的执行总裁 Frederick Marckini 说过："成功营销的前提是要知道你的客户群是谁及他们的行为模式。"用户之所以产生搜索行为，往往是在完成任务时遇到自己不熟悉的概念或者问题，由此产生了对特定信息的需求，之后用户会在头脑中逐步形成查询需求的关键词，然后开始使用搜索引擎：第一，在搜索引擎中输入问题或关键词；第二，浏览匹配的搜索结果；第三，点击搜索结果；第四，查找解决方案。如果没有找到所需信息，用户会关闭当前网页，重新返回搜索引擎点击另外的搜索结果；或者根据搜索结果的启发，改写查询问题或关键词，以便更精确地描述自己的信息需求，重新构造新的查询，如此形成用户和搜索引擎交互的闭合回路，直到搜索结果满足需求或尝试几次无果而终，退出搜索引擎。整个用户搜索行为结构图如图 3-3 所示，这一系列搜索行为包含用户使用搜索引擎的意图、偏好以及真正需求，是制定搜索引擎营销策略的基础和依据，有助于实现精准营销。

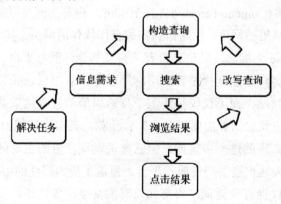

图 3-3　用户搜索行为的示意图

(一)搜索意图

用户发出的每个搜索请求背后都隐含着潜在的搜索意图，它是指用户想要通过搜索获得的信息，是用户的直接需求。了解用户的搜索意图可以获得大量有效的营销机会。目前，业界认可 Broder 等人的搜索意图归类[①]，分为三种类型：导航类(Navigational)、信息类(Informational)和事务类(Transactional)。美国著名互联网网站雅虎的研究人员在此基础上进行了更准确的归类与细分。

1. 导航类搜索

导航类搜索请求的目的是查找某个具体的网站地址，这种搜索往往是已经知道了某个企业或品牌的网址或主页，为了免予输入网页地址或者不知道网页地址，所以以用搜索引擎来查找，其特点就是想要去某个特定的网页。

2. 信息类搜索

信息类搜索请求的目的是获取某种信息，其特点是用户想要获得新知识。信息类搜索又可以分为如下几种类型，如表 3-3 所示。

表 3-3　信息类搜索的分类

类型	定义	举例
直接型	用户想要直接获取明确的信息答案	哪些食物隔夜后不能吃
间接型	用户想了解某个话题的任意方面的信息	粉丝搜索"周杰伦"
建议型	用户希望能搜索到一些建议、意见或指导	如何才能做好 SEO
定位型	用户希望了解在其现实生活中哪里可以找到某些产品或服务	去哪里买电脑
列表型	用户希望找到一些能够满足需求的信息	哪家 SEO 公司服务好

3. 资源类搜索

资源类搜索的目的是希望从网络上获取某种资源，其又可以进行细分，如表 3-4 所示。

表 3-4　资源类搜索的分类

类型	定义	举例
下载型	希望从网络某个地方下载产品或者服务	下载电脑系统
娱乐型	用户出于消遣目的希望获得一些资源	下载音乐、电影
交互型	用户希望使用某个互联网软件或者服务提供的结果	计算房贷利息的网站
获取型	用户希望获取一种资源，这种资源的使用场合不限于电脑，可用于现实生活	麦当劳优惠券

---

① Broder A.，Glassman C. S.，Manasse M.，et al. Syntactic clustering of the Web[C]//Proc. of the 6th International World Wide Web Conf. New York：ACM，1997，29(1)：1157-1166.

(二)搜索习惯

了解用户使用搜索引擎的习惯有助于企业把握搜索引擎广告的投放,如关键词的选择、投放时间等。早在 2008 年,中国互联网络信息中心 CNNIC 在其发布的《2008 年中国搜索引擎用户行为研究报告》一文中,将用户的关键词输入类型进行了分析、归类,分别为"输入一个关键词""几个关键词""整句话"和其他;其中"输入一个关键词"占比最高,为 38.1%,"几个关键词"占比为 33.3%。[1]

而在时间上,据中国互联网络信息中心 CNNIC 发布的《2015 年中国网民搜索行为调查报告》显示,对 PC 端上的主要搜索引擎用户进行分析,发现在一天内,访问高峰出现在 8 点至 11 点间,次高峰出现在 14 点至 16 点间,也就是工作期间。由此可以看出,在工作时间段搜索引擎营销机会更多、价值更高。

(三)点击行为

引导用户点击所发布的推广链接是搜索引擎营销成功的第一步,所以探析用户的点击行为,如页面位置的关注偏好、搜索结果页面的浏览页数等,是企业进行投放广告排名计划的关键因素。Hotchkiss 和 Alston 在眼动实验的研究中发现:人们面对搜索结果页面时,关注度会随着位置的上下而发生变化,眼动轨迹呈 F 形分布。[2]排名最靠前(左上角)的几个搜索结果项关注度为 100%,而排名最靠后(下方)的搜索结果项,关注度只有 20%,Sherman 将其称为"倒三角"现象。[3]由于人类自上而下的浏览习惯,自然会对顶部信息予以更多的关注。关注度越高,自然被点击的概率就越高。

一般用户不会浏览搜索结果页三页之后的页面,常常只会关注搜索结果页第一页的内容。DoubleClick 在其研究中证实:89.8%的点击都发生在搜索屏幕的首页。[4]在同一页面下,人们更倾向于点击那些排名靠前、知名度高的公司信息。而且用户普遍认为自然搜索结果栏(屏幕左侧内容)的信息是可信的,而对赞助商链接栏(右侧和顶部的广告栏)的信息不大感兴趣。由此可见,搜索结果项出现的位置(排名)及品牌知名度都会对用户的点击行为产生影响。

---

① CNNIC.《2008 年中国搜索引擎用户行为研究报告》 [OL]. http://tech. sina. com. cn/i/2009-03-05/14272883280. shtml,2009-03-15.

② Hotchkiss G.,Alston S.,Edwards G,Eye tracking study:An in depth look at interactions with Google using eye tracking methodology. Enquire Search Solutions,2005.6. http://www. enquireresearch. com/images/eyetracking2-sample. pdf.

③ Sherman C. A new F-word for Google search results. Search Engine Watch's Conference On engine marketing,2005,http://www. webcitation. org/5FmwyPgDv.

④ DoubleClick. Search Before the Purchase——Understanding Buyer Search Activity as it Building Online Purchase,2005. http://www. doubleclick. com/insight/pdfs / searchpurchase_0502. pdf.

二、搜索引擎营销策略

搜索引擎营销的第一步是登录搜索引擎，才能进行后续的营销活动，且应尽量登录一些主流的搜索引擎，可以有效提升网站的流量。

(一)搜索引擎优化策略

搜索引擎优化操作包括站外 SEO 和站内 SEO 两种形式。站外 SEO 即为网站的外部优化，通常的做法为增加友情链接或其他外部链接，如社会化书签或者建立博客、论坛发帖等。站内 SEO 是指网站内部优化，即网站本身内部的优化，主要包含站内的链接结构、网站树状结构和网站的资源(文章及产品等内容)等优化，如图 3-3 所示。

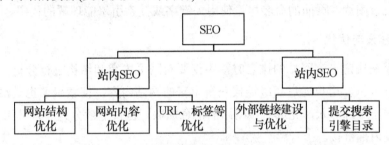

图 3-3　搜索引擎优化操作结构图

从图 3-3 中可以看出，无论是站外优化还是站内优化，搜索引擎优化主要从网站结构、网站内容和链接这三个方面进行，因此，搜索引擎优化策略也分为这三个方面。

1. 网站结构优化

在网站中，网页与网页之间的层次"关系"就是网站的结构，这种"关系"对于搜索引擎进行数据抓取来说是非常重要的。因为搜索引擎在抓取数据时都是通过网页与网页之间的层次关系进行抓取的。一旦层次结构过大，每当网站进行更新时，搜索引擎就很难抓取到相关数据。所以，网站结构要简洁清晰，合理规划站点结构，最好使用扁平化结构。扁平化结果是指尽量使网站的纵向结构更加简单，即能让用户通过最少的点击次数就能达到其所想要访问的页面，越少的点击次数就说明此网站的纵向结构越好，越扁平化，越有利于搜索引擎的抓取。一般最多通过四次的点击就能达到用户想要的网站的结构属于扁平化结构。

同时，网站导航作为网站结构的导引也要进行优化。网站导航的作用不仅起到引导用户访问网站的作用，在搜索引擎进行网页数据抓取时，也可以起到引导作用，使得搜索引擎的抓取更容易、更精准。所以应做到：第一，主导航表达要清晰，采用文本链接的形式，这样搜索引擎才能通过主导航的链接进入层层页面进行抓取。第二，添加"面包屑式"路径。"面包屑式"路径是指我们在网站中看到的用户访问过程中留下的一连串的链接路径提示。"面包屑式"路径不仅给用户做了提示，也可以给搜索引擎进行相应"提示"。第三，必须建立网站地图，它是一个用来描述网站结构、栏目和内容说明等基本信息的网页，在方便用户查找网页的同时将网站的全景展现给搜索引擎，方便其快速抓取。

2. 网站内容优化

在搜索引擎的工作原理中，搜索引擎的机器人程序通常是针对静态文本信息进行检索的，因此，网页内容优化一般是指文本信息的优化，在所有的页面中有充足的文本信息给搜索引擎进行索引是一个成功搜索引擎优化策略的基本需要。在进行内容优化时，应注意的是：第一，内容要与网站的主题息息相关，且是高质量的、有价值的原创内容。第二，内容与对应的关键字相关，因为搜索引擎只能通过页面里的内容来识别网站与哪些被搜索关键字相关，如网页的标题(Title)、标签等要能概括、包含关键字，并且尽量用准确、概括性词汇。第三，图片、页面的命名尽量使用关键字或搜索引擎能理解的代码。

3. 链接建设与优化

搜索引擎在决定一个网站的排名时，不仅要对网页内容和结构进行分析，还要围绕网站的链接展开分析。用户通过超级链接获得丰富的网站内容，搜索引擎也是沿着一个网站的页面链接层层跟踪深入，完成对该网站的信息抓取。链接一般分为导入链接(外部链接)、导出链接以及内部链接。

1) 导入链接优化

导入链接也称为外部链接。对搜索引擎来说，决定一个网站排名的关键，是外部有多少高质量的链接指向这个网站。因此，获得高质量的外部链接对于网站来说尤为重要。搜索引擎会以重要的网站作为优先抓取对象，如果在重要网站上有某网站的链接，搜索引擎就会沿着链接找到该网站，就会对该网站进行快速抓取，该网站也会取得满意的排名。

那如何获得高质量的外部链接？胡宝介在其《搜索引擎优化(SEO)知识完全手册》中总结出以下几种导入高质量外链的策略。[①]

(1) 交换链接策略。交换链接其实就是人们常说的友情链接，要尽可能地与高质量、高影响的网站进行友情链接，但前提是自身网站要有高质量的内容作为基础，才能更容易换来高质量的链接。

(2) 网页被主动链接或者转载策略。如果网站的内容质量高，那么其他相关重要的网站会主动将你的网页进行转载或者链接。特别是当该网站能提供很多相关资源时，被重要的网站链接或者转载的机会就相当高。所以，创作出好的内容质量才是获得高质量外部链接的根本途径。

(3) 专业性高质量文章策略。尽可能多地在重要论坛、博客等网站发表质量高的原创文章，这样就有机会在此网站中加入导入链接。

---

① 胡宝介. 搜索引擎优化(SEO)知识完全手册[M]. 深圳：深圳竞争力科技有限公司，2005.

(4) 在本行业中提交网站策略。尽可能多地在相关的行业网站、黄页、企业库等提交或者加入网站。

2) 导出链接优化

导出链接就是本网站中指向其他网站的链接。搜索引擎除了分析导入链接，也会分析引出去的站点，如果导出链接站点内容与本网站主题相关联，同样有利于搜索引擎的抓取。所以，在本网站上增加一些与网站内容主题或关键词有关的资源性网站链接，不仅有利于丰富网站内容，也有利于改善搜索引擎对网站的印象。所以，在网页中添加适当的导出链接是很有必要的。但也要控制导出链接数量，因为搜索引擎认为一个页面奉献的导出链接数量越多，则该网站其他页面的受益相应就减少。

3) 内部链接优化

内部链接是指同一网站域名下内容页面之间的相互链接。内部链接对于整个网站来说起着关键作用，例如内部链接可以直接链接到深层次网页或者网页内部搜索，为一些不常被用户和搜索引擎索引看到的网页开通了"绿色通道"。在企业网站内部尽量增加内部链接，这些内部链接不仅方便了用户，更有利于搜索引擎沿着这些链接进行信息抓取，提升中网页被收录的概率。

在链接的建设与优化中，无论是导出链接还是内部链接，都要保证链接有效而不是死链接，死链接过多不仅造成用户体验差，也影响搜索排名。

(二)关键词广告策略

关键词是目标用户或潜在用户在搜索引擎中输入的，是关键词广告的核心。关键词广告的投放过程一般包括制订方案、签订协议、广告提交和广告维护这四个步骤。投放的效果好坏则取决于关键词的选择及投放策略。

1. 关键词选择策略

企业必须根据自身情况来决定选择哪种类型的关键词。选择高频词将面临激烈的市场竞争，适合预算充足的营销计划；选择低频词则流量较低，适合预算有限且持续时间较长的营销计划。企业在选择关键词时，应掌握如下原则。

(1) 关联度高原则。应选择与企业网站或网页内容密切相关的关键词。如果企业购买的关键词与其网站的内容关联度不大，一是搜索引擎会将你的排名靠后，甚至不纳入排名范围；二是当用户点击进入你的网站后，发现网站内容与其需求相差较远，易造成用户反感，甚至会影响企业形象和声誉。

(2) 核心具体原则。一般来说，先确定一个核心关键词，再围绕核心关键词进行排列组合产生关键词组或短句，同时要控制关键词的数量，保证关键词的密度合理。对企业、商家而言，核心关键词就是其经营范围，如产品/服务名称、行业定位，以及企业名称或品牌名称等。另外，关键词的词意应具体，因为意义宽泛的关键词，其对应的信息需求种类也越多，不能精准把握用户。

(3) 用户角度原则。必须站在用户的角度去思考其在搜索相关产品时习惯用哪些词，对这些词进行流量分析及筛选，然后在编辑内容时把这些关键词融入其中。同时，在可以反映企业产品或服务，以及网站网页内容的同义或近义的关键词中，尽量选择流行的、热门的、网民常用的词作为关键。不同时期人们搜索的兴趣不同，应选择不同的关键词。应根据流行趋势，结合实际修改关键词。

例如，宝马在美国，详细研究用户查询汽车时可能出现的关键词组合，然后将有关其产品名称的各种排列组合的关键词一并购买，同时让其旗下所有产品名称作为关键词置于搜索结果的第一位，使其品牌在搜索引擎中大面积覆盖，树立其品牌权威性，提升品牌知名度。美联航空通过调研获知，有 65% 的消费者在作出旅行决定前，会进行至少 3 次的搜索；有 29% 的消费者会进行 5 次以上的搜索。用户关注的信息主要体现在三个层面：价格、服务和关于航空公司的详细信息。因此，针对这三个层面的信息，美联航空分别对关键词的选择以及结果的呈现方式做了优化，使消费者在决策前知晓相关的信息，从而带动了机票销量的提升。

2. 关键词投放策略

(1) 选择合适的搜索引擎网站。投放关键词广告，搜索引擎的使用率是首先要考虑的因素。用户使用率越高的搜索引擎，越有利于推广信息的曝光和转化。如果是专业性较强的产品，更适合到专业型的网站中投放广告。

(2) 选择恰当的发布时机。关键词广告发布要选择一个切入点，不同时段投放的效果不同。在搜索高峰时段用户对信息的需求程度也更大，根据网民的搜索习惯来进行针对性的投放，能够使营销推广变得更为有效。此外，不同行业、不同产品在投放时段上也略有差异。企业在投放过程中也要根据具体表现对投放时段进行调整，以达到最佳效果。

(3) 选择合适的投放设备。目前，搜索引擎的关键词广告都提供了两种投放设备：计算机(PC 端)和移动设备(移动端)。随着用户不断向移动端迁移，移动端的营销价值也逐渐突显出来。与 PC 端搜索相比，移动端搜索的最大优势体现在移动性和及时性上。而 PC 端在阅读尺寸、搜索全面性和信息容量方面优势明显。两者在操作步骤、界面设计、结果呈现、搜索速度和信息可靠性等方面，体验相差不大。企业可根据所投放的产品或服务来选择合适的设备，如移动应用开发商、移动设备游戏厂商等只需投放移动端。

(4) 定期跟踪分析调控。投放广告后，应对其进行定期跟踪记录、分析。如果点击率比较高，达到所设定的每日最高额，广告便无法继续出现在检索结果中，这时可适当增加每日预算，使广告有足够的曝光率。而对于点击率过低的关键词，可及时调整关键词或者及时删除。

(三)网页内容定位策略

内容定位广告是基于关键词广告形式发展起来的，在很多方面都跟关键词广告具有相似性，如一般实施流程、投放时段策略等。网页定位广告由于大大拓展了广告投放的空间，增加了被用户浏览的机会，实际上已经超出了关键词检索的基本形态，也存在其特殊的地方，其推广形式策略如表 3-5 所示。

表 3-5　网页内容定位广告的推广形式

推广形式	具体内容
网站定位	根据目标用户的网上活动习惯，自选联盟网站进行投放
主题定位	根据目标用户的兴趣爱好，选择相关行业联盟网站进行投放
关键词定位	指定关键词，寻找关联度高的联盟网页进行投放
人群定位	针对搜索过某些关键词或到过某些网页的人群进行投放

由此可见，网页内容定位广告应从定位出发，先回答三个方面的问题：自身网站的性质、所属的领域和目标用户。然后，再从所要定位的内容出发，对于以品牌宣传为主的企业而言，可以利用网站定位和主题定位的形式进行推广；对于以促进产品销售或活动促销为主的企业而言，可以采用关键词定位、再营销等相对精确的投放方式来吸引精准的用户来点击广告。

三、营销组合策略

每种营销形式都能达到不错的效果，但单一的营销形式都有其局限性。企业在进行搜索引擎营销时，应适当结合使用多种营销形式，在企业或产品的不同发展阶段采用不同的形式组合和营销策略，发挥各自的长处并弥补各自的不足，从而使整体营销效果最大化。各种搜索引擎营销形式的比较，如表 3-6 所示。

表 3-6　各种搜索引擎营销形式的比较

营销形式	专业程度	引入流量	访问者质量	效果及时性	所需费用
搜索引擎登录	低	低	中等	慢	免费
搜索引擎优化	高	中等	高	中等	中等
关键词广告	中等	中等	高	快	高
内容定位广告	中等	高	中等或高	快	高

本章小结

根据搜索引擎工作的原理，搜索引擎营销是建立在这五个要素的基础上：信息源(网页)、搜索引擎信息索引数据库、用户的检索行为和检索结果、用户对检索结果的分析判断、对选中检索结果的点击。因此在应用方式上，搜索引擎营销依赖于搜索引擎的工作原理、提供的服务模式等，当搜索引擎检索方式和服务模式发生变化时，搜索引擎营销方法也应随之变化。所以搜索引擎营销具有一定的阶段性，与网络营销服务环境的协调是搜索引擎营销的基本要求。

总体上不变的是，搜索引擎营销需要以网站为基础。搜索引擎检索出来的是网页信息的索引，一般只是某个网站/网页的简要介绍，或者搜索引擎自动抓取的部分内容，而不是网页的全部内容，因此这些搜索结果只能发挥"引子"的作用。为了尽可能地将有吸引力的索引内容展现给用户，就需要进行搜索引擎优化和关键词优化等。

搜索引擎营销是用户主导的网络营销方式。使用什么搜索引擎、通过搜索引擎检索什么信息完全是由用户自行决定的，在搜索结果中点击哪些网页也取决于用户的判断。因此，搜索引擎营销是由用户所主导的，最大限度地减少了营销活动对用户的滋扰。而用户主导的搜索引擎营销也使得其在用户定位方面具有更好的效果，尤其是在搜索结果页面的关键词广告，可以实现与用户检索所使用的关键词高度相关，从而提高营销信息被关注的程度，最终达到增强网络营销效果的目的。

思考与练习

1. 当企业遇上负面新闻时，如何进行搜索引擎优化？
2. 自行确定关键词，在搜索引擎网站上进行搜索查询，分析其搜索结果页面的广告。

知识扩展

1. 网站流量统计工具

网站流量统计工具的重要意义是 SEO 策略调整的依据。

网站流量来源包括关键词访问量和比例、独立访问数、所有页面浏览数、每个页面访问数量统计、弹出率(即退出页面数)、用户客户端的软硬件情况。

常用的网站统计工具有：

谷歌统计: http://www.goole.cn/analytics/zh-CN/

51.LA 统计: http://www.51.la/

太极链统计: http://www.textclick.com/

站长站统计: http://www.cnzz.com/

百度统计: http://tongji.baidu.com/tk-web/tracker/login.php

StatCounter 统计: http://www.statcounter.com

SiteMeter 统计: http://www.sitemeter.com/

2. 关键词查询工具

(1) 关键词密度分析工具: 分析指定关键词在指定页面中出现的次数, 及相应的百分比密度。

中文: http://tool.chinaz.com/Tools/Density.aspx

英文: http://www.keyworddensity.com/

(2) 关键词热门排行及指数。

谷歌热榜: http://www.google.cn/rebang

百度排行榜: http://top.baidu.com

百度指数(需要注册): http://index.baidu.com/

百度相关关键词查询(需注册、收费): http://www2.baidu.com/inquire/rsquery.php

谷歌关键词趋势: http://www.google.com/trends

Google Adwords 关键词工具: 查询指定关键词的扩展匹配, 并可以根据词义进行扩展, 显示出搜索量、竞争度和受欢迎度 http://adwords.google.com/select/KeywordToolExternal

搜狗指数: http://top.sogou.com/

搜搜龙虎榜: http://www.soso.com/lhb/s_i_sosolhb.shtml

第四章
博客、微博营销

学习目标

- 了解博客、微博的发展历程；
- 理解博客营销与微博营销的特点、价值以及两者间的区别；
- 掌握博客营销与微博营销的基本形式与常用策略，可自行策划营销活动

引导案例

可口可乐昵称瓶的微博营销推广

1. 营销目的

2013年8月，为配合可口可乐准备上市的昵称瓶市场活动，可口可乐在新浪微博上策划符合其特性的社会化互动活动，目标是建立集互动、定制、支付于一体的一站式网络体验，充分传递可口可乐昵称瓶活动。

2. 营销受众

本次可口可乐的目标受众是乐于体验新鲜事物、年轻有活力、可乐控的年轻群体，以80后、90后为主。而新浪微博用户与本次活动的目标受众高度契合。

3. 媒体的策略组合

本次活动通过微博的PC端和手机端，双终端共同推进本次活动，最大程度触及目标消费群参与；并利用微博钱包，完成统一平台一站式互动支付体验，实现即时参与，即刻下单。

4. 营销活动创意

本次活动的主题是定制可口可乐"昵称瓶"，限量抢购仅限7天。"昵称"就是本次活动的创意精髓。昵称诞生于社交网络，本身就与社交化的传播方式存在天然的连接。同时，昵称也是一种标签文化，特别对于当下"80后""90后"甚至"00后"而言，互贴标签是一种认同机制。一方面是有趣，另一方面也是受心理上的存在感和自我认同感影响。

在本次活动中，可口可乐引导消费者进行表达，然后通过对全网消费者提供的"昵称"进行聆听与分析，选出消费者习惯与喜欢的社交用语，再结合品牌与公司的理念，落实最后可以上瓶的快乐昵称。

5. 明星积极参与，提升活动热度

在活动期间，可口可乐邀请了"一大波"明星、意见领袖在微博上晒出印有自己名字的可口可乐定制昵称瓶。一时之间，引发众多明星粉丝和普通消费者纷纷在微博上表示希望拥有可口可乐定制的昵称瓶。一段时间内，关于可口可乐昵称瓶的微博讨论量达到492 203条。

6. 活动效果

此次定制可乐昵称瓶的抢购活动从7月8日到7月14日，为期7天，活动期间，话题#可口可乐昵称瓶# 讨论数达到74 308条，活动期内关于"昵称瓶"的微博讨论量达到492 203条，投放到抢购页面的广告，总曝光量达到258 035 762；广告总点击量达到91 508，抢购页面总浏览量达到95 635次，总UV(独立访问用户数)达到41 922，活动期间通过微博钱包支付抢购可乐定制昵称瓶共有2227笔(不计算退款)。

(资料来源：艾瑞网，有修改)

思考：在本案例中，主要是基于微博哪些功能或特性来进行此次营销活动？

第一节 博客概述

一、博客的兴起与发展

"博客"一词由英文单词 Blog 音译而来，称为网络日志，是一种信息发布与交流的网络形式。通常一个博客就是一个网页，内容以文章为主，按年份和日期排列出来供网友浏览和发表评论。具体来说，在博客上，人们可以发表自己的网络日志，也可以阅读别人的网络日志，具有知识性、自主性、共享性和互动性等特征。

20 世纪 90 年代中期到 20 世纪 90 年代末期，是博客的萌芽阶段。博客雏形的诞生，是来自于一些相关技术爱好者的个人自发行为，没有形成一定的群体，也不具备社会影响力。直到 1997 年 12 月 Jorn Barger 提出 Weblog 这个名称，才开始系统化。到了 21 世纪初，博客开始崛起，标志性事件为 2001 年美国的"9·11"恐怖袭击事件。正是这场恐怖的袭击，使人们对于博客这种及时、有效的信息传递方式，有了全新的认识。因为当时关于"9·11"事件最真实、最生动的描述不在《纽约时报》上，而是在那些幸存者的博客日志中。"9·11"事件的一些幸存者通过博客记录了他们的经历，让他们的博客广受关注，影响力已超出了他们作为个人甚至所在行业的原有范围。这个现象开始引起主流媒体的强烈关注，他们明显感受到博客崛起对于传统媒体的冲击。博客正式步入主流社会的视野。

2006 年，博客技术先驱 blogger.com 的创始人埃文·威廉姆斯(Evan Williams)创建的新兴公司 Obvious 所推出的 Twitter 服务，后来发展为微博的代表性应用。在最初阶段，这项服务只是用于向好友的手机发送文本信息。2006 年年底，Obvious 对服务进行了升级，用户无须输入自己的手机号码，就可以通过 Twitter 网站去接收和发送即时信息，成为一个带有社交网络及微博客服务的网站。2009 年，Twitter 开始盛行，风头逐渐盖过博客。原因是在 2009 年 1 月 19 日，一位目击美航 1549 航班坠河的 Twitter 用户，在其 Twitter 上不断实时更新相关信息，使得此新闻在 Twitter 上的传播速度击败了《纽约时报》，比《纽约时报》的网络版提前了 15 分钟，比纸质版提前了 15 个小时。

2007 年，一种介于传统博客和微博之间的全新媒体形态——轻博客 Tumblr(中文名：汤博乐)诞生，被称为轻博客网站的始祖，目前也是全球最大的轻博客网站。轻博客(Light Blogging)的出现源自于微博客(Micro Blogging)及其丰富的应用程序。所以最初，轻博客只是微博的另外一种展示形式，相比微博更加简洁、便捷、丰富。但是轻博客除了使用微博的图文视频等富媒体展示手段外，还保留了"聊天对话展示"、链接、丰富的版式等传统博客固有的外在形式。所以 Tumblr 实际上是介于 Twitter 和传统的全功能博客之间的服务。总体来说，博客倾向于表达，微博则倾向于社交和传播，轻博客吸收了双方的优势。

二、博客、微博、轻博客在中国

2000 年，博客开始进入中国，2005 年开始风行；2007 年微博出现，2009 年开始流行；2011 年轻博客进入受众视野，具体发展历程如表 4-1 所示。

表 4-1 博客、微博、轻博客在中国的发展简历

类别	进入时间	代表公司	发展历程
博客	2000	新浪博客 搜狐博客 中国博客网 腾讯博客 博客中国	2000 年博客开始进入中国，并迅速发展，但业绩平平； 2004 年"木子美"事件，让中国民众开始了解博客，并运用博客； 2005 年，国内各门户网站，如新浪、搜狐等，也加入博客阵营，开始进入博客时代
微博	2007	新浪微博 腾讯微博 网易微博 搜狐微博	早在 2007 年，独立微博叽歪(4 月)、饭否(5 月)、做啥(7 月)就已经上线，随后腾讯滔滔、139 说客微博相继上线，但并没有引起多大的轰动； 2009 年 8 月新浪微博上线，取名"围脖"，在中国开始流行； 2010 年和 2011 年，新浪微博揭露了中国社会的现状，如"李刚门""江西宜黄强拆自焚""唐骏学历门""7.23"动车事故、郭美美炫富、小悦悦、药家鑫等事件，让新浪微博迅速成为信息传播的主流； 2010 年，腾讯微博、网易微博、搜狐微博上线； 2011 年 4 月新浪微博独立启用微博拼音域名 weibo； 2014 年腾讯、网易相继退出微博业务
轻博客	2011	点点网 新浪 Qing 人人小站 盛大推他 网易 Lofter	2011 年 2 月中国第一个轻博客点点网上线内测，4 月 7 日开放注册；同年新浪 Qing、盛大推他、网易 Lofter 等轻博客也纷纷推出。腾讯目前虽没有推出轻博客的服务，但其 QQ 空间升级设计却借鉴了轻博客

三、博客、微博、轻博客功能对比

博客、微博与轻博客都属于博客类，但在功能特点上有所差异，如表 4-2 所示。

表 4-2 博客、微博、轻博客的功能对比

功能类型	轻 博 客	博 客	微 博
内容	文字、图片、音频、链接、视频	文字、图片、音频、链接、视频	文字、图片、音频、链接、视频
关系	单向关注 非公开、非对等交流	单向关注 非公开、非对等交流	单向关注 公开对等交流
展示	突出富媒体	自定义	缩略富媒体
界面	自定义	自定义	更换背景
用户群	精英、小众	全民、大众	偏低端、大众
时效性	较强	最弱	最强
复杂度	低	高	最低
字数限制	无	无	140 个字

博客、微博、轻博客在本质属性上虽然都归结为博客类，从博客到微博再到轻博客从表面上看也只是字数、展示设计等的改变和创新，但实际上，背后却是用户社交模式、用户兴趣运营模式等的创新，这是一种社会发展进程和人们生活习惯的反映，是独立存在的。每一次改变都是一种社会运营模式以及人与人之间交流、交往等社交模式的改进。

第二节 博 客 营 销

博客在其快速发展时期，对人们的生活、思想、行为方式产生了影响，也给社会文化带来了颠覆性的变化，而其知识性、开放性、共享性等特征，也彰显出与众不同的营销特质和优越性。加之博客自身拥有用户群体，其"自扩散"的效应，在商业应用上能产生巨大的影响力和价值。

一、博客营销的概念

博客营销是指利用博客平台开展的网络营销活动。而基于博客个人化的特点，这就决定了博客营销是一种基于个人知识资源(包括思想、体验等表现形式)的网络信息传递形式[①]。也就是说，开展博客营销的基础是要掌握某个领域的知识资源，并通过对知识的传播达到营销信息传递的目的。

根据营销主体来区分，博客营销包括个人博客营销和企业博客营销两种方式。虽然博客营销也是建立在个人行为上，但博客营销与普通的博客有明显的区别。普通个人写博客

---

① 冯英健. 2004 年的中国网络营销综述(下)，http://www. marketingman. net/wmtheo/zh253. htm，
2004-12-30.

就是在网上写日志，有一些普通日志的特征。而博客营销是靠原创的、专业化的内容去吸引读者，培养一批忠实的读者，在读者群中建设信任度、权威度，形成个人品牌，进而影响读者的思维或购买决定。

二、博客营销的特点

博客作为网络信息发布和传递的工具，在信息发布方面，与其他网络媒介(如公司网站，门户网站的广告、新闻，行业网站、专业网站供求信息平台，网络社区、论坛等)有一定的相似之处，但博客也因自身的特征而发挥更多营销效应，如表 4-3 所示。

表 4-3 博客与其他媒介营销特点比较

营销特点 网络媒介	内容题材及 发布方式	信息容量	可信度	费用	搜索引擎收录
博客	自主性大、内容灵活、形式多样	信息量可大可小、信息保存时间长	高、知识性强，较客观	无直接费用、费用最低	很容易 (无须付费)
企业网站	内容、形式较正式	信息量较大	较高、较客观	企业自己运营、维护	一般 (支付排名费)
门户网站的广告、新闻	内容、形式较正式	信息量较小、保存时间不长	一般、具有广告性质	支付广告费用	较难
行业、专业网站供求信息平台	形式较正式	信息量较小、保存时间不长	一般	支付发布费用	较难
网络社区、论坛	内容灵活、形式多样	信息量可大可小、保存时间较长	较高、主观性强	无直接费用、费用低	容易 (无须付费)

从表 4-3 中可以看出，作为一个自主性平台，博客与企业官网、门户网站、供求信息平台相比，它的内容题材更为丰富，发布方式更为灵活，更容易被搜索引擎收录；与在门户网站推送的广告等商品信息相比，不直接产生费用；与供求信息平台相比，博客包含的信息量更大，可以用"中立"的观点来对自己的企业和产品进行推广；与论坛营销相比，博客文章显得更正式，可信度高。

三、博客营销的价值

1. 直接带来潜在用户

优质、有价值的博客内容会被所在的博客托管网站如博客网、新浪博客网等主页或目录收录，这些网站拥有庞大的用户群体，用户会根据兴趣需求去选择博客内容浏览，这批用户就成为营销博客的潜在用户，从而达到信息传递的目的。用这种方式开展网络营销是博客营销最直接的价值表现。

2. 降低广告推广费用

博客的自主性非常强，可以自行在博客文章内容上加入营销图片、视频、网站链接等，所以博客可以替代部分广告投入，减少直接的广告费用。因此，在博客内容中适当加入企业营销信息(如某项热门产品的广告图片、视频、购买链接，在线优惠券下载网址链接等)，可以达到广告推广的目的，这样的"博客推广"成本低，且在不增加广告推广费用的情况下，提升了相关网站的访问量。

3. 增强搜索引擎可见性

优质、有价值的博客内容同样容易被搜索引擎收录，并且是免费的，当用户通过搜索引擎获取到博客信息时，就为营销信息的传递提供了机会。所以，可以利用博客来增加被搜索引擎收录的网页数量，提高网页内容在搜索引擎中的可见性。只要在提供博客的网站上开设账号即可发布文章，目前发布博客文章是免费的。同时，在博客文章里添加网站链接，也增加了链接网站在搜索引擎里排名的优势。

4. 加强受众关系管理

读者在浏览博客后，可以进行点赞、评论、收藏和转载等一系列互动行为，通过回复评论或者发布互动型的博客文章，引导读者进行交流讨论，以此来维系客户关系。这种对等的交流也能为博客带来广泛的信息传播和必要的访问量，尤其对企业博客来说，有助于提升品牌形象并获得公众认知和认可。并且在这互动交流中，可以对用户行为偏好进行研究分析或者在博客上发布在线调研链接，鼓励受众参与调研分析。通用汽车公司董事长鲍勃·鲁兹所主持的"快车道"博客成为通用公司十分重要的对外沟通平台。他写道："从一开始，这个博客就成为通用汽车管理层与公众探讨产品计划、产品观感等重要问题的场所。

四、博客营销的模式

因营销目的和手段的不同，博客营销呈现出以下几种模式。

1. 官方网站型博客

官方网站型博客是指把博客当作官方网站，利用博客去传播推广企业或者个人的品牌形象、产品形象等，让博客的受众成为意向客户。相对于建立官方企业网站，建立官网型博客成本低廉，不需要域名、空间、大量美工设计的裁切排版和程序开发，只需要简单设计一些图片装饰博客空间即可使用。运营也相对简单，只需要发布博客文章，而内容题材也更加丰富，互动性更强。

此种博客营销模式的核心策略：一是必须为客户提供与企业相关的有深度价值的内容；

二是必须贴出联系方式；三是要保持经常更新。但是博客相对企业网站也有其劣势，如权威性不够，公信力不足，容易被人模仿；平台依赖性强，自主控制力弱，并且平台具有局限性，难以全网覆盖。

2. 辅助官网型博客

辅助官网型博客是把博客作为企业官方网站的辅助和补充。博客具有一定的个人化性质，所以语言风格比较口语化，内容也可以多样化。它不仅可以展示品牌、产品等商业信息内容，也可以展示受众感兴趣的知识、幽默笑话和热点事件评论等，让博客更加亲切，更具感染力。

此种博客营销模式的核心策略：一是保持日常互动和沟通；二是充分利用个性化、感性的用语和网络语言；三是内容多样化、趣味化、娱乐化，还可以对各种热点进行讨论；四是打造博客团队，发布公关博客日记，来影响主流媒体报道。

3. 链接型博客

链接型博客是把博客作为优化企业网站的外链平台，去提升网站的搜索引擎排名。大部分博客能借助博客托管网站的平台进行权重传递，特别是高流量、高权重的平台易被搜索引擎收录。

此种博客营销模式的核心策略：一是要在各类博客托管平台上开足够多的博客；二是每天更新博客内容；三是博客文章都和企业网站相关，博文里为网站做单向链接。

4. 广告型博客

广告型博客是指在博客中植入广告，让博客成为广告对话的一部分。基本上各大博客托管平台都会提供广告服务，利用广告联盟进行广告投放实现博客的直接盈利，包括独立博客也是如此。一般来说，此种博客营销模式的主体大部分是个人，他们撰写博取受众眼球的文章，目的是获取高流量，不管流量是否是目标流量。因为高流量可以提升广告点击率，实现盈利。

无论是哪一种营销模式，博客营销都应该是以博客作者的个人行为和观点为基础的。博客之所以被信任、有影响力，是因为博客背后那个活生生的个人，包含其所展现的知识、能力以及社会地位等。比如，假如把博客作为推广公司文化、品牌和建立沟通的平台，从而更好地为公司管理销售而服务，那所呈现给受众的博客主应是企业的领导者。

五、博客营销平台的建立及运作

不同行业、不同规模的企业博客营销的模式不尽相同，但都需要依托于"博客"这个媒介平台才可以运行。常见的博客营销平台主要有三种形式，分别是第三方博客平台营销、企业自建官方博客营销和个人独立博客营销。

1. 第三方博客平台营销

第三方博客平台是指博客托管网站如新浪、网易、搜狐、天涯、51 博客、博客大巴和中金博客等高权重、高流量平台。个人在这些第三方博客平台上注册账号后，建立"博客"，就可进行相应的博客营销，简单快捷。

第三方博客平台营销，是企业外部网络营销信息源的载体之一。因为这不仅能通过平台自身的权重、黏度给新博客带来流量，聚合资源，提高信息可见度；同时，不必一次性投入大量的资金，避免了复杂的技术开发，缩短了网络营销的周期，风险也较小。特别是建立在知名网站博客平台上的信息更容易受到用户的信任，尤其通过搜索引擎获取信息时，有助于用户在搜索结果中的优先点击。并且，博客平台内部用户之间的互动(阅读、评论、转发、链接等)也可以实现平台内部的信息传递，扩展了博客营销信息的传播渠道。还可以通过超级链接和内容关联等方式，与企业网站、企业官方博客或个人博客等互相推广。但入驻博客托管网站也存在局限性，因为在托管网站建立的博客域名为二级域名，自主性和曝光度较弱，不利于品牌的传播与塑造。

在第三方博客平台上进行博客营销可归纳为以下五个基本步骤。

(1) 选择博客托管网站，开设博客账号。即选择与企业契合度高、流量大的博客平台进行注册，并获得发布博客文章的资格。

(2) 制订一个中长期博客营销计划。这一计划的主要内容包括从事博客写作的人员计划、写作领域选择、博客文章的发布周期等。

(3) 建立合适的博客运营机制。例如，坚持博客写作和持续更新，并采用合理的激励机制。

(4) 综合利用博客资源与其他营销资源。这不仅要充分利用第三方博客平台的内设功能和资源进行营销推广，同时要结合平台外的媒体和资源进行整合推广。

(5) 对博客营销进行监控，及时反馈。通过监测博客网站，可以及时挖掘当前谈论最多的企业或时下民众最关注的话题，为营销主题或潜在的公关危机做准备。

2. 企业自建博客营销

企业自建博客是指建立于企业官方网站的博客频道或者企业自主运营的独立博客网站，可以鼓励内部有写作能力的员工发布博客文章以吸引更多的潜在用户，同时也打造一个宣传企业和产品的阵地。企业自建博客有以下营销价值。

(1) 企业的官方博客是官方网站的组成部分，扩展了网络营销信息源的来源及信息传递的渠道。

(2) 企业官方博客自主性强，可以有效展开全员网络营销。

(3) 企业官方博客对官方网站、产品和服务等可以起到明显的网络推广作用。

(4) 企业官方博客增加了企业网络信息在搜索引擎中的曝光机会并提高企业网络的可见度。

(5) 通过企业官方博客的知识传播功能，有利于建立专业形象并获得顾客的认可。

(6) 企业官方博客增进了业内顾客之间的沟通，有利于增强网络营销信息传递的交互性。

例如，全球最大的零售网站亚马逊创建了自己的官方博客网站，所有书籍的作者都可以开通博客，目的在于增进读者与作者之间、读者与亚马逊之间的接触和沟通。同时，书籍作者的博客不仅为作者提供了推广自己书籍产品的渠道和机会，也提高了购买书籍的访问者再次访问亚马逊的概率。在亚马逊的图书作者博客栏目中，作者最新发布的博客文章被醒目地放在作者介绍页面或书籍的介绍页面，同时有一个链接指向该作者的全部博客页面。此外，用户也可以通过他们自己的亚马逊首页看到购买的书籍作者的最新博客文章。亚马逊在不用自己付出额外努力和投入的情况下，让作者加入书籍网络营销的行列，通过作者与顾客的互动，创造更大的在线销售量。

3. 个人独立博客营销

个人独立博客是指个体自行通过购买域名、空间进行个人博客网站的搭建。这需要掌握建站知识或熟悉建站程序的技术人员支持。个人独立博客的优势在于不受第三方干预，自主性强，可控度高，利于个人品牌的建立。局限性在于初期不能像第三方平台博客可以通过平台的站内资源或搜索获取流量，需要自行进行个人博客的推广，难度较高。

简单来说，博客营销就是在博客上精心创造可读性强、有价值的博文，或者分享他人有参考价值的文章，来吸引受众的关注，进而激发受众的购买欲望，达成交易。所以博客营销需要掌握的技巧是撰写与品牌或产品相结合的吸引力大的博文，并进行博客推广。只要博客从受众的角度出发，信息真实可靠，诚心做好服务，博客营销可以迎来越来越多的访问量和交易转化。

科宝·博洛尼厨卫博客营销案例

北京科宝·博洛尼厨卫家具有限公司成立于 2001 年 10 月，试图打造一个高端的家装品牌。但是，在竞争越来越激烈的家装行业，如何成功打造企业品牌却是科宝·博洛尼创始人蔡明一直头疼的事情。在发展的过程中，蔡明开始注意到网络营销，尤其 2005 年热闹非凡的博客潮引起了他很大的关注。后来，经过充分的准备和筹划，蔡明决定利用博客来营销，大力提升企业品牌。

2007 年 6 月 13 日，一条标题为"读蔡明博客，抢总价值 40 万元博洛尼真皮沙发"的消息出现在新浪网首页，这条消息在网络上不胫而走，一时间前来打探的人络绎不绝，大批网民纷纷登录蔡明的博客查看详情。仅仅用了不到一个月的时间，蔡明博客的点击量就猛增到 100 万之多，许多原本对博洛尼一无所知的人，也通过这个活动记住了博洛尼。

在这个活动中，博洛尼投入的只是一些作为奖品的沙发和电视及平面媒体推广费用，整个活动的投入估计不过区区数百万元而已，但是它获得的品牌增值回报却是很多企业投资上亿元的广告都不能达到的。"抢沙发"活动不仅为博洛尼赢得了极大的品牌声誉，让人们通过图文并茂的博客认识了极具冷峻、前卫气质的蔡明和富有时尚、极美品位的博洛尼品牌，更让博洛尼超越橱柜产品而成为一个引领潮流的高端生活方式品牌。

今天，博洛尼的博客营销事件已经成为一个经典，以至于现在很多人一提到"网络沙发"就会想到博洛尼，是网络营销的一个奇迹。

（资料来源：中国建材网，有修改）

第三节　微博营销

一、微博的概念及发展

微博(Microblog)是指长度在 140 字以内的微型博客，是一个基于用户社交关系的信息分享、传播以及获取的公开平台。用户可以通过 Web、WAP 以及各种客户端组建个人社区、更新信息，并实现即时分享，其关注机制既可以是单向也可以是双向的，注重时效性和随意性，传播效率非常高。

在我国，在微博的兴起和鼎盛之期，四大门户网站新浪、网易、搜狐、腾讯皆相继推出了微博产品，其他的传统博客也不甘落后，纷纷推出微博类产品，甚至连地方门户网站也参与到微博市场中来。但随着网络技术的不断发展，新媒介的冲击，微博用户活跃度走向低迷，大部分微博产品纷纷退场，发展至今唯剩下新浪微博一枝独秀，并逐步走向稳定。新浪微博发布的 2016 年第四季度及全年财报显示，截至 2016 年年底，微博月活跃用户全年净增长 7700 万，增至 3.13 亿，移动端占比达到 90%[①]。微博商业化也随之爆发。所以，本书所指微博，皆把新浪微博作为主要阐述对象。

随着微博兴起，博客的影响力逐渐减弱。微博与博客的区别具体来说主要有以下几个方面。

(1) 内容要求不同。博客的内容比较系统严谨，要求较高，而微博字数限制在 140 字以内，内容短小精悍，更利于在注意力稀缺的社会化媒体时代去发布和阅读。

(2) 操作便捷性不同。写一篇博客往往需要花费较多的时间和精力，一般只能在电脑端上完成。而微博由于操作简单，对内容要求不高，所以具有基本的互联网操作知识的人都可以运营操作微博，还可以通过手机端随时随地发布。

(3) 传播效果不同。微博的碎片化和移动化充分利用了用户的零碎时间，信息获取和发布的方便性都决定了微博的传播性比博客的传播性更强，拥有更多的用户。

(4) 互动性不同。微博的社交互动性也更为突出，除了沿袭博客的互动功能外，微博@(提及)功能、私信功能、热门话题、热门搜索等让互动更为开放。

---

① 新浪科技：《新浪发布 2016 年第四季度及全年财报》[OL]，http://tech. sina. com. cn/i/2017-02-23/doc-ifyavvsh5976842. shtml. 2017-02-23.

二、微博营销的概念

微博营销是指企业、个人基于微博平台而进行的网络营销活动，也指发现并满足用户的各类需求的商业行为方式，包括品牌信息传播、消费者互动、客户服务、公关服务和电子商务等。微博营销的实质在于通过微博发布营销信息，并借助微博意见领袖、热门话题、热门事件等，让更多的微博用户积极地参与到营销活动中来，并与用户进行高层次的情感沟通与关系链互动，从而在无形中提升企业的品牌价值。

三、微博营销的特点

微博营销具有以下几个方面的特点。

1. 立体化、即时性

微博营销可以借助先进的多媒体形式，通过微博主页的头像、标签说明、业务介绍以及所发的微博文字、图片、视频等对品牌、产品或服务进行多维度的描述和展示，并最大化地开放给客户，让用户可以接收更直接、更形象的信息。同时，微博是即时性传达，可以实现事件的"现场直播"，调动用户参与的积极性。例如，微直播、微访谈等功能，让博主与用户进行现场式的即时互动和沟通。

2. 高速度、广泛性

基于庞大的用户基础及其开放性，微博信息的传播速度极其高。一条关注度较高的微博信息在互联网及与之关联的手机 WAP 平台上发出后，短时间内的互动性转发可以抵达微博世界的每一个角落，达到该段时间内的最大阅读数量。如果有名人效应进行带动，更能使事件的传播量呈几何级数放大，这种病毒式的传播，影响面非常广泛。

3. 成本低、易操作

除去人工成本，微博所需的成本较低。只要在微博上注册账号就可以免费发布文字、图片、视频等内容，简单易行。发布信息的主体也无须经过繁复的行政审批，可以节约大量的时间和成本。例如，发布能引起潜在用户兴趣的话题或者能刺激消费者神经的活动(如打折、抽奖等)，就能够吸引大量现实的和潜在的消费者关注，再通过这些关注者进行转发传播，信息就能够低成本地、广泛地传播开来。

4. 互动化、人性化

在微博上，每个人既是传播者，又是受众，故微博是一种有效的双向沟通形式。通过关注者的转发可以扩大品牌信息或产品信息的覆盖面。而营销主体可以通过分析用户的微博，了解其需求、偏好等，同时通过评论系统解决用户的疑惑，避免负面信息的无限制流传，提高用户满意度。这种互动性极大地提高了企业对消费者的把握能力，使企业与消费者之间不再局限于冷漠的买卖关系，而是一种人与人之间友好交流的关系，距离被拉近，可以形成一种情感联系；许多企业、品牌在微博上进行拟人化塑造，更具亲和力。

5. 自主性、精准化

微博营销不只是简单地发布产品广告，还可以通过个性化、感情化、人性化的营销形式，来吸引受众的注意力，使得其主动关注和选择。微博是一款"兴趣社交"的产品，基于用户兴趣去建立社交、消费以及互动的习惯。所以只有对你感兴趣的用户才会去关注你的微博，因此你的受众都是现实的或潜在的用户，属于分众传媒传播，让企业的营销活动能够做到有的放矢，精准性强。同时基于数据技术的挖掘和分析，微博营销可以实现科学化、精准化。

四、微博营销的类型

新浪微博账号在注册初期分为个人注册和官方注册两种账号类型，所以微博营销从营销主体去进行划分，可以分为个人微博营销和企业微博营销。

1. 个人微博营销

个人微博营销，主要以明星、名人、网络红人为主，通过经营微博去吸引粉丝关注以及让粉丝进一步地去了解自己和喜欢自己，他们的宣传工作一般是由粉丝的关注、评论、点赞、转发来达到营销效果。

微博是个人营销的主要平台，特别是网络红人的走红，微博起着关键作用。其主要是依赖于微博的关注机制，开放性的单向关注不仅减轻了社交负担，而且能够轻松突破社交人数的限制，并建立起原本需要通过人脉才能建立的信息渠道。这些营销博主发布能吸引受众眼球的微博，或者转发别人的微博再加上自己的意见、看法，然后通过其众多的粉丝群体使得微博迅速传播开来。他们的关注者本身也有粉丝群体，可以让信息以营销博主为中心多级传播开来。

2. 企业微博营销

微博的兴起与流行，让企业认识到微博对企业品牌的价值。2010 年上半年，微博开始出现企业 ID(账号)。先是 Dell(戴尔)等跨国公司领衔微博营销，然后，国内知名企业如海尔、联想等也陆续建立官方微博，服装类知名企业包括柒牌、七匹狼、安踏、特步中国及企业经销商如优衣库等也都相继开通了微博。接着，大到企业巨头，小至同城团购，都纷纷进入了微博市场。发展至今，企业微博营销因其定位的不同呈现出以下几种形式。

(1) 信息发布平台。企业通过官方微博发布公司动态、促销活动、新品资讯等，获取粉丝的关注，达到品牌曝光、品牌宣传和产品推广的目的。例如，有些企业会将营销信息编辑成段子、视频、笑话等，配合优惠活动、抢购活动、转发活动、抽奖活动，可以很好地提升关注度和知名度，并可以促成购买行为。

(2) 消费者互动平台。微博营销是一个持续的交互过程，可以打破时空、人数等限制，实现实时沟通，有助于企业了解消费者对于企业及产品的看法，更深层次地了解他们的需求，进而改进产品的性能、服务或按需生产新产品，以满足消费者的需求，扩大品牌影响并提高市场占有率。同时，微博可以为企业提供用户追踪服务，在追踪模式中，成为无处不在的主动客服，与顾客进行精准对话的同时开展产品、品牌信息传播，缩短企业对客户需求的响应时间；也可以作为客户维护的工具，提供一对一的咨询、售前、售后等服务，与客户进行互动，获得更多有价值的信息。

(3) 品牌塑造平台。网络技术的发展改变了受众获取信息的习惯，从被动接收信息到主动获取信息，信息包容量巨大的微博成为受众获取信息的重要渠道之一，其中包括品牌相关信息。所以，品牌通过微博发布品牌信息、文化、理念等，提高品牌、产品的微博曝光度，不仅能让受众快速获取所需信息，还能加深受众对品牌的认知，加速企业品牌的形成和知名度的提升，实现品牌建立和传播，增强行业影响力和号召力，引导行业良性发展。

(4) 危机公关处理平台。微博作为当下大事件、突发事件的传播与舆论中心，对于事件营销具有较强的可操作性。所以，通过微博，企业可以进行口碑的实时监测与跟踪，尤其是关注相关利益方、客户、媒体及意见领袖等的言论，及时发现危机苗头，并争取在第一时间内化解。而当危机事件发生后，企业可以通过微博发布公司对危机的处理过程，针对存在的误解进行主动、公开、透明的回应，及时弥补过失，有效控制事态扩大。

五、微博营销的常用策略

(一)内容营销

内容营销(Content Marketing)策略是微博营销最为常用的策略。实际上，作为以信息交流为主的平台，在微博上进行营销都离不开内容营销。换句话说，微博就是一个内容消费社区，少部分在贡献内容，大部分人在消费内容。

微博内容营销是指营销主体通过微博发布文字、图片、视频等信息，来传递产品、服务或品牌信息，提高影响力或激发消费者的购买欲。内容营销主要由内容和营销两个核心部分组成。因此，有价值的内容是内容营销的基础，这里的有价值的内容不仅要对内容传播者有价值，更重要的是对内容接收者即受众有价值。对于内容传播者而言，有价值的内容包括有关产品与服务、品牌信息、企业文化等的内容，而对内容接收者来说，有价值的内容是有助于满足其需求(学习、消费、娱乐等)的，并值得信任的内容。

一条标准微博的内容组成部分包括话题、正文、相关账号、网页链接和图片、视频，如图 4-1 所示。微博话题(如#独家首发#)表示可以在相关话题搜索的时候，找到该则微博内容；正文即微博阐述的内容主旨；相关账号即@(提及)相关的微博账号，有利于粉丝引流；网页链接可以是网站链接、视频链接等；图片、动图或视频可以让内容更直观，有利于吸引受众注意力。

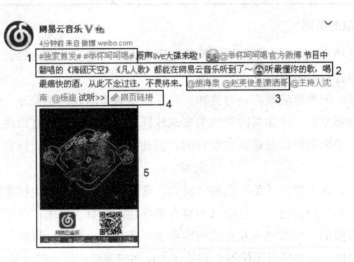

图 4-1　微博内容的组成

1—话题；2—正文；3—相关账号；4—网页链接；5—图片/视频

1. 内容营销的类型

在微博上，常见的内容营销类型以营销目的进行分类，主要呈现以下六种形式，如表 4-4 所示。"抽奖活动类"和"促销折扣类"的内容信息有助于将微博平台的流量转化为实际销量，但"促销折扣类"内容通常只是简单的产品信息推送，参与感较弱，而"抽奖活动类"参与感较强，更能让消费者留下印象；"向外链接类"内容有助于提高所链接网站的流量，而链接的内容也有助于加深受众的认知；"用户反馈类"内容属于互动类内容，有助于构建与消费者之间的关系，塑造良好的品牌形象；"与行业无关类"的微博(如心灵鸡汤)尽管可能无法直接将微博平台的流量转化为实际的销量，但是企业通过"以情动人"及拟人化的形象展示，有助于加深消费者对品牌的感知；而"与行业相关类"的微博不仅可以塑造拟人化形象，还可以提高消费者对于品牌的忠诚度并影响其未来的购买行为。

表 4-4　微博营销内容类型

微博内容营销类型	示　例
抽奖活动类	4 月 5 日前转发微博并且@3 位小伙伴，将通过抽奖平台抽出 2 位幸运者
促销折扣类	新品上市期间，购买享受 8.8 折优惠
向外链接类	欲了解详情，请点击链接
用户反馈类	根据某用户所反映的情况，我司相关部门已展开调查，结果如下……

微博内容营销类型	示　例
行业无关类	"世界以痛吻我 我报之以歌"等精神慰藉类
行业相关类	手机品牌发布的"30秒手机拍照技巧"相关知识类

2. 内容营销的原则

微博内容营销形式多样，但创造有价值与吸引力大的内容才是内容营销的根本和首要目标。微博内容营销可参考以下几个原则。

(1) 新鲜性，即内容应具有及时性和实时性。微博是跨越时空差异，以碎片化信息流传为主的信息传播平台，注定对时效性的要求较高。特别是针对通过微博主动去搜索、获取信息的受众，获取新鲜信息是其主要目的。因此，即时性的信息可以有利于吸引受众的关注。

(2) 趣味性，即内容应具备新意和吸引力。营销人员需要巧妙地构思微博营销创意，创造出用户喜闻乐见的内容，一旦微博内容有趣好玩，就有了被用户分享转发的可能。创意和新意总是有限的，但微博所发布的内容至少不应枯燥、空洞，特别是要避免发布硬广告宣传性质的微博，此类信息不仅得不到关注，反而容易引起用户的反感。

(3) 实用性，即内容应具有价值，能够为用户提供一定的帮助。所以，应从用户的需求出发，发布能满足他们信息获取需求的微博，如最新的新闻、有用的情报、好看的消息、特殊的知识等；也可以为用户提供商品的促销信息或者折扣凭证、发放奖品等满足其消费需求的微博。总之，要使用户能够从微博内容中获取到某种形式的利益。

(4) 个性化，即所发布的内容或内容倾向具备某种特色，能自成体系，并长期保持一致性，可以给用户系统和直观的整体感受，让微博与其他同类微博差异化，内容能够比较容易被识别，有利于保持粉丝的忠诚度。

3. 内容营销的定位与技巧

微博内容营销不仅应注重内容的原创性、趣味性、实用性等，还要注意定位并把握一些发布技巧。

1) 内容营销的定位

第一，制订营销目标。营销目标的制订决定营销的方向，然后才能进一步策划内容营销的策略与方案，不至于南辕北辙。而内容营销的目标，应与营销部门乃至整个企业的目标相一致。以某企业官方销售网站的内容营销为例，若企业的营销目标是提高网站流量，则内容营销的目标应着眼于吸引潜在用户的点击，发布内容以用户的兴趣和需求为主，将点击率和转化率作为具体测量指标；若企业的营销目标致力于提高网站的销售量，则内容营销应以销售支持为目标，如通过发布促销折扣、抽奖活动等刺激用户的购买欲望，将点击率设为具体测量指标。

第二，确定受众角色。受众作为营销活动的对话对象，其角色的清晰定位有助于细化营销目标，实现内容的精准传播。依据不同的划分标准(如性别、年龄、受教育程度等)，受众可以分为多种群体，营销者可将每一种群体概括为某种角色，进行与之适应的内容营销。例如，女性偏于浪漫感性，一个美丽浪漫的故事可能会打动女性受众的心；而男性更偏理性，更看重价值和实用性。为找到更加精准的角色定位，应尽可能多地接受来自受众的反馈消息，具体方式有一对一访谈、关键词检索、网络分析、消费者调查等。

第三，把握发布周期。每天所发布的微博条数应是有规划并且有规律的，如可以每天规划发布 5～10 条微博，但不必过于频繁地更新，时间大概是受众上班、下班乘坐交通工具时，午休、晚上睡觉前，以及下午 6 点后的休闲时间，这些时段属于粉丝活跃的高峰期，抓住这些时间段发布微博，有助于吸引受众的注意力，也不至于被微博的信息洪流淹没。同时，还要注意把握与受众互动的周期，依据受众对产品(服务)的了解程度、兴趣、决策习惯等确定相应的互动周期，如对产品(服务)不了解的用户，其互动周期应该更长。也就是说，针对潜在受众的内容发布周期应该较长，以加深其对品牌的认知。

2) 内容营销的技巧

如今，用户面对信息愈加睿智、谨慎，社交关系也愈加广泛，以显而易见的方式向他们"硬塞"内容易引起反感。明智的做法是以用户喜欢的方式，分享他们认为有关联有价值的内容，即以"用户思维"指导内容营销。

第一，让内容与用户产生关联。在内容与用户关系的金字塔结构中，最基本的是为用户提供有用或有价值的信息或服务；其次是内容为用户创造可与他人分享的有趣的体验；处于最高层次的则是内容能帮助用户更好地完善自己，即内容要有感染力、号召力，如洞察社会情感，抓住社会普遍关心的话题和人们孤独、渴望被认同的心理，引起用户共鸣。

第二，让内容人性化。内容"人性化"的本质就是对消费者内在需求的挖掘与引领，根据目标用户的特点采取对应的营销手段。例如，面对人性的"惰性"，应提供"速食性"内容，短小精悍，阅读成本低，或者将复杂难懂的内容通过大众熟悉和喜欢的方式，甚至是娱乐诙谐的手法传递给用户，将科学娱乐化；而为了吸引用户关注，应缩短品牌与用户之间的交互时间，品牌也应像人一样创造内容，从而拉近与用户间的距离。

第三，让内容有参与性。抓住用户的核心需求和参与动机，给予不同需求的用户不同方式的激励和自我展现的平台，能最大程度上激发用户参与的热情，实现内容扩散化传播。可以紧紧抓住当下热点话题，让内容营销"搭便车"。例如，根据受众关注的社会热点事件或者受众需求，设计热门话题，让受众参与讨论；也可以设计半个性化模板，给予受众发挥想象的机会，参与话题设计，去补充或创建部分内容。例如，言几又书店在 2016 年 5 月 20 日结合娱乐圈热点新闻"霍建华表白林心如"事件发布了"你眼中最撩人的情话是___？"的话题，激发用户参与互动，受到热烈响应。

微博内容营销就像是广告的革命者，并不追求短期、冲动的行为改变，而是倾向于通过长期的、理性的知识教育和感化，影响受众的行为方式。

(二)立体式营销

立体式营销也称整合式营销，在微博上指打造全方位、多平台、多账号的捆绑式互动营销。这是因为要在微博上完成一次完整的传播过程，需要形成企业官方微博——个人微博——大众微博——官方微博的闭环传播途径，如图 4-2 所示。所以在微博上进行营销，在建立官方微博的基础上，也号召企业上下的每一个部门建立微博账号，相互联动、相互关注，上到企业领导层，下到企业的每一位员工都可以将个人信息与企业账号链接，使粉丝便捷地在各个微博账号中游动，再整合名人微博资源，扩大效应。

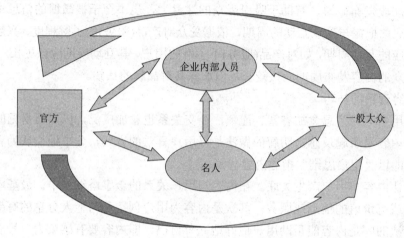

图 4-2　企业微博立体式营销模式

如何有效驱动立体式营销，关键在于企业官方微博和企业相关人员微博的建立和运营。

1. 官方微博营销

官方微博扮演着多种角色，既是企业的网络信息发布平台、网络售后服务平台、品牌维护和危机公关处理平台，也是企业深度了解和挖掘消费者的平台。所以，官方微博对于消费者来说是权威的、可信的，所拥有的关注者是现实的以及潜在的消费者。进行官方微博营销应做到以下几个方面。

1)　官方认证

微博拥有认证制度，企业通过营业执照等可以获得新浪认证。企业名称后面出现"V"的字样，就代表是经过新浪认证的，这种账号拥有比较高的可信度，可以进入新浪的品牌馆。经过认证后可以获得一些忠实的关注者，关注者越多，其产品广告所能辐射的范围也就越广。企业可以开通多个官方微博，但必须权责分明，各有侧重。图 4-3 为体育品牌 Nike(耐克)的多个官方微博：Nike 主要用于发布品牌资讯、文化等推广信息；NikeStore 是 Nike 官方网店的微博，主要提供最新的运动装备资讯、产品推广信息。另外，还可以按照用户、产品或地区开通细分化的微博官方账号。例如，Nike 按用户专门开通了 NikeWomen 官方微博；按产品类型开通了多个官方微博，如 NikeRunning、NikeBasketball、NikeFootball、NikeGolf

等；按照产品功能开设了 NikeSportswear、NIKEiD 等；而按地区开设了 Nike 广州、Nike 上海、Nike 北京等。企业开通多个官方微博，可以进行市场的细分，从而使得微博营销的分工更加明确，让微博营销更系统。

图 4-3　Nike 部分微博账号

2) 构建管理团队

企业应设置专门的团队或部门对微博账号进行维护，去增强企业微博内容的多样性和全面性。一是积极更新信息，企业官方微博必须经常进行更新。同时对粉丝的活跃时间进行统计，把握好其活跃期，在该段时间集中地推送微博，能增强微博传达的有效性。二是积极参与互动，微博是"弱关系"型的陌生人社交平台，企业必须持续不断地与用户进行互动，转发和评论用户的信息，吸引用户的踊跃讨论、响应。这不仅可以让用户感到被尊重，也可以使用户更加忠诚。而在微博限流的环境下，互动率高的微博信息可以获得优先曝光的机会。

2. 企业相关人员微博营销

个人微博与企业官方微博相比更个性化，更有人情味，语言更贴近生活，应鼓励员工开设个人微博。

1) 企业领导人微博

企业微博往往是公关部门运营的，缺少了个性和人情味。相比之下，网民更愿意关注企业领导者的个人微博。因为企业领导者的个人账号不仅有较高的可信度，而且具有个人特色，从他们的微博中可以更深入地理解他们的思想，体会他们的处事原则。许多企业的领导者都在微博上拥有个人账号，粉丝量巨大，甚至成为相关行业的意见领袖，可以发挥人群聚拢效应。受众对领导者的印象，往往会影响其对企业的看法。因此，企业的领导者可以选择先经营和管理好个人微博，再通过个人品牌来提升企业的形象和价值。

2) 员工微博

企业可鼓励内部员工设立个人微博，进行企业认证，参与互动，以提升企业与消费者之间的交流质量。有些企业员工的微博运营良好，聚集众多粉丝，就可以通过个人影响力有效提升企业形象。假设员工的微博发布了不恰当的信息，因微博的传播性极强，也容易给企业带来负面影响，所以企业也必须加强对员工微博的管控。

(三)意见领袖营销

1. 意见领袖概述

"意见领袖"最早由保罗·拉扎斯菲尔德(Paul Lazarsfeld)提出。他认为，意见领袖是指在人际传播网络中经常为他人提供信息、意见、评论，并对他人施加影响的"活跃分子"，是大众传播中的中介或过滤的环节。他们将信息扩散给受众，信息的传递按照"媒介—意见领袖—受众"这种两级传播的模式进行。在前网络时代，充当意见领袖的人是具有一定社会地位和知名度的人，他拥有的社会光环使他具备充当意见领袖的条件。而在网络时代，不受关注的草根阶层也可以利用网络媒介迅速成为网络意见领袖。

新浪微博将新浪博客强力热捧名人博客的传统继承下来，在运营初期通过与大量名人合作来吸引关注度，并利用微博的传播特点及传播优势将名人微博体系继续完善和发扬光大，使其传播效果发挥到极致。新浪微博以名人微博为基础，逐渐建立起完善的"意见领袖"系统，这也是新浪微博得以取得巨大成功的原因之一。

目前，对于"微博意见领袖"的理解具有多样性，尚无统一标准。一般认为，微博意见领袖是指以微博为主要活动场域，拥有较高的关注度和较大的影响力，善于与粉丝分享信息并能够对他人的态度产生影响的微博活跃用户，主要通过三个数据加以量化证明：一是粉丝数，二是微博评论数，三是微博转发数。为了区别名人用户和普通用户，新浪微博在所有经过实名认证的名人ID后面加了一个金黄色的V字，可以说是微博意见领袖的标志，主要分为两类，一类是演艺界、体育文化界、企业界、传媒界等的明星、名人、专家；另外一类是草根力量，如网络红人、某些机构经营的微博大号等。

2. 意见领袖营销模式

因为微博传播内容的个性化、短小性、随意性等特点，微博意见领袖具有一种友邻般的亲和力，更能赢得粉丝的热爱，影响力非常广泛。同时，意见领袖是追随者心目中价值的化身，其极强的号召力和影响力，在营销中可以起到推波助澜的关键作用，特别是在口碑营销上效果显著。在微博营销中，意见领袖营销模式主要分为代言模式、内容植入模式以及转发模式。

1) 代言模式

代言模式是指企业寻求产品或品牌代言人，利用代言人在微博中的人气去宣传产品、开展营销的方式，代言人常见于娱乐界、体育界明星。通常情况下，代言明星会直接将其所代言的产品或品牌广告发布在微博中，借助其百万、千万的关注量来增强广告的影响力，这也会带来商机，如图 4-4 所示。明星微博的关注者，往往以这些明星的"粉丝"为主，这些追星一族通过微博关注明星的一举一动，对于这些明星的一些生活和消费习惯也会产生模仿心理，将这些明星的推荐视作权威。所以，微博名人代言营销利用的就是消费者的个人崇拜心理。而在选择代言明星时，要注意选择与品牌气质相符或其粉丝群体是产品的目标消费者的明星。

图 4-4　明星李易峰发布的微博代言广告

2)　内容植入模式

名人的微博内容植入分为直接植入和间接植入两种形式。直接植入是指推广生硬直接，即便名人会结合自己的生活进行微博发表，但所配图片上明显暴露着产品的信息，发布意图明显，易被粉丝识破，引发反感。间接植入是指微博内容结合私人生活发布，图文相符，与日常所发微博无异，如产品使用感悟等，可能会在微博评论中提及产品的型号、购买渠道等链接，类似于口碑传播。这种内容植入形式不容易引起粉丝的察觉，也不易引起粉丝反感，所以这种营销方式在名人微博中非常广泛，如图 4-5 所示。

图 4-5　明星古力娜扎发布的雪地靴推广微博

3） 转发模式

转发模式是指名人转发跟营销内容相关的微博信息，配上评论或推荐内容，如图 4-6 所示。这种方式简单、方便、快捷，既可以维护自身形象 ，又可以有效规避责任与风险，也是很常见的名人微博营销形式。

图 4-6　明星何炅转发的电影宣传微博

(四)话题营销

话题营销起源于美国，又叫作付费评论，属于口碑营销的一种，意指借助媒体的传播和消费者的口碑效应，让广告主的产品和服务成为众人谈论的话题，以此推动销售。在网络时代，话题营销更为流行，最常见的传播平台是社会化媒体，尤其是在专设有"微博热门/超级话题榜"与"微博热搜榜"的微博上，以社会热点事件为基础，适当植入企业和产品品牌的话题，容易得到批量复制和转发，从而成为公众热议的焦点。

微博以"#话题#"作为话题识别标志，同时还提供话题关注和搜索功能，微博用户只要通过在所发布的微博内容中添加#话题#，就可以发起微博话题或者参与到该微博话题的讨论中。微博于 2013 年 5 月推出"话题主持人"，主持人拥有编辑微博话题、话题简介、话题头像，推荐或置顶话题相关微博和相关用户，设置话题观点 PK 等操作管理权限，让微博话题营销如虎添翼。例如，2013 年 5 月 17 日正式上映的影片《中国合伙人》，上映前迅速抢占了#中国合伙人#话题的主持人位置，号召该片的主创和演职人员共同参与微博话题讨论，激励用户参与，强化用户记忆，形成观影期待。在影片正式上映前，累计形成话题讨论微博 681 万条，一周内达 13.5 万条，24 小时内 1.4 万多条。

话题营销在微博上是较为常见而有效的营销策略，各行各业皆可参与。具体来说，文体娱乐业、信息业、制造业成为开展热门话题微博营销的三大主要行业。而电视节目、互联网信息服务、电子商务平台、软件开发、手机、电影等品类，是开展热门话题微博营销的主力军。话题营销常见的话题内容设置可以分为品牌信息提供、品牌关系构建及品牌行为引导三大类别，具体细分如表 4-5 所示。

表 4-5　微博营销话题示例

类别	话题示例
1. 品牌信息提供类	
品牌(产品)动态信息	百度发布：#百度和 SM 在一起了#
与产品相关类	OPPO 发布：#会拍照的男朋友#
与代言人相关类	Nike 发布：# 周冬雨心再野一点#
2. 品牌关系构建类	
文化互动	当当网发布：#敢做敢当当#；Nike 发布：#Just do it#
有奖互动	舒化牛奶发布有奖互动话题：#舒化 milk 归来#
推广互动	《左耳》电影发布：#那年读左耳的你现在还好吗#
投票互动	QQ 星牛奶发布：#QQ 星爸爸去哪儿海选#
3. 品牌行为引导类	
产品推广	锤子手机发布：#喜欢锤子手机的 99 个理由#
打折促销	麦当劳发布：#大暑免费续大薯#
转发抽奖	OPPO 手机发布转发话题参与抽奖：#前后 2000 万 R11Plus#
有奖竞赛	法国领事馆发布知识问题话题：#我的法国梦#
无奖竞赛	小咖秀 App 发布#晃咖有毒#
免费赠送	淘宝发布：#淘宝让红包飞#
公益活动	奇瑞汽车发布：#艾瑞泽 5 SPORT 强音酷跑#

一般情况下，话题营销持续的时间不长，因为话题随着其热度的起伏是有生命周期的，分为"诞生期—成长期—成熟期—衰退期"，整个周期较短。所以话题的设置和推广尤其关键。

1. 巧妙设置话题

在当下的传播语境中，话题设置的关键在于话题对受众的吸引力。所以，可以选择与品牌契合的热点话题进行借势。顺应时势、借助热点的话题比生硬造势的话题能取得更加满意的效果。因为热点本身就具有极高的关注度和传播度，并处在一个能引发海量传播的大环境中。在这样的传播背景下，品牌借助热点话题设置次生话题或者通过挖掘潜在热点设置原生话题，顺势推广企业自身的品牌或产品，能够快速获得目标人群的关注，从而引发网友的共鸣和自发传播。

同时，应该选择与品牌价值、品牌形象等相一致的热点话题进行借势，任何类型的话题都不能脱离品牌的核心诉求，这样才能使得话题朝着品牌的传播目标和诉求进行扩散，而受众在参与话题讨论的过程中能对品牌产生认同。在话题语言的使用上，尽量避免使用繁杂冗长的语句，应使用简短有力的冲击性语言或网络流行语言去吸引受众的注意力。

2. 扩大话题传播

传播效应并不会自动产生，社会化媒体与传统媒体一样，也是需要通过一些方法或技巧来吸引受众参与互动，从而扩大话题传播范围。营销主体应该把握好话题主持人的位置，拥有话题议程设置的自主权，按照传播目标，时刻监测和控制话题传播的走向，充分发挥它的功能和作用；在话题中加入有奖转发等激励活动，促进受众参与话题讨论和转发；让意见领袖参与到话题传播中来，实现从粉丝到品牌话题粉丝的转变；通过提升话题的活跃度和热门度，让微博话题进入"微博热门话题榜"和"微博热搜榜"，可以极大地提升话题的曝光度和吸引力，扩大微博话题的传播范围，通常进入榜单的话题讨论量都达到百万以上。

在微博，除了以上提到的内容营销、立体营销、意见领袖营销以及话题营销这几个常用策略以外，还有基于微博受众、传播速度等优势进行的活动营销，如O2O(线上线下活动)、公益营销等；利用微直播、微访谈等线上互动功能的互动营销、情感营销等；利用新浪其他平台在微博推出的服务功能进行的营销，如微群营销；还有基于微博平台的植入广告，随着微博的不断发展，营销模式也会不断丰富和创新。

本章小结

博客、微博和轻博客的出现与发展改变了人类的许多行为习惯，特别是微博，悄然间推动着世界步入"微时代"，不仅给社会化媒体带来革命式的发展，同时也将企业的营销手段和营销方式推入一个全新的历史时期。博客与微博虽然本质上属于同一类别，但在信息源的表现形式及信息传播模式方面都存在巨大的差异。所以，微博营销与博客营销的操作方法也存在着显著的差别。

微博营销与博客营销的本质区别是微博营销更依赖人，除了个人的知识、能力和地位，还要依赖社会关系资源才能实现信息在更大范围的传播；而博客营销更多的是对互联网工具的依赖，它可以依靠个人的知识及能力在各种网络渠道进行信息传播。轻博客是介于博客和微博之间的一种新型的形式，既能详细地阐述内容，又具有微博的灵活性、随意性，可以说综合了博客和微博的优势，但它同样具有需要依靠社会地位和社会网络关系的缺点，即只有具备很高的关注度和大量的粉丝才能真正起到营销的作用。目前，在我国，轻博客是较为专业和小众的形式，处在建设阶段，所以在本书不展开阐述。

思考与练习

1. 在微博上，如何进行情感营销？
2. 如何整合博客和微博的平台资源，让营销效果最大化？
3. 选择轻博客平台，注册轻博客账号，探索轻博客的营销价值和方式。

知识扩展

微群营销

1. 微群

微群，即微博群的简称，是新浪乐居公司推出的服务，它能够聚合有相同爱好或者相同标签的朋友们，将所有与之相应的话题全部聚拢在微群里面，让志趣相投的朋友们以微博的形式更加方便地进行参与和交流。

微群根据安全隐私属性分为公开群和私密群。公开群的聊天内容可以被外界看到，可以被搜索，群内用户可以自由地选择是否将公开群的内容同步到微博，公开群支持自由加入和审核加入两种模式。私密群的内容不可见，不可被搜索，只支持邀请加入。目前一个用户可以创建 3 个微群，满足以下条件即可创建微群：①上传头像；②粉丝达到 100 人；③绑定手机；④已创建微群不超过 3 个。另外，一个人可以加入多个自己感兴趣的微群。

2. 微群营销的概念

微群营销是指借助微群用户基数大、用户活跃度高的特点进行的，包括品牌推广、活动策划、个人形象包装、产品宣传等一系列的营销活动。

微群的类别众多，有以明星分类的，以兴趣爱好分类的，以不同地域、不同城市分类的，以不同行业或者学校分类的，等等，以微群活动、微群群公告、微群首页置顶、微群勋章、微群推荐、微群排行榜等方式吸引用户的加入。所以，企业可以根据品牌的特点或者营销活动的主题，合理选取不同的微群进行营销，这样不仅针对性强、成本低廉，效果还十分显著。

3. 微群营销的形式

目前，微群营销主要分为自建微群营销和借助微群营销两种形式。

1) 自建微群营销

自建微群营销是指企业、个人自己建立微群，通过对微群的运营进行营销。该营销形式比较适合拥有稳定运营投入的企业。因为微群中话题更加集中，用户互动的频率也大大提高，需要企业付出更多的运营工作。微群的运营包括：

(1) 定时在微群里和用户互动；

(2) 定期维护群内公告；

(3) 邀请目标用户加入微群等。

2) 借助微群营销

该营销形式以企业为主，借助外部热门微群为载体平台在其公告区、首页位置以及群活动里进行广告投放、品牌推广、产品宣传等活动。该营销形式比较适合已经明确精准用户的企业。因为微群是微博中的小圈子，它结合了一批需求明确的网友。如果企业目标用户明确的话，更容易找到适合自己企业的微群，利用他们的口碑效应吸引更多的同好者。

(资料来源：摘自阿里云资讯网)

第五章

微信营销

学习目标

- 了解微信的兴起与发展；
- 理解微信营销的概念及其特点；
- 掌握微信营销的模式，并可以自行规划、运营微信营销平台

艺龙网微信公众平台营销活动："与小艺一战到底"

在线旅行服务提供商艺龙旅行网于 2013 年 3 月在其微信公众平台上，策划了以"与小艺一战到底，赢旅行梦想大奖！"为主题的互动式有奖问答营销活动。

1. 活动策划

活动模仿综艺节目《一战到底》的问答模式，通过微信公众平台的"自定义回复"接口植入。活动的形式采取有奖答题闯关，设置每日有奖积分，最终积分最高的用户可获得丰厚大礼。问答内容主要为脑筋急转弯、社会热点问题等，同时植入艺龙网相关信息。

2. 活动规则

(1) 每天 15 道题，分 4 天发布(3 月 5 日至 3 月 8 日)，回复答案选项即可。

(2) 答题一旦开始便计时，结束后会有正确数和用时统计，每日累积成绩。一人每天限一次机会。

(3) 答题截止时间为 3 月 11 日 12:00。

活动结束后，艺龙网官方微信会统计积分最高用户(第 1 名)，送出价值 5000 元的旅行大奖(至国内任一目的地往返机票+3 晚酒店住宿)。第 2~7 名，第 11、111、1111、11111 名，分别获得价值 210 元的婺源景区通票 1 张。

3. 活动效果

根据艺龙网后台数据，"与小艺一战到底"每日参与互动的活跃用户高达 50 多万，微信的订阅用户也同步新增几万。

4. 活动优势

(1) 成本低廉，可以凭借较少的资金和物质投入，获得极好的用户互动效果，增强粉丝的黏性。

(2) 采取积分累计制度，通过积分的实时展现，达到刺激用户粉丝的效果，进而产生强互动关系，实现回复数量的激增。

(3) 通过公布用户排行榜的形式，调动粉丝的争先心理，进而提高用户回复的数量。

(4) 活动的设置比较新颖，参与形式比较简单，适合传播，进而利于粉丝的增长和活跃度提升。

(资料来源：阿里云资讯网，有修改)

思考：在微信，除了互动营销外还可以开展哪些营销活动？

第一节　微信营销概述

在"互联网+"时代，移动互联网快速发展，智能手机和平板电脑等移动终端迅速普及。在此背景下产生的微信是一个功能强大的手机即时通信社交平台，因其庞大的用户群体以及即时性、便捷性、零资费、跨平台、私密性、高速度、高曝光度和高精准度等特点吸引各行各业通过微信进行营销，从而提升企业的品牌价值与盈利能力，是目前移动互联网营销中的重要组成部分。而随着微信功能的不断完善和发展，微信营销的运用方式也越来越丰富。

一、微信的兴起与发展

2011 年 1 月 21 日，已具备强大技术实力的腾讯公司，向外界发布了针对苹果 iPhone 手机用户的 1.0 测试版语音社交产品——微信，标志着微信在中国正式诞生。借助于 QQ 用户可直接嫁接到微信平台上的先天优势，微信的发展势如破竹。截至 2016 年 12 月，微信全球月活跃用户数量已达到 8.89 亿，①成为移动互联网时代全球第一的社交平台。通过微信，用户可以互发文字、图片、语音、视频、表情和文件等，逐渐改变了用户原有的通信交流方式。

随着用户量的猛增，微信也在快速发展，不断丰富与提升自身的功能，并渗透到人们生活中的方方面面。2011 年年初推出的微信 1.0 版本只能实现简单的文字、图片交流，同年 5 月微信发布的 2.0 版本，已可以支持语音通话、多人对讲，满足了用户的即时通信需求；同年 10 月，微信发布了 3.0 版本，该版本增加了"摇一摇"和"漂流瓶"两个特色交友功能，并加入了微博精选、腾讯新闻等外界网络媒体信息，支持繁体中文语言界面，随后更新的 3.0+版本支持英文界面和 100 多个国家的短信注册，意味着微信走向国际化。2012 年 4 月，微信发布了 4.0 版本，该版本增加了相册功能和朋友圈功能，大大增加了微信的用户黏度，而随后的 4.0+版本里也增加了位置定位、群发等功能，同时微信重新命名为 WeChat，正式走向国际市场；2013 年 8 月，微信 5.0 版本上线，增加了表情商店、"扫一扫"、游戏中心、公众平台、移动支付等功能，增加了生活服务板块，随后更新的 5.0+版本实现了跨平台合作(如滴滴打车)，真正做到用微信改变生活。2014 年 9 月，微信 6.0 版发布，更新了小视频、微信卡包等功能，游戏中心也全面改版，随后更新的 6.0+版本增加了微信红包、朋友圈广告等，满足用户的更多需求。除此之外，在 2016 年 4 月，腾讯推出了企业微信，打造企业专属的沟通工具，为企业提供了优质的第三方应用，覆盖移动办公、团队协同、客户关系、文化建设等多个领域。

---

① 腾讯企鹅智酷：《2017 微信用户&生态研究报告》，http://tech. qq. com/a/20170424/004233. htm#p=1[OL]，2017-04-24.

综上所述，微信是移动互联网的集成入口，拥有多方面的综合服务，可以满足人们方方面面的需求。通过微信，用户可以进行即时通信、社交分享、资讯订阅、生活服务、电子商务和自媒体运营等；企业可以与客户沟通交流，塑造品牌形象，推广品牌、产品或服务，获取针对性客户群。微信是移动营销活动的落脚地。

二、微信营销的概念与特点

(一)微信营销的概念

作为一种新兴的营销手段，微信营销凭借其独特的优势深受企业和个人的青睐。特别是微信公众平台的开放，让微信营销形成体系，成为整个移动互联网乃至物联网的入口。除了公众平台，从微信界面上来看，朋友圈、微信群、"扫一扫""摇一摇"等多方面功能也满足了微信营销的需求。而微信也一直在不断地成长和变化，其微信营销方式会更加丰富，满足更多样的需求。

对此，本书将微信营销的概念概括为：微信营销是指基于微信平台进行的营销活动，其营销主体可以是企业或个人，主要起到展示宣传和推广销售的作用，不受时间、空间的限制，实现点对点营销。

(二)微信营销的特点

微信营销具有以下几个方面的特点。

1. 平台适用性强

对于作为营销主体的企业或者个人来说，微信营销具有适用性强的优势，具体表现为经济和技术上的可行性。首先，微信营销成本低，大部分功能均可供用户免费使用，使用过程中仅产生流量费。其次，微信操作简单，技术成熟，服务功能强大。例如，公众平台可以提供对用户数据的深度挖掘，还可以从头到尾帮助企业处理营销过程中所涉及的流程，如产品宣传、产品咨询、产品销售和产品售后等。

2. 用户主导性强

区别于其他营销平台，微信营销在"增加粉丝"这方面完全尊重粉丝的个人意愿，是以消费者为主导的"许可式"营销手段。以公众号为例，用户可通过扫描二维码或搜索公众号进行关注，公众号却不能主动添加用户。用户主动订阅自己所需的信息，公众号提供用户所需信息的同时进行营销推广。如果用户不满意公众号提供的信息或者信息过于泛滥，用户可以自行对公众号信息进行屏蔽，或者直接取消关注。

3. 互动针对性强

在微信，无论是用户与用户之间还是企业与用户之间，都是一对一交流与互动的，其他人无法参与会话，这种强关系的沟通，有效提高了用户在浏览信息时的专注程度。同时，借助移动终端、天然社交和位置定位等优势，信息可以实现精准推送，让每个用户都能了解和接收指定信息。而企业还可以参照自身经营情况与消费者特性，有针对性地设置相关资讯与信息，设定固定频率，定期推送。用户随时可以给予反馈，营销主体根据反馈可以进行点对点的沟通，提供定制化、个性化的服务。

4. 展示全面，到达率高

微信不仅可用文字来诠释品牌、产品或服务，还可以通过图片、视频、语音、表情等多种形式，以及结合移动技术如 H5 广告去吸引用户的注意力，更直观、更全面地展示品牌或产品的特性与优势。而微信点对点、一对一的消息推送模式，可以准确无误地将信息发送到受众的移动终端，到达率高。在微信，用户是属于主动积极选择式的个体，他们关注公众号的核心目标就是获取信息和服务，因此信息可以得到有效的传达。

5. 形式灵活多样

微信具备丰富多样的功能，如可推送语音、文本、图片、视频、链接及定位，让推送信息更加灵活、人性化。同时，漂流瓶、摇一摇、扫二维码、订阅号、支付、朋友圈广告、小程序等功能也为企业提供了营销渠道和传播途径。而微信的开放性，促成了跨平台合作，允许其他 App 通过开放接口进入微信，让营销有了更多的可能。

第二节 微信营销的模式

一、F2F 营销模式

F2F 是英文 Face to Face 的缩写，中文意思为面对面营销，是指通过与目标群体的面对面沟通来了解需求，为其提供个性化的营销服务。面对面营销的价值在于实现有效的沟通，从沟通中对消费者及消费者需求作精准化处理。在产品同质化的今天，与消费者建立起有效的沟通机制及拥有消费者关系管理的能力和系统成为企业的核心竞争力。而微信的公众平台正好可以让企业实现与消费者的点对点、面对面互动交流，成为 F2F 营销的最佳平台。

目前，微信公众平台分为服务号、订阅号、小程序和企业微信四大类，其功能对比如表 5-1 所示。面对消费者进行营销活动的主要为服务号和订阅号，其内设可以为 F2F 营销服务的功能主要有：群发推送，即企业通过公众平台的"群发消息"功能向关注公众号的用户推送活动宣传、产品信息及实用性知识等内容；自动回复，即企业设置自动回复，用户自主发送关键词获取常规信息；一对一交流，即用户可通过公众平台与企业进行私密的互动交流，然后企业根据用户的特殊需求或者个性特征提供针对性服务。同时，微信公众平台还提供用户分析、图文分析、消息分析等用户数据分析功能，为精准营销提供依据与支持。

表 5-1　微信公众号类型功能对比

类型	信息推送	功能介绍	适用对象
服务号	4条/月	为企业提供强大的服务和管理功能，如微支付、微店、微推广等，从而成为企业公众号拓展的服务平台	媒体、企业、政府或其他组织
订阅号	1条/天	为个人和媒体提供信息传播的新方式，建立与读者沟通和互动的管理模式	个人、媒体、企业、政府或其他组织
小程序	—	小程序不断开放新的能力，可以快速地开发，并在微信内被便捷地获取和传播，同时具有出色的使用体验	个人、媒体、企业、政府或其他组织
企业微信	—	为企业提供移动应用入口，简化管理流程，提高组织的协同办公与沟通效率	企业、媒体、事业单位或其他组织

除此之外，微信公众平台还有九大免费高级接口，分别是语音识别、客服、网页授权、生成带参数的二维码、获取用户地理位置、获取用户基本信息、获取关注者列表、用户分组和下载与上传多媒体文件(具体功能介绍见表 5-2)。同时，第三方平台接口的开放与兴起，也让企业可以通过"自定义菜单"去申请个性化的营销方式，甚至接入其他 App。微信公众号的 F2F 营销因此更加丰富，可以为用户提供更优良的互动体验，有效增强用户黏性与品牌吸引力。

表 5-2　微信公众号高级接口功能介绍

功能接口	功能介绍
语音识别	对用户的语音给出识别文本
客服	公众号可以在客户发送消息的 12 小时内回复信息
网页授权	公众号可以请求用户授权
生成带参数的二维码	公众号可以获得一系列携带不同参数的二维码
获取用户地理位置	获得客户进入公众号对话时的地理位置(需要用户同意)
获取用户基本信息	公众号可以根据用户加密后的 OpenID，获取基本信息，如头像、昵称、性别、地区等
获取关注者列表	通过该接口，用户可以获取所有关注者的 Open ID
用户分组	公众号可以在后台为用户移动分组，创建、修改分组
下载与上传多媒体文件	公众号可以在需要时在微信服务器上传、下载多媒体文件

二、O2O 营销模式

O2O 是 Online to Offline 的缩写，中文意思为线上对线下进行交易，具体是指线上营销、线上购买或预订(预约)带动线下经营和线下消费。在微信，O2O 营销模式主要通过"扫一扫"

功能实现。初期，"扫一扫"功能只能扫描二维码。二维码(如图 5-1 所示)是一种利用黑白矩形图案来表示二进制数据的先进技术手段，这个小小的图案可承载文字、声音及图片甚至视频等各项信息，具有信息容量大、编码范围广、保密与可靠程度高等特点。二维码就像是开启信息数据的一把钥匙，用户只需要用手机打开微信"扫一扫"功能区扫描商家的二维码，便可享受商家提供的线上会员折扣或服务等，从而带动线下消费。早在 2012 年 8 月，星巴克咖啡通过推出微信"特惠二维码"有效实行了 O2O 营销。在星巴克的全国门店内，只要用户用微信扫描印制在咖啡杯、广告牌、点餐单等地方的二维码，便能成为星巴克的会员，获得星巴克全国门店的优惠券。

图 5-1　微信二维码图示

而后，微信 5.0 版本的发布升级了"扫一扫"功能，除了能够扫出二维码信息外，还增添了扫描条码、封面、街景、翻译等功能(如图 5-2 所示)。这对于企业来说，图书的封面、商品的条码、街景甚至外文词汇等都能成为有价值的营销平台，大大丰富了微信营销的方式。同时，微信支付平台的建立与完善，让微信 O2O 营销更加完善，可以完全实现线上享受线下的流量、线下享受线上的服务，成为最便捷最全面的 O2O 营销平台。

图 5-2　微信扫一扫界面

除"扫一扫"功能，微信"摇一摇"、LBS 位置定位服务、自定义菜单等功能也可以有效打通本地化的 O2O 营销闭环。例如，企业可以在微信上开发通过"抢红包""集点赞"、小游戏等趣味性参与方式来获取优惠券、入场券等，为即将举办的线下活动预热造势，或者在活动进行当中设置用微信"摇一摇"摇出奖励等形式。同时，能在微信上进行文字、图片、语音、视频的现场直播活动展示，整合线上、线下的全方位传播路径。

三、SOLOMO 营销模式

SOLOMO 营销模式，由 Social(社交)+Local(本地化)+Mobile(移动)整合而成，也叫作所罗门模式，是综合社交化、本地化和移动化的新型市场营销模式。首次于 2011 年 2 月由美国 KPCB 风险投资公司合伙人约翰·杜尔(John Doerr)提出，被一致认为是互联网的发展趋势。在 SOLOMO 模式中，社交化主要是基于社会化互动媒体实现，本地化基于 LBS 地理位置的服务实现，移动化基于手机等智能移动化终端实现。

进行 SOLOMO 营销的媒体必须是具备连接移动互联网和应用 LBS 技术能力的工具和平台，同时能够建立基于位置信息的社会化网络，即用于分享位置信息的社会化网络和由某一特定位置展开的社会化网络。而微信的通信社交工具属性及地理位置属性正满足以上要求，成为 SOLOMO 时代的有效营销工具。

(一)社交化营销

在微信，社交化营销主要通过"朋友圈"功能来实现。"朋友圈"集 QQ 好友、手机通信录和"附近的人"三种渠道为一体，以强连接为主、弱连接为辅，使虚拟社交圈与现实社交圈相融合。在朋友圈里，用户可以用文字、图片、视频等表达自己的心情，也可以在朋友圈里看到好友的状态，并且可以对好友发布的"朋友圈"进行评论或点赞。同时，朋友圈还支持对公众平台的链接或其他外网的链接进行分享。例如，具有强大互动性的 H5 广告链接就是依托于朋友圈进行扩散传播，快速成为微信广告的主要形式。所以，朋友圈虽然是微信私人账号所拥有的功能，但基于其强关系、强互动的特点，成为口碑营销的最佳阵地。而 2015 年 1 月，"朋友圈广告"以"广告，也可以是生活的一部分"的宣传理念进入朋友圈，让微信的社交化营销更加开放。

(二)本地化营销

本地化营销主要体现在微信的 O2O 营销(前文已阐述)以及基于 LBS 位置签名进行的推广传播上。在微信上，通过 LBS 功能对用户地域进行挖掘，让消息推送直指本地目标用户，有效帮助线下实体商户与其服务区域内的目标用户建立联系，从而实现从线上往线下引流的推广目标。例如，通过微信"附近的人"这一功能，查找到周围的微信用户，向其打招呼，同时发布地址信息及优惠券信息，吸引这部分微信用户到店消费，如图 5-3 所示。另外，"朋友圈广告"也可以通过位置定位实现本地化推广。本地商户可以通过此功能展示自己门店的信息，加强用户对商户所在地的认知。而用户可直接点击广告信息栏跳转到门店详情页，了解更多信息，页面中的导航和拨号直接引导用户到店消费，如图 5-4 所示。

图 5-3　"附近的人"广告显示图

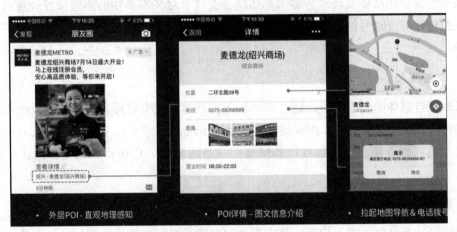

图 5-4　朋友圈本地推广广告

(三)移动化营销

移动化营销最大的优势在于让用户享受到几乎"随时随地"的便捷服务。而植根于移动智能终端的微信，其"移动化"的优势不仅在于营销者提供了一个即时发布营销信息、互动交流的平台，更在于其移动支付功能的建立与完善将让企业在微信平台上实现营销"闭环"，从产品的宣传推广到最后价值交付的实现一系列过程都可以在微信上完成。

四、自媒体营销模式

在自媒体时代，每个人都可以是内容生产者，媒体主体也由原来的传播机构转化为个体大众，所以自媒体又被称为"个人媒体"或是"公民媒体"，其系统研究最早源自美国硅谷 IT 专栏著名作家丹·吉尔默(Dan Gillmor)。在我国自媒体平台的发展过程中，先后出现了博客、播客 SNS (社交网)、微博等自媒体平台，随后，2012 年微信公众平台上线，让自媒体进入了快速发展时期。据腾讯旗下的企鹅智酷2017年4月公布的《2017微信用户&生态研究报告》，截至2016年12月微信公众平台拥有1000万个公众账号。[①]

在微信上，任何个人或组织都可以申请微信公众账号。获得公众号后，自媒体人可通过后台编辑文字、图片、语音、视频等，群发给关注该账号的用户。因此，每个微信公众账号都可被看作一个基于微信公众平台的自媒体，其功能强大，集众多自媒体平台的优势于一身，还可以根据业务需要，通过开放的第三方接口去实现所需功能。所以，微信的自媒体营销模式主要依靠微信公众号实现，由于微信自身丰富而强大的功能，其包含的营销方式也灵活多样，除了上文提到的F2F营销、O2O营销，还可以实现以下几种营销形式。

1. 口碑传播

每个公众号都有其定位和特点，用户关注公众号完全是出于自身兴趣而主动关注，所以公众号所提供的原创或转载内容大都体现了关注者对某一事物的感情偏好和观点，一旦所关注的粉丝对公众号的内容进行转载，或者向他人推荐了公众号，就实现了自媒体的口碑传播。

2. 广告植入

在微信自媒体的公众号里，进行广告植入的具体方式有这样几种：一是以图片、文字等形式将广告放在页面的头、中或底部，也就是banner广告；二是利用微信公众号的"查看原文"链接，直接将点击指向广告网页；三是内容植入广告，如软文、图片、音频等植入。

3. 社群营销

关注同一个自媒体的用户是一群有着共同兴趣爱好和相同价值观的粉丝群体，该群体一般比较固定，非常适合开展社群营销。而社群营销更像是一种营销思维，即以该社群用户为中心，开展一系列满足社群需求的网状营销活动，建立成熟的运营维护体系，保持社群粉丝的活跃度。

除以上介绍的微信营销模式外，常见的还有以下几种。

(1) 利用微信的"漂流瓶"功能的撒网式营销模式，如招商银行发起了一个微信"爱心漂流瓶"的活动，微信用户用"漂流瓶"功能捡到招商银行漂流瓶，回复之后招商银行便会通过"小积分，微慈善"平台为自闭症儿童提供帮助。

(2) 利用微信"摇一摇"功能的场景互动式营销模式，设定一个场景，让用户使用"摇一摇"参与互动，如2015年春节期间，微信"摇一摇"营销活动让人们记住并延续了微信抽奖、微信抢红包等微信营销活动。

---

① 腾讯企鹅智酷：《2017微信用户&生态研究报告》，http://tech. qq. com/a/20170424/004233. htm#p=1[OL]，2017-04-24.

第三节　微信营销平台的规划与运营

在微信上，可以进行营销的工具或功能主要是微信公众平台、微信个人号、微信群和微信广告资源，而利用微信公众平台并集合其他方式可进行整合营销，所以在这里主要介绍微信公众平台的规划与运营。

一、营销平台建立策略

(一)定位微信公众平台

微信公众平台，必须主题明确、目标清晰。有的是为了彰显品牌，进行传播；有的是立足于服务，为用户提供售后以及咨询服务。前者适合使用订阅号，每天向用户推送信息，进行沟通互动，提高品牌曝光度；后者适合使用服务号，可以实现拓展性、个性化的增值服务。微信营销的应用定位可归纳为五个方向。

(1) 自媒体平台，即内容的推送与交互：主要是针对某一类特定用户群体持续推出高质量的原创内容，吸引粉丝的增长。例如，海淘品牌小红书的公众号专注于海外购物经验分享。

(2) 智能服务平台，即为用户提供服务：主要是为品牌、产品或服务的使用者提供售前或售后服务，提升品牌形象。例如，小米的微信公众平台采用人工客服形式对用户采取一对一的回复。

(3) 交易促成平台，即微信销售平台：这类微信公众号主要是以纯粹的产品销售为定位，如开设微店、微商城等，其运营模式的目标就是吸引粉丝，进而销售产品，如麦当劳、肯德基的微信销售平台。

(4) 客户关系维护平台，即微信 CRM(客户关系管理)：主要以会员维护、会员营销、活动推广为运营目的，如一些银行、酒店、美容院等行业的微信营销平台。

(5) 品牌宣传平台：这类微信公众号既不销售，也不做客户维护，只是用来作为企业品牌展示的一个窗口，如品牌新闻、新品上市。

(二)定位目标人群

结合自身对于营销公众平台的期待，挖掘符合自身平台定位的目标人群特征。特征包含用户属性，如性别、年龄、地域、消费习惯、生活习惯等，同时包含目标人群的需求。对此可进行以下针对性的调研。

(1) 内容偏好分类：科技、人文、美食、旅游或其他。

(2) 活动喜好分类：如抽奖活动或是征集活动等。

(3) 接收时间偏好：具体喜欢、习惯什么时间段接收消息。

(4) 参与活动方式偏好：喜欢在线上微信端抑或是在线下参加活动。

做好目标人群调研后，选择某一类目标人群作为营销的倾向人群。即营销倾向于哪一类粉丝人群，倾向于哪一类活动，在什么时候做内容群发推送等，做一份详细的安排表。

(三)构建微信运营团队

微信营销的目标是利用微信与客户建立连接，在不断的客户分类筛选和信息互动中获得品牌影响力或业绩订单，或两者兼获。常见的微信营销目标主要有以下几个方面。

(1) 与客户建立连接：涉及品牌推广范畴的工作。

(2) 客户分类筛选：涉及 CRM 客户管理范畴的工作。

(3) 与客户沟通互动：涉及社会化营销范畴的工作。

(4) 提升品牌影响力：涉及品牌传播层面的工作。

(5) 提升业绩订单：涉及促销规划方面的工作。

因此，一个专业的微信营销运营团队应有以下人员配备，如图 5-5 所示。

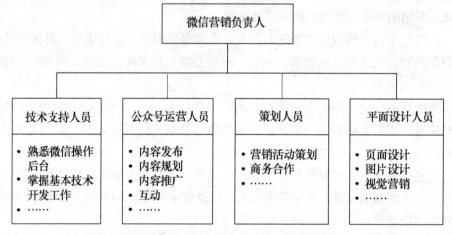

图 5-5　微信营销运营团队架构

(1) 微信营销负责人：负责公众号的定位、全年微信营销的目标设定，以及运营的整体规划及调整工作。

(2) 技术支持人员：需要熟练操作微信公众号后台，并随时了解新增功能，最好还可以支持技术开发工作。

(3) 公众号运营人员：负责公众号内容规划、微信图文内容的发布、内容的推广，以及与客户的互动交流。

(4) 策划人员：负责营销活动的策划(包括线上和线下的活动)，以及商务合作的工作。

(5) 平面设计人员：负责公众号的一切视觉设计内容，包括推广内容页面设计以及视觉营销。

二、营销平台推广策略

微信营销的基础是用户，因此，营销平台推广的目标是挖掘用户并留住用户，其推广策略分为渠道推广和营销活动推广两个方面。

(一)渠道推广

1. 人员推广

人员推广即利用自身的人际关系来推广，如要求亲朋好友、员工等进行关注并发动其进行下一级推广，类似于多级传播网络，层层扩散。

2. KOL(意见领袖)推广

寻找与营销内容定位一致的意见领袖，并让其成为第一批模范用户。意见领袖本身就有众多粉丝，粉丝乐于模仿和分享领袖的行为。同时，利用意见领袖进行推广，也有助于提升微信公众平台的地位。

3. 内部资源引流

微信内部的资源如搜索、关注导语、微信号推荐、二维码、"附近的人"等功能，都可加以利用进行推广。

4. 内容传播

内容是微信公众平台的灵魂。内容传播就是创作出优质内容后，将内容效益最大化，推送给更多目标用户。微信内容推广渠道分布，如表 5-3 所示。

表 5-3　微信内容推广渠道分布

内容推广渠道/形式	代表性渠道示例
投稿	垂直行业网站
自媒体平台	微博、博客等
论坛	知乎、豆瓣、天涯等
行业微信号	运营推广微信号、垂直行业微信号

5. 群推广

在微信公众号打开率持续降低的情况下，在目标用户群集中的 QQ 群、微信群进行互动推广，是较为精准且稳妥的推广方式。

6. 微信公众号互推

找到与自身微信公众号的目标用户群相匹配的其他公众号，进行合作互推，优点是简单、快捷、精准，效果良好，但互推的要求是资源平等互换，如粉丝数应相差不大，所以门槛较高。

7. 微信自媒体联盟推广

与微信公众号互推形式类似，自媒体联盟推广是指与其他微信公众号组成联盟，进行资源互推。微信联盟有两种：综合性联盟和行业性联盟，综合性联盟如 WeMedia、微媒体等，行业性联盟如亲子生活自媒体联盟、汽车行业自媒体联盟、地产自媒体联盟等。

8. 导航网站推广

将微信公众号登录到 hao123、360 导航等导航网站，其设置有专属的微信导航网页，借助其巨大的流量进行引流，或者登录到专业的"聚微信""微信导航大全"等微信导航网站。

9. 地推

地推是地面推广的简称，即在目标用户聚集的地方举行现场营销展示活动，通过展示服务+奖品赠送等方式去获取精准用户的关注。例如，如果微信公众号的目标受众是年轻群体，可选择到大学校园开展现场活动吸引大学生群体。

10. 行业互助推广

有团队运作的企业公众平台，可以通过参加一些行业性会议展览，进行微信公众号推荐，或者找到与微信公众号定位相关的行业进行合作。例如，"美味不用等"公众号是专注于给用户到火爆餐厅吃饭时提供远程取号、到号提醒的服务号。它的目的是节省用户等候吃饭的时间。在推广期间，其与各个热门餐厅合作，将其公众号二维码印制在餐厅的排号小票上，方便用户"扫一扫"进行关注，如图 5-6 所示。

图 5-6　"美味不用等"推广形式

11. 线上广告推广

如果预算足够，可以采用线上广告推广方式，将公众号更大规模地展现给潜在用户，寻求潜在用户的主动关注。例如，选择微信广告或广点通(腾讯社交广告的核心数据和技术系统)进行微信内部广告投放。

12. 智能科技推广

与微信打印机、微信咖啡机、微信娃娃机、微信摇摇车和微信摇摇马等微信周边智能科技产品进行合作推广。例如，用户关注微信公众号，便有机会免费获得这些智能科技产品，实现线下快速吸粉。

(二)营销活动推广

利用营销活动推广微信公众平台的关键在于，营销策划人员了解目标用户需求，充分利用微信多样化的功能，发挥创意，提高公众平台的曝光度。常见的活动形式有以下几种。

1. 热门事件营销

通过热点或数据分析抓取，去挖掘近期内最受关注、最流行的话题，在公众号上发布内容，通过用户对热门事件的关注度进行引流。

2. 分享活动营销

利用微信公众号开展与行业相关的或专业性内容分享活动，用户需通过微信号报名才能参加。

3. 投票活动营销

利用微信公众号开展与用户相关的投票活动，如选美、选萌宝、选最佳员工、选优秀团队等，利用人类趋利、希望被认可的本性使其在积极配合推广投票活动的同时，吸引更多用户关注。

4. H5 广告传播

设计与微信公众号相一致的 H5 广告，如趣味游戏、有奖猜谜、互动场景等，投放到用户的朋友圈，去引发用户的扩散传播，不断地形成分享链，加大宣传力度。

三、营销平台运营策略

(一)平台运营初期

微信营销平台在运营初期，与目标客户群体仍处于相互认知的阶段。这个阶段的营销目标应是提高公众平台的曝光度，加深用户对公众平台的认知。所以，营销重点应为提升微信信息推送的及时性和互动性水平，把握目标用户获取信息的偏好习惯，按预定周期向该目标群体推送有较高感知度的信息内容，赢得目标客户群体的高关注度。这涉及微信的内容营销。内容对于微信来说，也与微博一样，是营销的核心与灵魂。微信的内容营销与微博有很多相似之处，但是由于微博是弱关系的平台，而微信是强关系的平台，所以二者在曝光率和私密度等方面有着明显的区别，也存在需要特别注意的地方。

1. 原创是内容营销的核心

在微信，内容营销可以通过文字、图片、音频、动画、视频等介质呈现出来，形式丰富、吸引力强，但是"言之无文，行而不远"。如果用户通过公众平台看到的都是些空洞的、雷同的甚至是抄袭的内容，不但不能起到营销的效果，还会适得其反。所以，原创是微信内容营销持续发展的核心所在，通过提供优秀、有价值的信息来提升消费者的认知、购买欲，可以更好地保留客户，提高品牌忠诚度。

2. 互动化和娱乐化赢取关注度

互动化和娱乐化都应从消费者需求的角度出发。互动化是基于微信点对点的互动机制，找出品牌所需传播内容中契合目标消费者的兴趣点，创设引导性讨论交流话题，激发、驱动用户 UGC(用户自生产内容)，调动用户去讨论、点赞、分享和评论。同时，在这个全民娱乐的年代，追求更多的乐趣也成为了不可或缺的内容消费主题。将娱乐的元素或形式融入在内容里，与客户的情感建立联系，从而达到娱乐客户，建立忠诚客户的目的。

3. 内容要精简，形式要多样

虽然微信不像微博会限制字数，但微信是移动化、碎片化的承载体，所以微信内容也应精简，符合用户在移动端的阅读习惯。如果界面布局杂乱，内容繁冗复杂，很容易导致粉丝流失。在微信上，内容的形式因其承载的介质不同而多种多样，所以应在内容精简的基础上丰富内容形式，优化用户阅读体验，如表 5-4 所示。

表 5-4　微信内容承载介质

介质类型	承载形式
文字	是微信内容的主要表现形式，因文字体裁的不同而形式多样
图片	可以是微信内容的主要表现形式，也可以是辅助内容，图片应高清
音频	可以是语音，也可以是音乐，营造阅读氛围
视频	可以是微信内容的主要表现形式，也可以是辅助内容，优化用户观看体验
动画	动画是动态图片，可以用来分解复杂信息或活跃氛围，吸引受众注意力
信息图表	信息图表是指描绘了大量信息的图像，优化用户的阅读体验
交互游戏	将品牌元素融入游戏中，娱乐化的内容有助于与用户建立情感联系

4．多渠道助推，扩大影响

微信营销与传统的网络内容营销一样，在完成内容之后，也需要进行推广，结合公众号的定位和用户群体，在他们集中的平台，去发布内容。多渠道助推是指不必局限于微信平台，可在平台外进行引流吸粉以扩大影响(详见前文"营销平台推广策略"部分)。

(二)平台运营巩固期

当营销平台运营到一定的阶段，大多数已形成与最初的营销定位一致的内容推送风格，如表 5-5 所示。但单一的内容推送风格，易造成用户阅读疲劳，因此应整合用户需求，进行多风格组合推送或建立客户分组，根据不同的用户分组发送符合其需求的内容，这样信息的精准度也会相对较高。

表 5-5　微信内容的风格类型

风格类型	营销目标	推送内容标题示例
促销活动型	促进产品销售	如"三亚五星游，最低 799 元起"
信息播报型	传播相关信息	如"比音勒芬即将亮相第十三届全运会开幕式"
专业知识型	结合产品推送相关专业信息，让用户更易接受	如"防晒误区大公开：这样晒才不怕"
幽默搞笑型	在产品信息中融入幽默搞笑元素，让用户更易接受	如"之前没发现，百度竟然如此调皮"
关怀互动型	如发货提醒、生日祝福、互动话题等，用户接受度高	如"关于老爸的那些事，不吐不快"
文艺小资型	塑造品牌形象	如"爱上一座城市的理由"
精神情感型	去商业化，提高品牌形象	如"我的青春想怎么浪费就怎么浪费"

同时，到了这一阶段，微信营销平台也拥有了较为固定的粉丝群体，双方处在关系巩固阶段。所以，这时微信营销平台的营销重点在于加强互动性营销，借助即时的聊天系统来建立密切关系，有针对性地推送微信信息，以确保客户群体获取具有较高服务含金量的微信信息，甚至用客户喜闻乐见的方式给予他们个性化、定制化的服务，从而有效保留目标客户群，并巩固其对微信账号的好感。

四、微信平台营销力评估

评估微信平台的营销力也是围绕用户粉丝来进行，主要包括以下几个指标。

1．用户数量

用户数量指标考核包括两个方面，分别是关注公众号的用户总数量以及目标用户的占比，如果目标用户数量占总人数的比例低于 50%，那么该指标考核不算合格。

2. 用户状态

用户状态可从两个层面进行评估：第一，是否有用户取消关注或者取消关注的用户占比是多少；第二，用户并没有取消关注，但该用户几乎或从未浏览过公众号的内容。

3. 用户类别

用户类别指标是指是否对微信平台的目标用户及潜在用户进行了细分，该项可以作为评估精准营销效果的指标。

4. 互动性

互动性的指标是指用户在公众号的活跃程度，体现在推送内容的阅读数、点赞数、评论数以及分享链数，该指标体现了用户对内容的兴趣程度。

本章小结

对于很多人来说，打开微信已经成为一种生活习惯，而微信营销也早已渗入生活之中。就像微信官方团队说的那样："它无孔不入，你无处可藏，它是什么？它是广告。"

微信作为营销工具可以起到以下两个方面的关键作用，一个是展示品牌魅力，一个是沟通销售。而想要做好微信营销，应先了解和熟悉微信的功能特点，及其内设的营销推广方式与渠道，再结合自身的营销目标，进行营销定位，选择合适的推广渠道，开展以用户为中心的营销活动。

微信营销实际上是一种粉丝口碑经济，需要得到粉丝的信任和认可才有可能实现转化。所以微信营销贵在运营，找准适合自己的营销模式，特别是要把握好内容的定位、内容推送的时间和频率、内容推送的形式以及与用户的互动沟通这几个方面。而随着微信用户数量的不断增长以及微信功能的不断完善，在这个有着巨大增长潜力的微信平台上，移动营销定能在深度和广度上有着更好的发展。

思考与练习

1. 微博营销与微信营销有何异同？
2. 微信个人号可以实现哪些营销活动或形式？

朋友圈广告

据官方发布的微信广告系统介绍，朋友圈广告属于微信广告的一部分，并与公众号广告形成整个微信广告体系。微信广告的优势就在于它可以根据用户的订阅习惯和各种数据来确定投放的范围，实现精准投放。其中，微信公众号广告主要是根据用户的阅读习惯以及个人信息来进行广告的投放。每一个公众号只要符合传播标准都可以申请成为广告牌，当然，作为企业公众号，同样可以申请成为广告主进行广告投放。

朋友圈广告则是基于公众号广告的一种拓展形式，相比起广告牌的方式，朋友圈广告更为主动。他会出现在用户的朋友圈的信息流当中，以"原创朋友圈"的形式出现。除了文字、图片、视频之外，在详情当中还可以添加外部链接，点赞与评论跟正常的朋友圈无异，互动的内容同样是好友可见。虽然如此，用户其实无须担心朋友圈被广告充斥，因为一条广告的有效期为 7 天，而单个用户 48 小时之内只会收到一条广告，而且，广告出现的 6 个小时之内没有进行互动，则广告会从你的朋友圈中消失，如果互动了则会被保留。

对于广告主来说，朋友圈广告提供了多种计费方式，按照地域、点击、互动和曝光详细地区分了收费标准，让广告主可以更加有效地投放广告，获取广告收益和效果数据。

朋友圈广告按曝光次数收费，单次投放预算最低为 5 万元。曝光单价与服务标准如下。

曝光单价由广告投放地域决定。投放地域目前主要分成三档：核心城市、重点城市和普通城市。各档所包含的具体城市及对应的曝光单价如下。

(1) 核心城市，包含北京和上海。图文广告每千次曝光收费为 150 元，视频广告为 180 元。

例如：某广告主定向北京地区投放朋友圈图文广告，预算 30 万元，则该广告主的广告至少可获得 200 万次曝光。

(2) 重点城市，包含天津、重庆、哈尔滨、沈阳、西安、武汉、长沙、南京、成都、杭州、广州、深圳、大连、宁波、青岛、厦门、苏州、呼和浩特、石家庄、乌鲁木齐、兰州、西宁、银川、郑州、济南、太原、合肥、贵阳、昆明、南宁、拉萨、南昌、福州、长春、海口在内的 35 个城市。图文广告每千次曝光收费为 100 元，视频广告为 120 元。

例如：某广告主定向广州、深圳两个地区投放朋友圈图文广告，预算 30 万元，则该广告主的广告在两个地区总共可获得至少 300 万次曝光。

(3) 普通城市，包含除以上 37 个城市之外的其他城市。图文广告每千次曝光收费为 50 元，视频广告为 60 元。

例如：某广告主定向东莞、漳州两个地区投放朋友圈图文广告，预算 30 万元，则该广告主的广告在两个地区总共可获得至少 600 万次曝光。

朋友圈广告当前已开放 14 个一级行业类目，只要符合朋友圈广告准入行业要求，并具备 5 万元以上的推广预算，即可投放朋友圈广告。

1. 朋友圈图文广告

朋友圈图文广告由五个部分的内容构成，包含广告主头像&名称、外层文案、外层图片、"查看详情"链接、用户社交互动等，如表 5-6 所示。

表 5-6　朋友圈图文广告的内容构成

内容构成	具体表现
广告主头像&名称	用户点击广告主公众号的头像&名称可直接跳转广告主公众号介绍页
外层文案	文案应当简洁、友好、易理解，字数不超过 40，不超过 4 行
外层图片	通过丰富的视觉元素阐述创意，支持配置 1 张、3 张、4 张或者 6 张图片
"查看详情"链接	详细描述广告创意，进一步向感兴趣的用户传递诉求的重要部分。查看详情页支持跳转公众号图文消息或者自定义 H5 页面，"查看详情"文字链接支持更多选择：查看详情、下载应用、预约活动等
用户社交互动	允许用户对广告创意进行点赞和评论，让用户"参与"到广告中

2. 朋友圈视频广告

朋友圈视频广告由四个部分的内容构成，包含广告主头像&名称、外层文案、外层小视频和用户社交互动。外层小视频是指通过动态视频传达广告创意，外层支持配置 1 个时长 6 秒的小视频，点击进入可查看完整视频，时长限 300 秒以内。其他内容与图文广告一致。

3. 定向能力介绍

朋友圈广告支持按照年龄、性别、地域、手机系统、手机联网环境和兴趣标签等属性进行定向。

1)　年龄、性别

支持自由选择定向给 5～60 岁中任意年龄段的用户，支持按性别定向。

例如：选择定向给 25～40 岁的男性用户，则只有在此年龄段的男性用户才能收到广告。

2)　地域

支持自由选择地级市以上城市用户进行定向(数据来源于用户近一个月的常用地点信息)，支持按省投放、按城市投放。

例如：选择定向给深圳市、东莞市和佛山市三个城市的用户，则只有近一个月常驻在这三个城市的用户才有可能收到广告。

3)　手机系统、手机联网环境

手机系统包含 iOS 和 Android，联网环境包含 Wi-Fi、4G、3G、2G。支持自由组合选择，也可以选择不限。

例如：选择定向给使用 iOS 手机系统在 4G 环境下的用户，则只有当前在 4G 环境下的 iOS 用户才能收到广告。

4）兴趣标签

通过整合各腾讯产品用户行为路径的大数据，我们对每位用户进行了分析定义，并加上对应的标签。当前提供教育、旅游、金融、汽车、房产、家居、服饰鞋帽箱包、餐饮美食、生活服务、商务服务、美容、互联网/电子产品、体育运动、医疗健康、孕产育儿、游戏、政法等 17 个一级兴趣标签。

选择兴趣标签有利于精准地找到目标用户，提高广告效果；标签选择越多，覆盖的用户越多。

例如，地产类广告主，选择"房产""家居"等标签作为定向条件，能精准触达具有购房意向的目标用户。

4. 准入行业

微信朋友圈广告当前已开放 14 个一级行业类目，各一级类目及其所含二级类目如表 5-7 所示。

表5-7　微信朋友圈广告已开放行业类目

行业类别	企业主体
服饰类	包含运动服饰、商务与休闲装、其他服饰、饰品与配饰、内衣、鞋类等企业主体
日化类	包含护肤品、化妆品、卫浴用品、口腔护理、卫生用品、洗涤用品、其他日化用品等日化类企业主体
网络服务类	包含娱乐、购物、资讯、生活、其他网络服务主体
个人用品类	手表、眼镜、箱包、剃须产品、珠宝首饰、其他个人用品等企业主体
零售&服务类 娱乐及休闲类	服务业、零售业等企业主体
教育出国类	国内院校、出国留学、语言培训、其他出国教育等企业主体
家居装饰类	家居装饰、装饰服务、家居卖场、其他家居装饰等企业主体
食品饮料类	酒精饮料、软饮料、食品、茶叶、餐饮服务等企业主体
交通类	乘用车、商用车、汽车服务、汽车零配件及周边、其他交通运输工具等企业主体
IT产品类	电脑、配件及外设、办公及耗材、软件产品、技术服务、其他 IT 产品等企业主体
消费电子类	数码影像、家用电器、通信产品、其他消费电子类等企业主体
金融服务类	银行产品及服务、投资理财产品及服务等企业主体
运营商类	移动、联通、电信、其他运营商等企业主体
房地产类	保利地产、远洋地产、雅居乐地产等品牌

(资料来源：微信广告中心)

第六章

论坛营销

学习目标

- 了解论坛营销的概念与优势；
- 掌握论坛营销的基本要求与实施技巧；
- 能以适当的发帖内容与回帖技巧完整地策划论坛营销活动

安琪酵母的网络论坛营销

安琪酵母股份有限公司，是国内最大的酵母生产企业。酵母，在人们的常识中是蒸馒头和做面包用的必需品，很少直接食用。而安琪酵母公司却开发出酵母的很多保健功能，并生产出可以直接食用的酵母粉。

要推广酵母粉这种人们完全陌生的食品，安琪公司首选论坛进行推广。于是，该公司开始在新浪、搜狐、TOM 等有影响力的社区论坛里制造话题。

之所以这样做，是因为在论坛里，单纯的广告帖永远是版主的"眼中钉"，也会招来网友的反感，制造话题比较让人能够接受。

2008 年 6 月，当时有很多关于婆媳关系的影视剧在热播，婆媳关系的关注度也很高。因此，公司策划了《一个馒头引发的婆媳大战》事件。

事件以第一人称讲述了南方的媳妇和北方的婆婆关于馒头发生争执的故事。

"我是一个南方女孩，在这个饮食文化大融合的时代，我做菜的手艺真是没得说：酸菜鱼、红烧肉、辣子鸡丁……老公的心和胃都被我紧紧拴着。但唯一的遗憾就是我一直不会蒸馒头。

作为地道的北方人，老公爱吃馒头的习惯一直保留着，每次在外边看到店铺刚出锅的热馒头，总忍不住上前买两个，吃完了都会说，他妈妈蒸的馒头味道远远不止于此，比这香甜得多。

婆婆要来北京看儿子了，这可是我们结婚后第一次检阅啊！想到天涯上传说的婆媳大战，我的心情不是一般地紧张。最后想了想，决定实施馒头攻略，我要让婆婆知道，即使她不在，老公也能吃到香喷喷的家蒸馒头！

婆婆周日中午到北京，我一大早便出去买来面粉、泡打粉，按照从网上查来的方法，做得有模有样。真真没有想到，就是这次蒸的馒头，引发了一场"婆媳大战"！

那天的馒头真是不争气，皮硬硬的，颜色发黄，口感也远不如外边买的。中午，老公把婆婆接进家门，我硬着头皮把馒头端上了饭桌，我明显看见婆婆的脸长长地拉了下来。饭桌上，婆婆一直给老公夹菜，漫不经心地问我"这馒头是拿什么发酵的？"听到我说泡打粉后，婆婆腾地站起来，端起一盘子馒头都倒在了垃圾桶里，还说泡打粉是含铝的，做这样的馒头是想害人呢！

那顿饭我是含着眼泪吃完的，心想，自己的妈妈绝对不会这样。后来的一段日子我都不愿意跟婆婆多说话，每天都在冷战中，直到婆婆临走的前两天，我看着她做了一次馒头。

婆婆手脚麻利地和面、揉剂、制形，每一步都是那样从容不迫、娴熟自如，我嘴上不说什么，心里却十分佩服。婆婆那天对我格外亲切，一边忙，一边温柔地跟我说起她的"馒头经"。让我印象深刻的是婆婆拿出一个小袋，告诉我做好馒头的秘诀就是这小小的"酵母"。

于是，我打开百度搜索"酵母"，看看这不起眼的酵母到底有什么神奇。这一搜不要紧，这小小的酵母还真蕴藏着大大的神奇……

后来婆婆放心地走了，一场由馒头引发的婆媳战争，因我也蒸出了同样可口的馒头而平息……

帖子贴出来后，引发了不少的讨论，其中就涉及了酵母的应用。这时，由专业人士把话题的方向引入到酵母的其他功能上去，让人们知道了酵母不仅能蒸馒头，还可以直接食用，并有很多的保健美容功能，如减肥。

由于当时正值 6 月，正是减肥旺季，而减肥又是女人永远的关注点。于是，论坛上的讨论，让这些关注婆媳关系的主妇们也记住了酵母的一个重要功效——减肥。

为了让帖子引起更多的关注，公司选择有权威的网站，利用它们的公信力把帖子推到好的位置。当时选择了新浪女性频道中关注度比较高的美容频道，把相关的帖子细化到减肥沙龙版块等。果然，有了好的论坛和好的位置，马上引发了更多普通网民的关注。

由于论坛的帖子和博客引来很多跟帖，其中也有不同的声音。对于这种帖子，在容忍不同看法的同时，让一些技术人员或者懂行的人作适当的引导。例如，对那些攻击性的帖子，公司没有找网站删帖，而是找到发言的这个人，问清楚他的理由。他如果是消费者，他的不满就反馈到企业去；而如果他是竞争对手的恶意攻击，就在网络上揭露出来。

除了论坛营销，安琪酵母又在新浪、新华网等主要网站发新闻，而这些新闻又被网民转到论坛里作为谈资。这样，产品的可信度就大大提高了。

在接下来的两个月时间里，安琪酵母公司的电话量陡增。消费者在百度上输入了"安琪酵母"这个关键词，页面的相关搜索里就会显示出"安琪即食酵母粉""安琪酵母粉"等十个相关搜索，安琪酵母获得了较高的品牌知名度和关注度。

(资料来源：阿里云资讯网)

第一节　论坛营销概述

一、论坛的概念与分类

(一)论坛的概念

论坛又名网络论坛，英文简称 BBS(Bulletin Board System，电子公告板)，是互联网上的一种电子信息服务系统，从最初的电子公告板发展到现在，已经成为网民生活中的一部分。论坛提供一块公共电子白板，它的主要功能是用户可以自由发布信息，讨论、聊天等，也就是发布主题和回复帖子，内容多变，具有极强的交互性。

论坛一般由站长(创始人)创建，并设立各级管理人员对论坛进行管理，包括论坛管理员(Administrator)、超级版主(Super Moderator，有的称"总版主")、版主(Moderator，俗称"斑猪""斑竹")。超级版主是低于站长(创始人)的第二权限(不过站长本身也是超级版主)，一般来说，超级版主可以管理所有的论坛版块，普通版主只能管理特定的版块。

现在的论坛几乎涵盖了人们生活的各个方面，几乎每一个人都可以找到自己感兴趣或者需要了解的专题性论坛，而各类网站、综合性门户网站或者功能性专题网站也都青睐于开设自己的论坛，以促进网友之间的交流，增强互动性并丰富网站的内容。

(二)论坛的分类

1. 按其专业性划分

论坛就其专业性可分为以下两类。

1) 综合类论坛

综合类论坛包含的信息比较丰富和广泛，能够吸引众多的网民。例如网易、猫扑和天涯等网络社区，面向普通大众，内容包罗万象，从时事政治到生活服务几乎无所不有，提供网民交流和分享信息的便利平台。

2) 专题类论坛

专题类论坛是相对于综合类论坛而言的，能够吸引真正志同道合的人一起交流探讨，有利于信息的分类整合和搜集。例如，军事类论坛、情感倾诉类论坛、电脑爱好者论坛、动漫论坛等专题性论坛能够在单独的一个领域里进行版块的划分设置。但是有的论坛把专题直接做到最细化，这样往往能够取到更好的效果，如养猫人论坛、吉他论坛等。

2. 按交流类型划分

从交流类型的角度，可以把论坛大致分为以下几种。

1) 教学型论坛

教学型论坛和一些教学类的博客或教学网站类似，核心是知识的传授和学习。在计算机软件等技术类的行业，这样的论坛发挥着重要的作用，通过在论坛里浏览帖子、发布帖子，可以迅速与他人在网上进行技术性的沟通。

2) 推广型论坛

推广型论坛通常不是很受网民的欢迎，因其是作为广告的形式为某一个企业或某一种产品进行宣传服务。从 2005 年起，这种形式的论坛就出现了，但是这样的论坛很难吸引人，仅凭其宣传推广的性质就很难有大作为，所以寿命很短，也几乎是由受雇用的人员非自愿组成的。

3) 地方性论坛

地方性论坛是论坛中娱乐性与互动性最强的论坛之一。不论是大型论坛中的地方站还是专业的地方论坛，都有很高的网民活跃度，如百度的长春贴吧、北京贴吧、清华大学论坛、一汽公司论坛等。地方性论坛能够更好地拉近人与人的距离，其中的网民有一定的局域限制，都来自相同的地方，这样既有一点真实感、安全感，又有网络特有的朦胧感，所以这样的论坛比较受网民的欢迎。

4)　交流性论坛

交流性论坛又是一个广泛的大类，其重点在于论坛会员之间的交流和互动，所以内容也丰富多样，有供求信息、交友信息、线上线下活动信息和新闻等。

二、论坛营销的概念与特点

(一)论坛营销的概念

企业利用论坛这种网络交流的平台，通过文字、图片、视频等方式发布企业的产品和服务信息，从而让目标客户更加深刻地了解企业的产品和服务，最终达到宣传企业品牌、加深市场认知度的目的，这种网络营销活动就是论坛营销。

(二)论坛营销的特点

论坛营销具有以下几个方面的特点。

1. 论坛营销具有很强的针对性

论坛是互联网上最早的产品形态之一，特别是随着 Web2.0 的发展，网络论坛更是遍地开花，而且这些论坛的种类非常丰富，既有综合性的大众化社区，也有专注于某个领域的垂直论坛，论坛的细化程度高，其用户群非常集中与精准，也就意味着我们可以通过这些平台进行有针对性的营销。同时，论坛营销的适应性也非常强，既可以作为普遍的活动宣传手段使用，也可以针对特定目标组织的特殊人群进行重点活动宣传。

2. 论坛营销具有很好的互动氛围

论坛社区最大的特点是互动性。一个好的社区，里面的交流氛围会非常浓厚，老用户在论坛里经常很活跃，论坛的管理员或是版主老用户一看到其他老用户的发帖，肯定也会很热情地回帖，以示回应。这样用户之间的交流与感情也会很深，如果在这种氛围良好的社区做宣传，也一定能够达到好的效果，而且由于论坛用户之间信任感强，信息更容易被大家接受，容易激起用户的认同。

3. 论坛营销很容易得到口碑宣传

论坛最大的特点就是用户产生内容，所有内容都是由用户产生的，如果我们传递的信息与产品能够成功激起用户的讨论，就会在用户的口口相传之下，产生非常好的口碑效应。这事实上也是我们推广人员最为喜欢的。

4. 论坛营销成本低而且见效快

论坛营销多数是属于论坛灌水,其操作成本比较低,主要的要求是操作者对于话题的把握能力与创意能力,而不是资金的投入量。但是这是最简单的、粗糙的论坛营销,真正要做好论坛营销,有诸多的细节需要注意,随之对于成本的要求也会适当提升。

5. 论坛营销可以快速掌握用户的反馈信息

在论坛中发布信息,用户会快速响应,当我们发布一个信息后,如果用户对此很感兴趣,那我们就可以即时掌握用户的反馈信息,第一时间了解用户的需求与心理,这个优势是其他普通网络营销所不具备的,如网络广告,我们根本无法知道谁看了我们的广告,也不知道用户看完广告后有何意见和想法。而当我们掌握用户的这些反馈信息后,就可以及时调整宣传策略及战术,避免走弯路,使方案或计划执行得更顺畅,使效果得到更大程度的提升。

三、论坛营销与微博营销的区别

社会化媒体是一种给予用户极大参与空间的新型在线媒体,它具有参与、公开、交流、社区化的特性。社会化媒体的典型应用是博客、论坛、维基、播客、微博等 Web2.0 应用。社会化媒体的成熟与发展,促进了口碑营销的兴起;社会化媒体也成为口碑营销的主要网络营销通道。

微博营销和论坛营销作为口碑营销的重要营销渠道,有必要单独讨论。毕竟作为社会化媒体重要组成部分的微博和论坛,其网络影响力都不可小视,二者外表上殊途同归,实际各有门道。

论坛是以主题为核心,所有的内容都是按照主题分类,用户首先需要选择一个喜欢的主题,然后发表见解、展开讨论。而微博是以个人主观意见和见闻实录为核心,所有内容都是围绕博主个人思想而展开的。因此,两者理念不同,吸引着完全不同的两类人群,其主要差别如表 6-1 所示。

表 6-1　论坛营销与微博营销的区别

微　博	论　坛
以个人意见和视角为中心	以话题类别为中心
用户关注的是某个人或品牌	用户关注的是某个话题
优秀的微博成为用户的主要关注点	用户只关注某个有兴趣的版块,需要自行鉴别版块帖子的优劣
微博的忠实粉丝是对博主有认同感的用户	论坛吸引的是对某个版块、某类话题有兴趣的用户
微博的人气需要自己经营和维护	论坛帖子可以借助论坛版块的流量,只要帖子标题有足够的吸引力

续表

微　博	论　坛
遵循 2/8 法则，意见领袖的内容长期吸引用户	遵循 2/8 法则，所有内容掺杂在一起需要自行鉴别
垃圾信息无法获得关注	垃圾信息和精华文章掺杂在一起

可以说微博和论坛两者各具特色，目标用户几乎没有重叠，两者之和占据了社会化媒体的大部分用户。

第二节　论坛营销的实施

一、论坛营销的基本要求

1. 明确产品定位

在实施论坛营销之前，首先要明确的就是市场定位，即我们的产品(或服务)面向的是哪一类人群，这部分客户比较集中在哪些论坛。例如，推广数码产品，就要选择数码产品论坛。

2. 制订合理的工作计划

要先将网络推广方案做好，也就是先想好要通过哪些方式进行营销，这样就有了一个基本的目标和工作步骤。

3. 注册一定数量的登录账号

每个论坛要注册大约 5 个不同的账号，以便在发帖后回复主帖和引导话题讨论。注册账号时，最好不要用那些没有任何意义的数字或者英文字母，因为这样的账号给人的感觉就是来浑水摸鱼的，使人产生不信任感。每个账号都要上传不一样的头像和签名，其中主账号最好能特殊设计一下。其他账号如果没有什么比较好的头像，可以在百度里找一张美女或帅哥图片，可以获得网友的好感。

例如，有位网友以"这是怎么了？老婆一发火就喜欢砸贵的东西，有什么合适的解决方案？"为名，在某论坛发帖，内容如下：

结婚 3 年，砸了 3 台手机，一块××表，27 寸电脑显示屏一台，PS4 一台，遥控器键盘鼠标 N 套，这次又砸了一台才新买 1 个月的 7000 多的 iPhone 6Plus，只因为我帮小孩子出去剪的头发太短不好看。她在家发火发了半天，最后演变成这样。已经考虑是否要离婚，我就想问问家里有这种情况的家庭日子都是怎么过的，有什么合适的解决方案？

接下来，一位网友"木兰情"回复：只能证明楼主有钱，没钱你让她砸贵重东西她都不会砸。

"楼主"回复该网友：经济条件一般，没有房贷之类的经济压力，手头比较宽裕而已，没事也跟着朋友投点小资赚点。砸多了也难受啊!

网友"木兰情"又追问道:有钱任性,楼主老婆砸惯了,投的什么资,炒股?指教下呗!

"楼主"回复:一般般,吵架就喜欢砸东西,哎,闲钱多,也炒下股,主要跟着朋友一起买的,跟着买了***,赚了几个涨停板了!你想的话可以加他企鹅(此处略去号码),验证就写A1,他每天在空间更新股评和个股,不收费,有问题也可以私聊请教他。

这个主题的帖子在网络上被多次采用,复制此帖的楼主,真正的目的都不是抱怨,而是为了拉人进一个炒股 QQ 群,利用多个账号相互配合,把话题引向炒股,顺势提供炒股的QQ 群号,达到推广目的。

4. 重视发帖内容的设计

根据制订的计划,开始制作发帖需要的内容,为了迎合网友的需求,可以对实物和事件进行拍照或摄像,然后进行最后的文字整合工作。以下是帖子创作的一些小建议。

(1) 取一个有吸引力的标题,激起网友的好奇心,提高帖子的浏览量,把那些路过的坛友也拉进来看帖子,但是标题和内容应该相吻合,不要做"标题党",否则将失去网友的信任。

(2) 在图片贴和视频帖上加上相关宣传文字,因为图片和视频比较直观,能吸引读者。

(3) 如果是发软文,最好文章内容不要有硬广告的痕迹,如果广告内容非常明显,这样的帖子被删除的可能性非常大。而且帖子的内容不吸引人,发得再多,总体的浏览量也不高。所以,这一点需要多斟酌。

(4) 帖子的内容要有争议性或话题性,如果不能制造争议或引发讨论,大部分的网友都是一看而过,很少会在你的帖子留言或者评论。而争议性帖子能带动观点的交锋,很容易把帖子炒热,这样就会引起更多人的关注。例如下面这个帖子:

标题: JM们千万别跟婆婆同住

主帖: 我们结婚时候没有钱买房子,就在婆婆家结婚的。开始和婆婆的关系还行,自从有了小孩,我们的婆媳关系发生了微妙的变化。偶尔争吵一下,也就过去了,特别是孩子一生病,婆婆就找我吵,说我懒又不会带孩子。我跟老公商量着搬出来住,哪怕是租房子。老公向着他妈,不愿意搬出来住,我无语。

有一天,孩子又生病了,我跟婆婆大吵一架,一句不让,结果把婆婆气得当场晕倒,吓得我们赶紧把婆婆送到医院抢救。还查出婆婆高血压,容易得冠心病,我很后悔,不该跟婆婆吵架,亲们,你们知道高血压症的病人如何保健吗?

回帖1: 楼主,我很同情你,这样的婆婆你关心她干嘛?

回帖2: 昨天在网上看见一篇文章说"北京某医院×××教授试验发现一种可以降低血压的食品",我忘记这食品叫什么名字,你在百度上查查看。

回帖3: 冠心病是不能生气,楼主你忍忍吧!

婆媳话题一直是个敏感话题，也是一个很有争议性的话题。该帖子首先从标题上就吸引了人们的眼球。为什么不能同住呢？会发生什么样的故事呢？富有情节的"故事"自然吸引着人们进一步往下阅读。随着情节的发展，在主帖中很自然地引出了"高血压"的话题，为回帖中出现"北京某医院×××教授试验发现一种可以降低血压的食品"埋下了伏笔，而这正是本组帖子所要传达的核心信息。

二、论坛营销的基本步骤

论坛营销成本低、传播效力大的特点吸引了众多企业的目光，不少企业纷纷拿起论坛营销这一网络营销的利器。实施论坛营销时，以下三个步骤是关键。

1. 选择合适的论坛

企业在实施论坛营销时，一定要根据企业产品的特点选择合适的论坛，最好是能够直击目标客户的论坛。例如，如果目标受众是白领，那么在选择营销论坛时，就要选择白领们常去的论坛及版块，这样营销就更有针对性。

有的企业在实施论坛营销时，片面追求论坛的人气，而不去考虑所发布的信息与论坛版块是否相符，以为人气越高，关注企业信息的人就越多，其实这是误区。一则人气太旺，企业所发布的帖子很快就被淹没了，二则帖子内容与论坛版块不符，很难引起网民的关注，有时甚至会令网友反感。因为论坛是不同人群围绕同一主题而展开的讨论，如育儿版块，谈的自然是与育儿相关的话题，如果去谈化妆美容显然是不适合的。

2. 巧妙设计帖子

信息传达的成功与否主要取决于帖子的标题、主帖与回帖三部分。如果一个帖子能够吸引网民点击，又巧妙地传递了企业产品的信息，同时让网民感受不到广告帖的嫌隙，那么可以说这个帖子是非常成功的。

(1) 标题。网民浏览论坛的时候，首先接触到的是帖子的标题，标题"诱人"与否直接决定了帖子是否会被点击浏览。因此在策划标题时，可以从引发产品使用的场景入手，选定一个能引发争议的产品使用场景，以争议点作为标题内容，吸引网民的眼球，引导其点击进入。

(2) 主帖。当网友被一个诱人的标题吸引并进入帖子后，主帖内容的优劣直接决定了回复是否被浏览，因此在撰写主帖时，可以把标题中有争议的场景展开，在一个完整的产品使用场景下，传达产品对于消费者的重要性，并在主帖结尾为回复设置悬念。由于产品信息传达也可发生在回复中，因此建议主帖只要将产品使用场景叙述清楚即可，不需要加入过多的产品信息，以免引起网民反感。

(3) 回帖。回复内容一般为网民对于产品的"主观"评论，当网民被标题、主帖吸引，查看回复的时候，就是帖子"真实身份"曝光的时刻。拙劣的回复会令网民一眼察觉整个帖子的意图，影响产品传达效果。因此在撰写回复时，要采取发散性思维，声东击西，为产品信息做掩护，将网民可能产生的负面情绪降到最低。

3. 及时跟踪维护帖子

帖子发出后，如果不去进行后期跟踪维护，那么可能很快就沉下去了，尤其是人气很旺的论坛，沉下去的帖子显然难以起到营销作用，因此帖子的后期维护就显得尤为重要。

及时地顶帖，可以使帖子始终处于论坛(版块)的首页，进而让更多的网民看到企业所传递的信息。从实际操作来看，维护帖子时，最好不要一味地从正面角度去回复，适当从反面角度去辩驳，挑起争论，可以把帖子"炒热"，从而吸引更多的网民关注。

三、论坛营销文案的四大表现形式

网络推广文案是网络推广的核心，是解决网站流量、品牌传播、产品销售等的重要方法。而论坛营销文案，是独具创意的网络文案之一。那么，该如何从多角度写论坛营销文案？这是策划人员必不可少的能力。

论坛营销文案的主要目的是推销产品。一篇论坛帖子或文章由文字加图片组成，当然也会有视频、音频、Flash之类的元素。由于网络人群所处的特殊环境，所以论坛文字不要多华丽，最主要的是讲出真实感受或者语言清楚即可。图片需要用心去拍摄或挑选，但不需要特别商业化，接近生活即可。下面是几种最常见的论坛营销文案的写作形式。

1. 事件式

事件式是指利用社会热点和网络热点来吸引眼球，从而赚取高点击率和转载率。例如，在社会上引人关注的欧洲杯举行期间，球迷们熬夜看比赛然后顶着黑眼圈上班都是常见的事情，可见欧洲杯让人狂热的程度。因此，可以利用这个事件为引子，引出人们在看欧洲杯时发生的某些事情，同时隐形地插入联系紧密的产品信息，这便是事件式的论坛营销文案了。例如：

> **标题**：悲催！昨晚看球把舍友的手机给摔了，纠结中……
>
> **内容**：昨晚的葡萄牙对荷兰，C罗梅开二度的比赛都看了吧？学校晚上11点就断网，可怜我们宿舍几哥们，只能挤在一块用舍友"爱疯"通过4G网络看直播！可是，看到精彩的时候，哥虎躯一震，把"爱疯"给拔地上去了……当时就黑屏开不了机了，质量真差！还好舍友是高富帅，也没说什么，而且还在保修期，不过我这心里就纠结啊！今天舍友把手机送维修点去查了下，说要返厂维修，至少1个礼拜！今晚我们就没球看了！急需一个大屏4G手机看球，否则我晚上准得让他们弄死，买个啥合适？预算1000，二手的也成，我就一屌丝啊！

以上，可以作为一个4G手机营销文案的例子。

2. 亲历式

以第一人称"我"的视角，讲述自身的生活故事和体验效果的文章，就是亲历式论坛营销。例如：

> **标题**：一个小资的忠告：橄榄油不要轻易食用！
>
> **主帖**：后悔啊，前几年在一个朋友的怂恿下，一冲动，将家里的食用油改成了橄榄油，用的是西班牙牌子××，心想咱是白领，橄榄油虽贵点，但这点钱咱还是花得起的！最近一咬牙，买了车子和房子，还贷压力陡然增加。没办法，咱也节衣缩食吧！把橄榄油再换成原来的色拉油吧！可没想到，吃惯了橄榄油，竟然不习惯色拉油的味道了。唉！幸福是一种奢侈品，用了就不想失去，XDJM切记，切记！
>
> **回帖1**：楼主有病吧，不就是油吗，有什么不适应的。
>
> **回帖2**：呵呵，橄榄油既保健又美容，省了看病和美容的钱，还是蛮划算的。
>
> **回帖3**：建议楼主去山区体验一下生活，看看能不能适应。我看，还是有钱烧的。

此帖的精彩之处是"明抑暗扬"。从表面上看，似乎是抵制橄榄油，但从整组帖子来看，却巧妙地把橄榄油的好处"既保健又美容"完整地阐述了出来，并自然地引出了西班牙牌子——××，达到了将信息传递给目标受众的目的。

3. 解密式

以专业的态度或者个人独特的见解，对产品进行客观的解剖分析，能够满足网友的片面性观点，能让受众从多个角度认识以往接触的信息。例如，一个试管婴儿网的论坛营销文案：

> **标题**：试管婴儿跟常人所想是否一样？
>
> **内容**：主要是介绍普通人所理解的试管婴儿的误区，再讲述真实的试管婴儿知识。

剩下的是小号的提问，和楼主耐心的回答。

这类营销文案就像是产品说明文案，可是更加口语化，能真正地帮助有意向的人获取有用的信息，让人有种信服感。感兴趣的人就会点击宣传的网页，来获取更多信息。

4. 分享式

以快乐分享为主，分享体验效果，能够给网友一定的信息。例如：

> **标题**：有没有人用过×××啊，真是超给力的！
>
> **内容**：前几天在网上买了×××，寄到了，真是好用啊！！！有谁用过吗？我不是做广告哦，纯粹无私分享……

这个方法在美容产品和服装上用得比较多，女性人群比较喜欢从别人的分享中获得更多信息，虽然有些明显是广告，但总比没有分享产品的信息靠谱，如果文案写得好，会让很多人有一种想尝试的心理。

四、论坛营销实施技巧

论坛营销要掌握以下技巧。

(1) 要有在全国各大知名专业性网站的注册账号(即"马甲")。根据企业的不同产品注册相关论坛账号，这样更加利于产品的推广营销。

(2) 在每个论坛注册足够多数量的账号，这是保证前期炒作的条件。不同产品、不同营销事件，需要的"马甲"数量不定。例如，知名品牌的论坛营销不需要过多"马甲"，即可产生效应；而普通企业在论坛推广产品时，则需要多一些"马甲"配合。

(3) 在各大型论坛要有专门的人员管理账号、发布帖子及回帖等。经常发帖、回帖是为了融入论坛的核心，积累更高的声望，在进行论坛营销时，会有更多资源辅助开展。

(4) 策划的题目要新颖，也就是有创意性，这样才会吸引读者。营销主题比较重要，也是开展论坛营销的关键，主题如果比较好，不用费力即可达到预期的效果。

(5) 策划的内容要具有一定的水准，使网友看了之后有谈论的意向。

(6) 人员要积极参与回复、鼓励其他网友回复，也可以用自己的"马甲"回复。网友的参与是论坛营销的关键环节，如果策划成功，网友的参与度会大大提升。

(7) 人员要正确地引导网友的回帖，不要让事件朝相反方向发展。具体情况具体分析，有时在论坛产生争论也未必是件坏事，特别是不知名企业，通过论坛途径实现大范围病毒式营销，知名度会有很大程度的提升。

(8) 要仔细监测其带来的效果，同时不断改进。这点相当于做细致的数据分析和用户群体分析；通过一次营销，会总结出很多经验，下次策划时可以借鉴。

(9) 要及时和论坛管理员沟通交流，熟悉各大论坛的管理员和版主有助于论坛营销的开展。经常发帖和回帖可以与这个圈子近距离接触，和管理员、版主有很好的沟通，这些资源也会使论坛营销开展得更顺利。

五、论坛营销的注意事项

1. 要找到目标市场高度集中的行业论坛

论坛一般都是按行业或兴趣来建立的，有一些主题高度集中，有一些相对松散。在进行论坛营销时，主题越集中，效果越好。在一些主题相对较弱的地方，往往不容易建立专家地位。所以要花一些时间，搞清楚你所在的行业在网上有哪些著名的论坛，不必大海捞针似的去很多论坛浪费时间。

论坛的选择除了考虑专业性，还应考虑论坛的活跃度，活跃度高的论坛人气较高，自然较有营销价值。论坛的活跃度可以用日发帖量来衡量。

2. 不要发广告，也不要发软文

论坛里的用户对发广告、软文已经司空见惯了，不要期望广告或软文能引起他们的注意。在论坛中不发广告是基本的礼节，很多论坛会员很排斥发广告、软文的行为。另外，也要注意每个论坛的规章制度，如果违反论坛的规章，最后不仅会被删除帖子，还有可能被封号。

3. 论坛营销，发帖是核心

大多数论坛是禁止"一帖多灌"的，一般一个帖子出现的版面不能超过两个。所以一个论坛主题帖应控制在两个以内，而且建议使用不同的标题及内容。为达到最佳的宣传效果，以及防止版主认为该帖为广告帖、灌水帖而将其删除，建议主题帖回复应控制在4～8个。

4. 参与论坛，帮助会员，建立权威

在论坛中多积极参与讨论，注意看其他会员有什么疑难问题，如果你能解决，就积极回答，你的努力其他的会员都会看在眼里的。久而久之，大家通过你的帖子看到你有相应的专业知识，又热心助人，你在大家心目中自然会建立起一个权威形象。这时你所推广的任何产品或服务，也会被大家信任。

5. 论坛签名是推广的场所

如果论坛规定不能发广告，也不能谈论自己的产品或服务，唯一可以推广产品服务或网站的地方，就是论坛签名。所以论坛签名要有个性，让人记得住，也可留下 QQ 号或联系电话。

6. 在签名中促销

主题集中的论坛比较容易做促销，如春节大优惠、开张优惠等。在你的签名中清楚简洁地写出服务和产品是什么，优惠多少。

或者在你的网站上专为某个论坛的会员做一个网页，上面写清"欢迎某某论坛的会员来到我们的网站，我们有专给某某论坛会员的特殊优惠"等。然后在你的签名链接中指向这个特意为论坛制作的网页。论坛会员来到你的网站，会觉得很贴心。

本章小结

论坛营销就是企业利用论坛这种网络交流的平台，通过文字、图片、视频等方式发布企业的产品和服务信息，从而让目标客户更加深刻地了解企业的产品和服务，最终达到宣传企业的品牌、加深市场认知度的目的。论坛营销具有很强的针对性、很好的互动氛围，

是开展口碑营销的重要手段。

开展成功的论坛营销活动，首先要明确产品定位，制订合理的工作计划，并且要在每个论坛注册一定数量的登录账号(即"马甲")进行配合，以达到营销推广目的。其次，要重视发帖内容的设计，取一个有吸引力的标题，激起网友的好奇心，提高帖子的浏览量，帖子的内容要有争议性或话题性。

在发帖与回帖前，要研究每一个论坛的规章制度，如是否可以发广告和链接等，对不同的论坛采用不同的发帖策略。

思考与练习

1. 选择几个论坛，研究其论坛规则，再结合各论坛的特性、所面向的网民群体，谈谈这几个论坛的相同点和不同点。

2. 选择一个论坛，在该论坛注册一个账号，并设置有营销信息的签名。

3. 某口腔医院以牙科业务为主，请策划一次论坛营销活动，选择合适的论坛，设计好发帖的标题和内容，以及回帖策略，要求淡化广告色彩，不发链接，标题有吸引力，主题帖软文有可读性和话题性，回帖巧妙。

知识扩展

论坛营销的"战略""战术"和"战斗"

随着 PC 端的没落与移动端的崛起，论坛在网络营销中所占据的地位呈现下降的趋势，但论坛营销依然是网络营销的一个重要组成部分。办公事务和办公信息搜集依然集中于 PC 端，因此论坛营销依然能够发挥出重要的作用，关键在于营销的是什么产品，面膜、衣服等轻产品更加适合微信平台，而对于本地化生活服务，如教育、会计代理等，论坛仍是不可缺少的营销阵地。

那么，应该如何做好论坛营销呢？首先要了解论坛。论坛的本质是个体信息的集散地，每天大量信息涌入，不同的意见、观点发生碰撞，吸引网民的关注。一个好的论坛，必然充满各种各样的争吵。根据论坛的个体信息集散地的本质，做好论坛营销须从"战略""战术"和"战斗"三个层面做好部署。

1. 战略层面，要找准产品和客户的定位

在做论坛营销之前，我们要对推广的产品进行分析，找到合适的论坛，再进行论坛推广。例如，有房产开发的客户想做论坛推广，要把该楼盘信息精准传递给潜在客户，应该怎么操作？以成都网络营销为例，难道就是去麻辣社区发个帖子吗？答案是否定的，原因有两点，第一没有分析产品的特征，第二没有分析潜在客户的网络聚集地。

先做产品特性分析。以一个楼盘的网络营销策划为例，该楼盘主力户型是什么？周围有哪些地域性竞争对手？该楼盘的排他性特征是什么？现有客户的地域板块、年龄、性别、收入情况、工作职业又是什么？潜在客户有多少是通过网络或者论坛了解楼盘信息？等等，一系列的问题都需要详细分析，才能摸准潜在客户的需求和楼盘的优势，才能有效地策划一场论坛营销。

然后是客户网络聚集地分析。在地域性论坛投放，没错，在行业性论坛投放，也没错，但是具体投哪些论坛，每个论坛广告度如何，各个论坛推广信息以何种形式出现，是否应该分析呢？例如，房产垂直行业有不少与之对应的房产论坛，如搜房网、新浪房产网、买房网、安客居、q房网等，根据DCCI第三方数据显示，2014年搜房网PC平台用户浏览量和独立访客数位居第一，那我们就应该重点做搜房网论坛，然后从踩盘心得、楼盘对比、购房心事等多个用户关心的话题入手，去做论坛营销，才能行之有效。

2. 战术层面，要注重话题的多维策划

《封杀王老吉》这篇帖子怎么火起来的？炒起来的。同理，要让我们的营销帖子火起来，那就需要我们策划、炒热一个具有话题的帖子。策划帖子话题时，要注重话题的多维性。

第一个维度，是具有吸引性。"不管正帖、反帖，吸引眼球的就是好帖"这句话，在成都论坛营销界流传了许久，事实也的确如此。有的帖子，没人看，或者看一眼就关了，还能传递什么价值呢？吸引性从三个方面体现，第一是标题吸引人；第二是内容吸引人，要么是很稀奇，要么是很有趣；第三是植入信息吸引人。以《30万年薪"美女岛主"巡岛》为例，高薪、美女，标题合格；再看内容，美女岛主什么都不干，光发微博微信晒照片就30万年薪，稀奇有趣，也合格；最后看植入信息，岛主，哪个岛的岛主？南湾湖61岛，风景如何？图片全是风景，这信息植入的效果，必然合格。

第二个维度，是具有争议性。争议是什么？争议就是让大家争论议题，有了围绕议题的争议，大家支持己方观点，反驳对方观点，一炒十，十炒百，帖子越来越火，关注的潜在客户就越来越来多。怎么设置争议呢？很简单，帖子的议题至少要能从正反两个方面来辩论。

第三个维度，是具有正面性。正面性是指帖子传递的信息，要有利于公司的品牌和产品形象。这里必须说明一下，因为不同的人的认识可能不一样，什么样的话题对你的品牌和产品有帮助，需要非常关注。无论做什么产品的论坛营销都是要有底线的，这个底线就是不能影响品牌的形象。

3. 战斗层面，执行力胜过一切

如果说上两个环节是运筹帷幄、料敌先机，那么这个环节就是白刃相搏，没有花架子，不要招式，拼的就是坚持和执行。有太多案例，本来策划了很好的论坛营销，结果由于没有执行到位，该顶的帖子没顶起来，该拉动的评论没拉动，该引导的话题失去控制，最后论坛营销失败了。本来做执行没有什么技巧，按照既定方针，在要求的时间内完成要求的事就行，不过操作时，也有值得注意的几个细节。

一是高人气的论坛沉帖快，顶帖要有一定的频度。大多数论坛都是按最新回复排序的，保持一定频度的顶帖可以保证帖子不会快速下沉。

二是引入争论的时间最好在 11:30，5:30，21:30 这几个点附近。这几个时间点都是工作或心情相对比较懈怠的时点，心理防备程度低，较为容易与其他人发生争论。

三是注册的"马甲"要提前养好。要在执行论坛营销前几天，注册好需要的"马甲"，同时一部分"马甲"加好友回复，一部分"马甲"拉仇恨，到了用的时候效果更好。

以上便是论坛营销的"战略""战术"和"战斗"。

(本文系四川拓美达网络科技有限责任公司原创文章，有改动)

第七章

电子邮件营销

学习目标

- 理解邮件营销的基本概念；
- 掌握邮件营销的基本方法和技巧；
- 学会综合利用各种邮件营销技术进行网络营销推广

中国人寿：保险类业务邮件不再难发

中国人寿保险(集团)公司是国有特大型金融保险企业,总部设在北京,世界500强企业。公司前身是成立于1949年的原中国人民保险公司, 1996年分设为中保人寿保险有限公司, 1999年更名为中国人寿保险公司(以下简称"中国人寿")。

中国人寿一直在会员数字营销的基础建设方面重视程度不够,导致日常在给用户投递各类事务邮件的过程中出现各种问题,如到达率不高,投诉比例过大,投递规模上不去,营销自动化程度不够高等问题。在对EmailCar公司在邮件技术领域的专业能力综合评估之后,决定借助EmailCar团队的技术力量和对邮件事务的处理经验定制开发一套合适中国人寿业务逻辑的邮件营销系统。

1. 服务特色

金融保险类企业与消费者之间通过使用电子账单可以大幅度降低运营成本,同时,由于电子账单替代了传统的纸质账单,每年可以节约大量的纸张,有利于建设节约环保型社会。中国人寿在日常业务交易过程中众多场景需要使用电子邮件,系统信息安全及投递成功率至关重要。EmailCar根据中国人寿的需求设计了如下的物理拓扑结构,其由四个部分组成:通道服务器、业务服务器、数据库服务器及Web服务器构成,如图7-1所示。

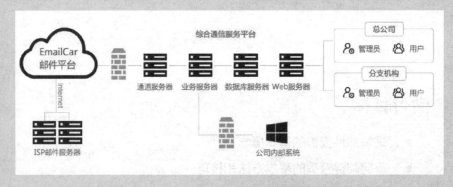

图7-1 物理拓扑结构

1) 通道服务器

邮件平台由EmailCar搭建,负责实现大容量邮件投递以及跟踪反馈处理等。

2) 业务服务器

业务服务器是整个系统的核心部分,系统中的大部分业务逻辑都部署在业务服务器之上,实现电子邮件的生成与发送、内部信息系统数据接入等。

3) 数据库服务器

数据库服务器部署着客户通知系统的数据库,存储与系统相关的持久化数据。

4) Web 服务器

Web 服务器对总公司及分支机构提供 HTTP 访问服务。用户通过浏览器访问平台，执行各种管理任务。

该应用平台集中部署在总公司。在系统运行初期，以上各服务器可以根据业务规模来合并，减小系统初期的硬件投入；随着业务量的增加，系统也能够支持多服务器群组的配置结构，以满足性能上的要求。

2. 最终效果

目前该系统可以保证中国人寿每日接近 800 万封邮件的正常投递，由于采用了弹性可扩展计算服务架构，当遇到带有大附件的金融类邮件需要投递，可以快速组织系统和带宽资源进行支持，彻底解决了中国人寿在邮件投递方面遇到的问题，并以更低的成本进行邮件营销，获得最大的转化率回报。

(资料来源：EmailCar 公司官网)

思考：专业电子邮件服务公司的服务有何优势？适合何种客户？

第一节 电子邮件营销概述

一、电子邮件营销的基本概念

电子邮件营销(Email Direct Marketing，EDM)是企业通过一定的软件技术，以互联网为载体，以发送电子邮件的方式来实施的，与用户以及潜在用户沟通，实现企业经营战略的一种营销技术，它主要指通过邮件列表向顾客发布公司的新闻、声明、新产品信息、优惠信息等。

电子邮件营销是利用电子邮件与受众客户进行商业交流的一种直销方式，同时也广泛地应用于网络营销领域。电子邮件营销是网络营销手法中最古老的一种，可以说电子邮件营销比绝大部分网站推广和网络营销手法都要老。

电子邮件营销是一个含义比较宽泛的概念，凡是给潜在客户或者是现有客户发送电子邮件都可以被看作电子邮件营销。电子邮件营销这个术语也通常涉及以下几个方面。

(1) 以加强与目标客户的合作关系为目的发送邮件，从而鼓励客户忠实于我或者重复交易。

(2) 以获得新客户并使老客户立即重复购买为目的发送邮件。

(3) 在发送给自己客户的邮件中添加其他公司或者本公司的广告。

(4) 通过互联网发送电子邮件。

以上方式都属于电子邮件营销的范畴。

二、电子邮件营销的分类

规范的电子邮件营销是基于用户许可的，但实际上还存在着大量的不规范现象，并不是所有的电子邮件都符合法规和基本的商业道德。不同形式的电子邮件营销也有不同的方法和规律，所以首先应该明确电子邮件营销有哪些类型，这些电子邮件营销又分别是如何进行的。电子邮件营销可以根据下列四种方法进行分类。

1. 按照是否经过用户许可分类

按照发送信息是否事先经过用户许可来划分，可以将电子邮件营销分为许可电子邮件营销(Permission Email Marketing，PEM)和未经许可的电子邮件营销(Unsolicited Commercial Email，UCE)。未经许可的电子邮件营销也就是通常所说的垃圾邮件(Spam)，正规的电子邮件营销都是用户许可的。

2. 按照电子邮件地址的所有权分类

潜在用户的电子邮件地址是企业重要的营销资源，根据用户电子邮件地址资源的所有形式，可将电子邮件营销分为内部电子邮件营销和外部电子邮件营销，或者叫作内部列表和外部列表。内部列表是一个企业网站利用一定方式获得用户自愿注册的资料来开展的电子邮件营销，而外部列表是指利用专业服务商或者具有与专业服务商一样可以提供专业服务的机构提供的电子邮件营销服务，自己并不拥有用户的电子邮件地址资料，也无须管理维护这些用户资料。

3. 按照营销计划分类

根据企业的营销计划，可将电子邮件营销分为临时性的电子邮件营销和长期性的电子邮件营销。前者包括不定期的产品促销、市场调查、节假日问候、新产品通知等；后者通常以企业内部注册会员资料为基础，主要表现为新闻邮件、电子杂志、消费服务等各种形式的邮件列表，这种列表的作用要比临时性的电子邮件营销更持久，其作用更多地表现在消费关系、消费服务和企业品牌等方面。

4. 按照电子邮件营销的功能分类

根据电子邮件营销的功能，可将电子邮件营销分为消费关系电子邮件营销、消费服务电子邮件营销、在线调查电子邮件营销和产品促销电子邮件营销等。

在实际工作中，用户所面对的往往不会是单一形式或者单一功能的电子邮件营销，而是一些复合类型的电子邮件营销。例如，可能既要建立自己的内部列表，又需要采用专业服务商服务的电子邮件营销方式。

三、电子邮件营销的优势

电子邮件营销的最大优点在于企业可利用它与用户(不论是企业用户还是普通用户)建立更为紧密的在线关系。由于电子邮件营销的方便、快捷、成本低等特点，这种营销方式被广泛应用。电子邮件营销的优势主要有以下几点。

1. 覆盖面广、速度快、无时空限制

传统媒体的传播通常具有一定的地域限制。同时，传统媒体广告具有一定的时效性，只能在某一时间段进行，而电子邮件不受时间和空间的限制。

2. 功能全、成本低

只要在互联网上申请一个电子邮箱就可以发送电子邮件，因此电子邮件营销是任何企业均能使用的通信方式，无论是资产雄厚的大型企业，还是资产微薄的中小企业，只要能接入互联网就可以开展电子邮件营销业务。

3. 针对性强

传统大众营销媒体的信息传递是一种撒网捕鱼的方法，受众的针对性含糊不清，载体发送的目的与受众接收的目的不能及时达成一致，造成发送与接收的错位。而电子邮件本身具有定向性，可以根据需要按行业或地域等进行分类，然后针对目标客户进行广告邮件群发，使宣传一步到位，这样可使营销目标更加明确。专业的电子邮件营销系统还可以通过数据挖掘技术对目标客户进行细分。

4. 非强迫性

对于许可式邮件营销而言，只有用户需要才会有营销邮件出现在其邮箱之中，并且这些邮件也不会像电视广告、广播广告那样强迫用户去阅读，用户可以根据自己的需求在任何时间、以任何方式进行阅读，也可选择退订邮件。

5. 交互反馈性

电子邮件营销可以使企业通过电子刊物来促进消费关系。许可电子邮件营销可以满足用户个性化的需求，根据用户的兴趣预先选择适当的信息。电子邮件的发送与接收，构成了交互，这种交互功能又主要体现在信息的反馈方面。

6. 反应迅速，缩短营销周期

电子邮件的传递时间是传统直邮广告等方式无法比拟的，根据邮件发送数量的多少，需要几秒钟到几个小时完成数以万计的电子邮件发送，同样，无法送达的邮件也可以立即退回或者在几天之内全部退回，一个营销周期可以在几天内全部完成。

7. 良好的保密性

电子邮件营销并不需要大张旗鼓地制造声势，信息直接发送到用户的电子邮箱中，不容易引起竞争对手的注意，除非竞争者的电子邮件地址也在邮件列表中。

8. 营销效果监测方便

无论哪一种营销方式，准确、实时的效果监测都不是很容易的事情，相对而言，电子邮件营销具有更大的优越性，可以根据需要监测若干评价营销效果的数据，如送达率、点击率、回应率等。

无可讳言的是，电子邮件营销也有一些不足之处。其中最大的缺点就是垃圾邮件的泛滥。电子邮件营销是网络中最早受到重视的营销工具之一，但是如果应用得不好，就会被用户当成垃圾邮件，影响邮件的阅读率和可信度，加上用户邮件系统功能的完善，有的邮件可能被系统识别为垃圾邮件，或发件人被收件人"拉黑"。

四、电子邮件营销的功能

电子邮件营销具有以下几个方面的功能。

1. 品牌形象

电子邮件营销对于企业品牌形象的价值，是在长期与用户联系的过程中逐步积累起来的，规范、专业的电子邮件营销对于品牌形象有明显的促进作用。品牌建设不是一朝一夕的事情，不可能通过几封电子邮件就能完成，因此，利用企业内部列表开展经常性的电子邮件营销具有较大的价值。

2. 产品推广与销售

产品或服务推广是电子邮件营销最主要的目的之一，正是因为电子邮件营销的出色效果，电子邮件营销成为主要的产品推广手段之一。一些企业甚至直接用销售指标来评价电子邮件营销的效果，尽管这样并没有反映出电子邮件营销的全部价值，但说明营销人员对电子邮件营销带来的直接销售指标有很高的期望。

3. 消费关系

与搜索引擎等其他网络营销手段相比，电子邮件首先是一种交流工具，然后才是营销手段，这种特殊功能使得电子邮件营销在消费关系方面比其他网络营销手段更有价值。与电子邮件营销对企业品牌的影响一样，消费关系功能也是通过企业与用户之间的长期沟通才发挥出来的，内部列表在增强消费关系方面具有独特的价值。

4. 消费服务

电子邮件不仅是与消费者沟通的工具，在电子商务和其他信息化水平比较高的领域，同时是一种高效的消费服务手段，通过内部会员通信等方式提供消费服务，可以在节约大量的消费服务成本的同时提高消费服务质量。

5. 网站推广

与产品推广功能类似，电子邮件也是网站推广的有效方式之一。与搜索引擎相比，电子邮件营销有自己独特的优点：网站被搜索引擎收录之后，只能被动地等待用户去检索并发现自己的网站，通过电子邮件则可以主动地向用户推广网站，并且推荐方式比较灵活，既可以是简单的广告，也可以通过新闻报道、案例分析等方式出现在邮件的内容中，获得读者的高度关注。

6. 资源合作

经过用户许可获得的电子邮件地址是企业的宝贵营销资源，可以长期重复利用，并且在一定范围内可以与合作伙伴进行资源合作，如相互推广、互换广告空间。企业的营销预算总是有一定限制的，充分挖掘现有营销资源的潜力，可以进一步提高电子邮件营销的价值，让同样的资源投入产生更大的收益。

7. 市场调研

利用电子邮件开展在线调查是网络市场调研中的常用方法之一，具有问卷投放和回收周期短、成本低廉等优点。

将设计好的调查表直接发送到被调查者的邮箱中，或者在电子邮件正文中给出一个网址链接到在线调查表页面，这种方式在一定程度上可以对用户成分加以选择，并节约被访问者的上网时间，如果调查对象选择适当且调查表设计合理，往往可以获得相对较高的问卷回收率。

8. 增强市场竞争力

在所有常用的网络营销手段中，电子邮件营销是信息传递最直接、最完整的方式，可以在很短的时间内将信息发送到列表中的所有用户，这种独特功能在风云变幻的市场竞争中显得尤为重要。电子邮件营销对市场竞争力的价值是一种综合体现，也可以说是前述七大功能的必然结果。充分认识电子邮件营销的真正价值，并用有效的方式开展电子邮件营销，是企业营销战略实施的重要手段。

第二节　电子邮件营销的实施

一、电子邮件营销的实施条件

开展电子邮件营销需要解决三个基本问题：向哪些用户发送电子邮件、发送什么内容的电子邮件，以及如何发送这些邮件。这三个问题构成了电子邮件营销的三大基础条件。

(1) 用户的 E-mail 地址资源：在用户自愿加入邮件列表的前提下，获得足够多的用户 E-mail 地址资源，是电子邮件营销发挥作用的必要条件。

(2) 电子邮件营销的内容：营销信息是通过电子邮件向用户发送的，邮件的内容对用户有价值才能引起用户的关注，有效的内容设计是电子邮件营销发挥作用的基本前提。

(3) 电子邮件营销的技术基础：从技术上保证用户加入、退出邮件列表，并实现对用户资料的管理，以及邮件发送和效果跟踪等功能。

二、电子邮件营销的实施步骤

1. 确定推广方案

首先要根据公司的市场定位、目标客户群体的特点、产品或者服务的价值等，确定目标客户邮件地址的收集方案、投送工具的评估方案、邮件内容设计原则、邮件发送方案、跟踪方案，以及优化方案等事宜。

2. 收集目标客户的邮件地址

首先要考虑的是建立自己的邮件列表，还是利用第三方提供的邮件列表服务。这两种方式都可以实现电子邮件营销的目的，但各有优缺点。利用第三方提供的邮件列表服务，费用较高，而且很难了解潜在客户的资料，事先很难判断定位的程度如何，还可能受到发送时间、发送频率等因素的制约。由于用户资料是重要资产和营销资源，因而许多公司都希望拥有自己的用户资料，并将建立自己的邮件列表作为一项重要的网络营销策略。

3. 评估发送工具

对于自己建设发信服务器、购买群发软件与使用第三方邮件营销平台，这里做了个比较(见表 7-1)，企业可以根据自己的实际情况来选择发送工具。

表 7-1　邮件发送工具比较

方式	优点	缺点
自建服务器	(1) 操作方便； (2) 数据从心理上感觉安全； (3) 发送免费	(1) 技术门槛高； (2) 维护费用大，需要维护 IP 和发送环境； (3) 需要配备很多人力资源
邮件群发软件	费用较低	(1) 送达率没有保障，动态 IP 和动态邮箱很容易被 ISP 封杀； (2) 需要注册大量邮箱，购买大量 IP； (3) 可能有病毒； (4) 报表功能不强

续表

方式	优点	缺点
第三方邮件营销平台	(1) 发送成功率有保障； (2) 有大量邮件模板，容易设计出精美邮件； (3) 网络操作，不需要安装软件，可以随时随地操作； (4) 有详细报表，可以跟踪发送率、打开率、点击率、转化率； (5) 不需要担心 IP 被封，不需要维护发送环境	资金投入比群发邮件大

对于邮件营销平台的考查，可以从软件功能、发信成功率、发信速度、价格和售后服务等方面来考虑。

4. 制订发送方案

应尽可能与专业人员一起确定目标市场，找出潜在的用户，确定发送的频率。发送电子邮件从每小时更新到每季度的促销诱导。千万不要认为发送频率越高，收件人的印象就越深。过于频繁的邮件"轰炸"，会让人厌烦。研究表明，同样内容的邮件，每个月发送2~3次为宜。

5. 发送电子邮件，收集反馈信息，及时回复

可以选定群发邮件，也可针对某些消费者单独发送。开展营销活动应该获得特定计划的总体反应率(如点击率和转化率)并跟踪消费者的反应，从而把消费者过去的反应行为作为将来细分的依据。当接到业务问询时，应及时作出回复，最好在 24 小时以内。在对潜在消费者的问询作出及时回复之后，还应该在两三天内，跟踪问询2~3次。跟踪联系意在确认消费者确实收到了你的回复，同时也给对方受重视的感觉，并传达出诚意。

6. 更新邮件列表

对消费者给出的信息进行整理，更新邮件列表，创建一个与产品和服务相关的客户数据库，改善"信噪比"，增加回应率，同时了解许可的水平。消费者许可的水平有一定的连续性，每封发送的邮件中都应该包含着允许加入或退出营销关系的信息，没有必要用某些条件限制消费者退出营销关系。通过这些信息，加强个性化服务，提高消费者的忠诚度。

三、内部列表电子邮件营销

1. 建立、选择邮件列表发行平台

在经营邮件列表所面临的基本问题中，发送邮件列表的技术保证是最基础的问题。无论哪种形式的邮件列表，首先要解决的问题是如何用技术手段来实现用户加入、退出以及

发送邮件、管理用户地址等基本功能，我们将具有这些功能的系统称为"邮件列表发行平台"。发行平台是邮件列表营销的技术基础。要经营自己的邮件列表，可以自己建立邮件列表发行系统，也可以选择专业服务商提供的邮件列表发行平台服务，实际中具体采用哪种形式，取决于企业的资源和经营者个人偏好等因素。

1) 建立邮件列表发行系统

一般来说，建立邮件列表发行系统有两种常用的方式：如果自己的企业网站具备必要的条件，可以完全建立在自己的 Web 服务器上，实现自主管理；如果用户人数比较多，对邮件列表的功能要求很高，这时最好的方式是与邮件列表专业服务商合作，利用专业的邮件发行平台来进行。

如果邮件列表规模很小，用户数量只有几百人甚至更少，利用一般的邮件发送方式即可完成，当然也可以采用邮件群发程序来进行。严格来讲，这种群发邮件的方式并不是真正意义上的邮件列表。

用户加入/退出邮件列表的方法通常有两种：一种是通过设置在网页上的"订阅/退出"框，用户输入自己的邮件地址并单击相应按钮即可；另一种方式为发送电子邮件方式加入/退出。前者的应用更加普遍，后者更适合于在没有网站的情况下经营邮件列表。

邮件内容的发送有基于 Web 的方式和基于 E-mail 的方式两种。基于 Web 的发行方法，即是将邮件内容粘贴到在浏览器界面显示的邮件列表内容发行区域中，检查无误后单击"发送"按钮即可。基于 E-mail 的发行方式非常简单(通常是利用专业邮件列表发行商的服务)，只需将内容和格式设置好的邮件发送到一个指定的电子邮箱中，然后发行系统会自动将邮件分发到列表中各个用户的邮箱中。

2) 选择第三方邮件列表发行平台

一般来说，邮件列表专业服务商的发行平台无论在功能上还是在技术保证上都优于一般企业的自行开发的邮件列表程序，并且可以很快投入应用，大大减少了自行开发所需要的时间，因此与专业邮件列表服务商合作，采用专业的邮件列表发行服务是常用的手段。当企业的互联网应用水平比较低，邮件列表规模不是很大，且不需要每天发送大量电子邮件时，没有必要自行建立一个完善的发行系统。另一方面，如果用户数量比较大时，企业自行发送邮件往往对系统有较高要求，并且大量发送的邮件可能被其他电子邮件服务商视为垃圾邮件而遭到屏蔽，这时，专业邮件列表服务的优势更为明显。国外一些发行量比较大的邮件列表，很多也都是通过第三方专业发行平台进行发行，如与网络营销相关的电子刊物 AIM Ezine、Ezine-tips 等。但出于对用户资料保密性等因素的考虑，一些电子商务网站因为要发送大量的电子邮件，通常需要建立自己的邮件发行系统。

3) 选择专业发行平台需要考虑的问题

专业邮件列表发行平台是一种通用的邮件列表发行和管理程序，同一个平台可能有上千个邮件列表用户。一些第三方邮件列表发行系统存在各种各样的问题，因此，在选择邮件列表发行服务商时需要慎重，同时由于将来可能会转换发行商，就要了解是否可以无缝移植用户资料，还要考察服务商的信用和实力，以确保不会泄露自己邮件列表用户资料，并能保证相对稳定的服务。选择邮件列表专业发行平台时需要对其基本功能进行必要的考察，发行平台应满足自己期望的指标，如用户地址管理、注册用户资料备份、邮件内容预览、退回邮件管理、邮件格式选择等。

2. 电子邮件营销资源的获取

内部列表电子邮件营销的重要环节之一，就是尽可能引导用户加入，获得尽可能多的E-mail 地址。E-mail 地址的积累贯穿于整个电子邮件营销活动之中。

在获取用户 E-mail 地址的过程中，如果对邮件列表进行相应的推广、完善订阅流程、加强个人信息保护，就能提高用户加入的成功率，并且增强邮件列表的总体有效性。

获取内部列表用户资源的基本方法如下。

(1) 充分利用网站的推广功能。网站本身就是很好的宣传阵地，可以利用自己的网站为邮件列表进行推广。在很多情况下，仅仅靠在网站首页放置一个订阅框远远不够，因为订阅框的位置对于用户的影响也很大，如果出现在不显眼的位置，被读者看到的可能性都很小，更不要说加入列表了。因此，除了在首页设置订阅框之外，还有必要在网站的主要页面都设置邮件列表订阅框，同时给出必要的订阅说明，这样可以加深用户对邮件列表的印象。如果可能，最好再设置一个专门的邮件列表页面，其中包含已发送的内容链接、法律条款、服务承诺等，让用户不仅对邮件感兴趣，并且有信心加入。

(2) 合理挖掘现有用户的资源。在向用户提供其他信息服务时，不要忘记介绍最近推出的邮件列表服务。

(3) 提供部分奖励措施。例如，某些在线优惠券只通过邮件列表发送，某些研究报告或者重要资料也需要加入邮件列表才能获得。

(4) 向朋友、同行推荐。如果对邮件列表内容有足够的信心，可以邀请朋友和同行订阅，获得业内人士的认可也是一份邮件列表发挥其价值的表现之一。

(5) 其他网站或邮件列表的推荐。正如一本新书需要有人写一个书评一样，一份新的电子邮件订阅如果能够得到相关网站或者其他电子邮件的推荐，对增加新用户会有一定的帮助。

(6) 为邮件列表提供多种订阅渠道。如果采用第三方提供的电子发行平台，且该平台有各种电子刊物或邮件的分类目录，不要忘记将自己的邮件列表加入到合适的分类中去，这样，除了在自己的网站为用户提供订阅机会之外，还可以在电子发行服务商网站上提供订阅机会，从而增加潜在用户了解的机会。

(7) 争取邮件列表服务商的推荐。如果采用第三方专业发行平台，可以取得发行商的支持，在主要页面进行重点推广，因为在一个邮件列表发行平台上，通常有数以千计的邮件列表，网站的访问者不仅是各个邮件列表经营者，也有大量用户，这些资源都可以充分利用。例如，可以利用发行商的邮件列表资源和其他具有互补内容的邮件列表互相推广等。

四、外部列表电子邮件营销

专业的电子邮件营销服务商拥有大量的用户资源，可以根据要求选择定位程度比较高的用户群体，有专业的发送和跟踪技术，有丰富的操作经验和较高的可信度，因而营销效果也有其独到之处。从国内目前的电子广告市场来看，可供选择的外部列表电子邮件营销资源主要有免费电子邮箱提供商、专业邮件列表服务商、专业电子邮件营销服务商、电子刊物和新闻邮件服务商、专业网站的注册会员资料等。这些服务商及其电子邮件营销形式各有特点，可根据具体需要选择。

选择电子邮件营销服务商，需要在下列几个方面对服务商进行重点考察：服务商的可信任程度、用户数量和质量、用户定位程度、服务的专业性、合理的费用和收费模式等。而服务商是否值得信任是最基本的条件之一，可以通过了解其品牌形象和用户口碑等外在标准来评价，同时至少还需要确认两项基本要素。

(1) 用户电子邮件地址来源必须是合法的，即经过用户许可的(如注册用户的电子邮箱和采用 Double Opt-in 方式加入的用户[①])，那些采用自行收集、购买、租用用户邮箱地址的公司是不可信任的。

(2) 服务商自觉维护许可电子邮件营销的行业准则，自己决不发送垃圾邮件。

五、内部列表与外部列表电子邮件营销的区别

下面从电子邮件营销的各个阶段来比较内部列表和外部列表邮件营销的区别。

(1) 确定电子邮件营销目的阶段：内部列表需要在网站策划阶段制订营销目的，策划的内容主要包括邮件列表的类型、目标用户、功能等内容；外部列表在营销策略需要时确定营销目的、期望目标、内容形式规模等。

(2) 建设或者选择邮件列表技术平台阶段：内部列表在网站建设阶段完成，或者在必要的时候增加邮件列表功能，也可以选择第三方邮件列表发行平台；外部邮件列表不需要自己的邮件发行系统。

(3) 获取用户电子邮件地址资源阶段：内部列表通过推广等各种手段，吸引尽可能多的用户加入列表，发送邮件不需要支付费用；外部列表不需要建立自己的客户资源，而是通过选择合适的电子邮件营销服务商获得用户列表，每次发送邮件均需要向服务商支付一

---

① Double Opt-in: 直译为"双重选择性加入"，与"Opt-in"(单向确认)相对应。当用户输入自己的 E-mail 地址，单击"确认"按钮之后，加入邮件列表的程序并没有完成，系统将向用户的邮箱中发送一封确认邮件，只有用户按照邮件中的指示，如点击某链接或者回复邮件，才能最终完成加入列表程序。这样，一方面避免了将错误的 E-mail 地址加入邮件列表；另一方面也杜绝了用他人 E-mail 地址加入邮件列表的恶意行为，因而在一定程度上防止了垃圾邮件的泛滥。

定的费用。

(4) 电子邮件营销内容设计阶段：内部列表在总体方针的指导下来设计每期邮件的内容，一般为营销人员的长期工作；外部列表根据每次电子邮件营销活动的需要设计邮件内容，或者委托专业服务商设计。

(5) 邮件发送阶段：内部列表利用自己的邮件列表发送，根据设定的邮件列表发送周期按时发送；外部列表由服务商根据服务协定发送邮件。

(6) 电子邮件营销效果跟踪评价阶段：内部列表自行跟踪分析邮件营销的效果，可定期进行；外部列表由服务商提供专门的服务报告，具体方式取决于服务商。

第三节　电子邮件的设计与效果评价

一、电子邮件主题的设计

当用户收到邮件时，第一眼看到的就是邮件主题，所以一封有效的邮件，必定有一个吸引人又有效的主题。电子邮件主题设计的基本原则，是尽可能让邮件主题发挥其应有的营销作用。一项研究表明，人们只愿意用 1.54 秒的时间决定一则广告是否值得往下看，也就是浏览标题的时间。接下来，打开邮件后，是否继续阅读，也会在 5 秒内决定，而 5 秒则为阅读邮件内容第一行的时间。[①]所以，电子邮件的主题和邮件内容的开头是特别重要的。

具体来说，电子邮件的主题设计需要注意以下几点。

1. 电子邮件主题应体现出邮件内容的精华

把内容里最精华的部分浓缩成几个关键词，放置于标题中，可以增强用户的信心，通过邮件主题来让用户感觉到邮件内容的价值，并迅速作出打开邮件详细阅读的决定。

2. 电子邮件主题要体现出对客户的价值

发件人中除了显示发件人名称和电子邮件地址之外，很难容纳更为详尽的信息，对发件人的信任还需要通过邮件主题来进一步强化，所以邮件主题一定要表达出对用户可能会带来的价值，这在客户对于企业品牌信任程度不高的情况下更显重要。

3. 电子邮件主题体现出品牌或者产品信息

有独特价值的产品、信息或者给人印象深刻的品牌要出现在邮件主题中，尽可能将重要的营销信息展示出来，即使用户不阅读邮件内容也会留下一定印象，这是可以监测到的电子邮件效果之外的意外效果。

---

① 郎恩·萨福科. 互联网时代营销圣经[M]. 3 版. 北京：人民邮电出版社，2015.

4. 电子邮件主题含有丰富的关键词

在邮件主题中设置关键词，除了加深用户的印象之外，也是为了让用户在检索收件箱中的邮件时更容易发现该邮件，因为部分用户收到邮件后并不一定马上对邮件中的信息作出回应，有时甚至可能在 1 个月之后才突然想到曾经收到的某个邮件中含有自己所需要的信息。

5. 电子邮件主题不宜过于简单或过于复杂

尽管没有严格的标准来限制邮件主题的字数，但保持在合理的范围之内，既能反映出比较重要的信息，又不至于使用在邮件主题栏默认的宽度内看不到有价值的信息。一般来说，电子邮件主题保持在 8～20 个汉字范围内是比较合适的。

为了让邮件主题发挥最佳的效果，在尽可能保证邮件主题符合基本原则的前提下，还需要对邮件主题进行一定的测试，尤其对于重要的邮件，更有必要通过测试来进一步确认邮件主题是否最优。如果可能，拟定几个不同的邮件主题，分别征求部分用户的意见，从中选择一个最好的。

如果邮件列表中的用户有明显的细分特征，最好针对不同的潜在用户群体，分别设计有针对性的邮件内容和邮件主题。

上述电子邮件主题设计原则也并不是固定的，在实际应用中需要灵活掌握。例如，各类邮件列表的邮件主题和临时性邮件营销主题在设计上有一定的区别，因为邮件列表是按一定周期发送的，用户对列表已经形成了一定的印象，对于发送邮件的企业已经有了一定程度的认知，因此更加注重的是当期邮件内容对自己是否有价值。

对于第一次向用户发送邮件信息的企业，并且是委托专业邮件营销服务商发送的电子邮件，企业品牌推广的任务明显要更重一些，如果用户不知道这封邮件是什么公司发的，以及为了什么目的而发送，阅读的兴趣显然会降低，这时就需要合理利用邮件主题的营销功能来降低这种劣势。

二、电子邮件内容设计

邮件内容的设计包括整体风格、Logo、字体、颜色、图片等方面。

1. 突出重点，简洁至上

许多客户浏览营销邮件都是一扫而过，因此我们的邮件必须在开始的几秒钟时间吸引用户的注意力。因此保持邮件简洁明了、重点明确是有效方法。另外，许多邮件可以在初稿基础上减少将近一半内容，在达到更好效果的同时也不会影响到表达的完整性。

2. 固定公司 Logo 位置

将公司 Logo 置入每封电子邮件中是一种有效的方法，既可表达整体又可对外进行公司宣传。最好是将公司 Logo 固定在相同位置，比较显眼但不要过于大，否则会抢了邮件的整体风头。

3. 用不同颜色强调重点

在决定使用哪种颜色时，应优先考虑使用公司的基准色。持续使用一种基准色是突出公司品牌形象的关键。运用不同颜色来高亮显示邮件正文中的重要内容，能帮助浏览者更轻松地抓住重点。

4. 整体使用统一字体

在一封营销邮件中，一般建议最多使用两种字体。例如，一种字体用来撰写正文，另一种字体用来显示大小标题。数字和字母可以使用诸如 Arial、Times New Roman 或 Verdana 等标准字体来加强通用性，因为如果使用非常规的字体，有些客户的电脑不一定能正常识别，因此会影响整体显示效果。

5. 使用图片作为补充

全是文字的邮件模板显得枯燥，不受用户喜欢，因此添加适当比例的图片不仅可以提升邮件模板的美观度，还可以帮助企业很好地传递信息。但请注意图片的相关性与清晰度，如果图片质量太差，反而会贬损公司形象。因此在选择图片时，要挑选那些简单、易于理解，并且与正文内容有直接关联的图片。

6. 信息需具有针对性

邮件接收者对邮件内容是否感兴趣？如果邮件并没有让接收者特别感兴趣，那他们很可能忽略你的信息。最佳方式是让你的信息更有针对性。

7. 整体简约而不简单

那些看上去整齐划一，能够明确表达信息的邮件更能获得反响。邮件营销的目标是让浏览者看后采取一些行动，如访问公司网站、获取一些产品信息等。设计良好的营销邮件应当能让潜在客户关注并采取你所希望的行动。

8. 设置退订按钮

退订功能是一封邮件不可缺少的部分，它也是优化用户体验的一种有效措施。另外，当电子邮件营销模板被当作垃圾邮件调查时，它可以证明你所做的是许可式邮件营销，而不是一个垃圾邮件制造者。

三、效果评价指标

1. 获取和保护用户资源阶段的评价指标

用户资源的评价指标包括有效用户总数、用户增长率、退出率等。每次在发送邮件列表前后对现有用户数量进行统计，这样便很容易获得相关指标的数据。

2. 邮件信息传递评价指标

拥有用户电子邮箱资源是为了向用户传递信息。实际上，在每次发送邮件时，并不能发送到所有用户的邮箱，甚至有时有效送达的信息比例很低。在电子邮件营销中，用来描述信息实际传递的指标有"送达率"和"退信率"两项。

3. 用户的信息接收过程的指标

在信息送达用户邮箱之后，用户不一定阅读并做出反应，用户的信息接收过程，可以用开信率、阅读率、删除率等指标来描述。

4. 用户回应评价指标

电子邮件营销最终的结果将通过用户的反应表现出来，用户回应指标主要有直接带来的收益、点击率、转化率和转信率等指标。

在实际中，对电子邮件营销进行准确的评价还是比较困难，最好采用综合的方法，既要对可以量化的指标进行评价，又要关注电子邮件营销所具有的潜在价值。

四、电子邮件营销的误区

在电子邮件营销中采取错误的方式不会带来正确的结果，从事网络营销的人员应该尽量避免以下几个误区。

1. 滥发邮件

花大量时间找到客户的邮寄地址和电子邮件地址，在并不了解目标对象的情况下，盲目发送大量营销邮件，这种拉网式的营销方式不可取，原因是投入产出比严重失衡。而且，把产品信息发送给"错误"的人将不会带来任何销售业绩，其结果还会严重误导对营销邮件功效的判断。在开展邮件营销之前，尽可能地缩小潜在客户范围，研究可能的潜在客户的真正需求。邮件营销的目标对象越准确，效果越好。

2. 邮件没有主题或主题不明确

电子邮件的主题是收件人最早看到的信息，邮件内容是否能引人注意，主题起到相当重要的作用。邮件主题应言简意赅，以便收件人决定是否继续阅读邮件内容。有的人自作聪明地认为，别出心裁的主题更能引人注意，采用和内容毫不相干的主题，甚至故弄玄虚，都无法改变邮件不受欢迎的实质。

3. 隐藏发件人姓名和地址

这种邮件给人的感觉是发件人在做不可直接言说的事情，正常的商务活动是不害怕以自己的真面目出现的。没有发件人姓名和地址的邮件，其内容的可信度不会有多高，而隐藏发信人地址的邮件则在中国电信定义的垃圾邮件之列，可以肯定地说这种邮件广告不会受欢迎。

4. 邮件内容繁杂

电子邮件宣传不同于报纸、杂志等印刷品广告，篇幅越大越能显示出企业的实力和气魄。电子邮件应力求内容简洁，用最简单的内容表达出你的诉求点，如果有必要，可以给出一个关于详细内容的链接(URL)，收件人如果有兴趣，会主动点击链接，否则，内容再多也没有价值，只能引起收件人的反感。而且对于那些免费邮箱的使用者来说，因为有空间容量限制，太大的邮件肯定是被删除的首选对象。

5. 邮件内容采用附件形式

有些发件人为图省事，将一个甚至多个不同格式的文件作为附件附加在邮件中，自己省事了，却给收件人带来很大麻烦。由于每人所用的操作系统、应用软件会有所不同，附件内容未必能被收件人打开。例如，你的附件是 PPT 格式的文档，而接收者根本没有这种处理工具，那么你的附件就不会有什么价值。而且即使有同样的应用软件，有过使用经验的人都了解，打开附件毕竟是件麻烦的事，尤其对于自己不甚感兴趣的邮件。此外，很多病毒都是通过邮件的附件传播的，对于陌生人发来的邮件，用户都不愿意冒这种风险。所以，邮件广告最好采用纯文本格式或者 HTML 格式，把内容尽量安排在邮件的正文部分。如果非用附件不可，最好在正文中告诉收件人附件的数量、名称和内容。

6. 发送频率过高

研究表明，同样内容的邮件，每个月发送 2～3 次为宜。不要错误地认为，发送频率越高，收件人的印象就越深。过于频繁的邮件"轰炸"，只会让人厌烦，如果一周重复发送几封同样的邮件，就肯定会被列入"黑名单"，这样便永远失去了那些潜在客户，公司的电子邮件营销计划只能是赔钱赚吆喝。

7. 没有目标定位

如果邮件地址是从网上收集的，或是根据某种"规律"推断出来的，得到这些"资源"后，不管是不是自己的目标受众，都不加区分地发送垃圾邮件，这样的"营销"肯定不会有好的效果。

8. 邮件格式混乱

虽然电子邮件没有统一的格式，但作为一封商业函件，至少应该参考普通商务信件的格式，包括收件人的称呼、邮件正文、发件人签名等因素。但是，现实中仍有很多邮件采用极不礼貌的语言，甚至采用自动打开网页或弹出窗口的方式强迫接收者"浏览"他的网站。

9. 不及时回复邮件

评价电子邮件营销效果的标志之一是消费者回应率，有消费者回应，当然是件好事，理应及时回复发件人，然而并非每个公司都能做到这一点。消费者对服务及时性的要求越来越高，大多数消费者希望在 6 个小时内获得关于消费者服务的询问，甚至为数不少的消费者在寻求获得即时满意的服务。可以想象，一个潜在客户给你发出了一封关于产品的询问，一定在急切地等待回音，如果等了两天还没有结果，他可能不会再有耐心等待下去，说不定因此成了竞争对手的客户。

10. 大量使用免费邮箱

免费邮箱对企业形象的伤害自不必说，就好像一个企业的联系电话是胡同里的传呼电话或者路边的公用电话一样，虽然从功能上说，都可以达到沟通的目的，但对于邮件接收者则是完全不同的感受。如果收到一个正规公司邮箱发来的邮件，即使和自己没有太大的直接关系，也不至于十分反感，如果消费者也需要从邮件广告中获取自己需要的产品促销信息，也许会看一看邮件的内容。但是，对于来自免费邮箱的大量的商业信件，则很少有人会产生信任感。

五、电子邮件营销的细节问题

细节决定成败，电子邮件营销需注意每一个细节，其中最具有普遍意义的有以下几点。

1. 电子邮件中的图片被阻挡

在订阅你的邮件通信的用户中，可能超过50%的人不能看见邮件中的图片，因为Outlook和其他电子邮件系统现在都默认不显示邮件中的图片，同时很少有人会主动去更改系统的默认设置。因此，如果图片中有什么重要信息或链接，还需要通过文本的方式重复一下那些信息。

2. 重视邮件预览窗口

很多网民都有在预览窗口阅读邮件的习惯，而不是打开邮件进行阅读。这就意味着要把核心的、最有价值的信息放在邮件开头几行，以避免用户由于一开始没有发现吸引他的信息而将邮件删除。

3. 邮件内容主题集中

不要在一封邮件中涉及多个不同主题，将用户的注意力集中到一个点上，有助于提升客户转化率。

4. 邮件内容链接直达目标页面

搜索引擎广告的链接都强调要链接到目标页面而不一定是首页，邮件中的链接同样如此，这样可以节省用户的时间，减少其他信息的干扰，保证邮件的效果。

5. 发送电子邮件之前先发送给自己

测试邮件是否有效的最好方法就是发送给自己，并且是发送到不同的邮箱系统，以了解邮件的最终展示效果是否符合自己的期望或需要做哪些改进。否则，当你向用户发出了邮件后才发现邮件内容中的缺陷，就为时已晚了。

本章小结

电子邮件营销是企业通过一定的软件技术，以互联网为载体，以发送电子邮件的方式来实施的，与用户以及潜在用户沟通，实现企业经营战略的一种营销技术，它主要指通过邮件列表向用户发布公司的新闻、声明、新产品信息、优惠信息等。

电子邮件营销是网络营销手法中最古老的一种，按照发送信息是否事先经过用户许可来划分，可以将电子邮件营销分为许可电子邮件营销和未经许可的电子邮件营销；按照电子邮件地址的所有权分类，可将电子邮件营销分为内部电子邮件营销和外部电子邮件营销，或者叫内部列表和外部列表。

开展电子邮件营销，首先要根据公司的市场定位、目标客户群体的特点、产品或者服务的价值等，确定目标客户邮件地址的收集方案、投送工具的评估方案、邮件内容设计原则、邮件发送方案、跟踪方案，以及优化方案等事宜，应收集反馈信息，及时回复，及时更新邮件列表。

在电子邮件营销中应该尽量避免一些误区，如滥发邮件、没有主题或主题不明确、隐藏发件人姓名和地址、发送频率过于频繁、没有目标定位等。

思考与练习

1. 写一封营销邮件，内容题材不限，发送给某个通信列表，进行已读回执统计。
2. 从自己的电子邮箱中选取几封营销邮件，分析其邮件主题、内容和发件人信息设置等方面的优劣得失。

知识扩展

五大交互式邮件让邮件营销"活"起来！

信息爆炸式猛增的当下，每当用户打开收件箱，花样营销信息如潮水般涌来。而急于抓取有效信息增量的用户，判断项其实很窄，无非是自身的个性化需求、邮件的内容及其带来的视觉体验等，而当下最不容忽视的还有其带来的交互式体验。

当单向的信息推送和营销灌输，变成令用户自在舒服的双向交互，将在良性互动中实现效果翻番。本次 Focussend 以五大交互式邮件为例，让您的邮件"活"起来!

1. 用户投票参与决策，品牌归属感助力社交传播

投票的用户参与度极高，但是如果用户得不到任何反馈，逐渐就丧失了兴趣。Baskin-Robbins 不仅通过邮件推送投票的形式让用户完完全全参与进来，同时还将决策权交到用户手上，让投票结果产生实际价值，提升参与感。

作为一家冰激凌供应商，Baskin-Robbins 鼓励用户从过去下架的冰激凌口味中选出一款最爱的，最终得票数最高的口味将重新面市。此举不仅为网站引入流量，还让品牌更加了解用户偏好，更让用户有了很强的参与感与价值感。

2. 口碑视频折射品牌理念，片段分享提升产品信任度

当视频与口碑结合在一起，其表现力将会提升。金酒品牌商 Bambay Sapphire 在对旗下高端产品进行邮件营销的时候，没有急于求成，而是抹去过重的营销痕迹，精心制作了口碑传播式的人物纪录片，以此来推动用户对产品的信任感以及最终的销售转化。

用户在观看纪录片时，不仅能知悉该品牌，了解其中折射出的品牌理念及品牌文化，还能在理性思考的基础上，为下一步的购买行为做铺垫。

3. 定制版周边加强品牌露出，高品牌辨识度助力销售转化

品牌化的输出一直都是营销领域的重中之重，而定制化的周边也总是品牌化形式的主推。尿不湿供应商 Luvs 就为客户设计了一款专属手机游戏，当尿布被当成道具在海盗和玩家之间丢来丢去时，一切变得有趣起来。

客户沉浸于游戏的同时，品牌辨识度在无形中得到提升，加上用户打开游戏次数增加，品牌露出频次相应稳步增加就逐渐形成对品牌的依赖，从而形成好感，达到销售转化。

4. 特定人群建设性意见输出，新一轮品牌价值提升

特定人群的细分一直都是个性化触发的前提，但往往细分后的重心还是停留在营销上，个性化体验感及用户好感度不佳。

Home MadeSimple 针对家长朋友们与孩子相处时的互动提出了几大建议，并且在进行邮件营销时邀请用户去试用。一系列高质量、极具建设性的免费建议，不仅获得了家长的认可，还获得了新一轮品牌价值的提升，相对于硬性的营销内容，是不是更易吸引用户呢?

5. 信息告知搭配位置推送，线下体验达成营销闭环

线上线下的交融一直都是营销界的王牌法则，但其交互的模式及最终是否能形成闭环始终是一大挑战。Dunkin Donuts 的营销活动，希望用户能进到实体店去品尝免费的甜甜圈，通过邮件营销做完初步活动信息告知后，在文字底部附上链接到附近门店的 CTA(行动呼吁，Call to Action)按钮，利用位置营销形成线下转化。即便本次活动用户未抵店，也起到了店面告知的作用，为日后的购买行为打下基础。

营销不仅是单方面的输送，直接的营销目的、过重的营销痕迹无法吸引客户参与其中，久而久之，营销脱节，转化降低。双向式的交互体验才是营销的"源头"。

(资料来源：新浪微博账号"Focussend 邮件营销"博文)

第八章

IM 营销

学习目标

- 了解 IM 营销工具的种类和 IM 营销的优势；
- 掌握 IM 营销的相关技巧；
- 掌握腾讯 QQ 的营销技能

士力架打造"备考神器"，玩转社交互动营销

士力架是玛氏食品公司出品的巧克力产品，每年会针对特定人群结合"饥饿"概念玩出许多无厘头的搞笑营销活动。在考试季来临之际，士力架以"备考饿货降妖记"为话题将目标受众精准锁定为考生群体，进行新一季的品牌营销活动。

在考试季来临之际，士力架急需精确定位学生人群，尤其是考生群体。凭借 TFBOYS 的明星效应，士力架需要充分调动代言人的影响力，通过融入他们日常生活的互动方式，吸引考生群体自发参与品牌营销互动，引发"备考饿货降妖记"话题的广泛传播。

腾讯社交广告通过多维度、多平台的数据交叉分析能力，精准锁定士力架本次项目的目标人群活跃在 QQ 空间平台，同时结合用户爱玩的特性，最终决定采用游戏+UGC(用户生成内容)作为最契合客户的营销场景，从而进行原生态式社交媒体品牌营销。

为了帮助士力架准确锁定考生用户，腾讯社交广告基于腾讯内部不同应用(Qzone、QQ 音乐、QQ 等)场景下的大数据交叉分析能力，通过用户年龄、听歌习惯及中高考话题标签，并在学生族群网络社交大本营 QQ 空间进行广告投放与推广。士力架通过 QQ 空间发布视频《备考饿货降妖记》、空间签到说说、广告 Banner、视频 Feeds 广告、闪屏广告及产品包装二维码扫码等方式，确保用户能够在线上、线下多个入口触达最契合客户的 UGC 与 H5 联动营销场景，自然引发 QQ 空间用户的互动，吸引用户在边吃边玩的过程中完成购买、抽奖、赢取战利品等操作。

在此次营销过程中，士力架多维度触达用户，以原生态互动成功打造爆款产品。其主力曝光视频信息流广告高达 7000 万、闪屏 2 亿、触屏 Banner 8500 万，备考降妖话题圈获得 3962 万浏览、2.9 万关注，全平台活动视频播放量达到 1.67 亿，线上活动参与人数累计 392 万，"降妖"签到说说发表 103 万。除此之外，士力架合作商品不仅线下销量已超过 100 万，带来 600 万元商业化营收，同时也覆盖约 9 家超商渠道，全国约 2000 家门店，产品销量总计约 1020 万份，超出合作目标 10 倍。

(资料来源：腾讯社交广告营销平台提供案例)

思考：用户数量巨大的 QQ 及其相关应用有哪些营销优势？

第一节　IM 营销概述

一、IM 概述

(一)IM 的定义

IM 是即时通信(Instant Messaging)的简称，是一个终端服务，允许两人或多人使用网络即时传递文字信息、档案、语音与视频，分为手机即时通信和网络即时通信。手机即时通信的代表是短信，而目前在互联网上受欢迎的即时通信软件包括QQ、益信、微信、钉钉、百度HI、飞信、易信、阿里旺旺、京东咚咚等。

(二)IM的分类

根据即时通信属性的不同，可以将IM即时通信工具分为以下几个类别。

1. 个人IM

个人IM，主要是以个人用户为主，非营利目的，方便聊天、交友、娱乐，如QQ、新浪UC、百度HI、移动飞信(PC版)的及时通信软件等。这类软件通常以网站为辅、软件为主，以免费使用为辅，增值收费为主。

2. 商务IM

此处的商务泛指买卖关系。商务IM通常以阿里旺旺贸易通、阿里旺旺淘宝版为代表。商务IM的主要作用是寻找客户资源或便于商务联系，从而以低成本实现商务交流或工作交流。此类IM用户以中小企业、个人实现买卖为目的，外企也可以方便地实现跨地域工作交流。

3. 企业IM

企业IM一共有两种，一种是以企业内部办公用途为主，旨在建立员工交流平台，如环信；另一种是以即时通信为基础，系统整合各种实用功能，如搜狐公司的"企业通"、网易公司的"马上办"。

4. 行业IM

行业IM主要局限于某些行业或领域使用的IM软件，不被大众所知，如盛大圈圈，主要在游戏圈内盛行。行业IM也包括行业网站所推出的IM软件，如化工类网站推出的IM软件。行业软件，主要依赖于单位购买或定制。

(三)IM的营销价值

作为即时通信工具，IM最基本的特征就是即时信息传递，具有高效、快速的特点，无论是品牌推广还是常规广告活动，通过IM都可以取得良好的营销效果。利用IM工具进行在线咨询，可以及时解决客户问题，提高交易的可能性，甚至充当最优接触点和最综合营销平台的角色，也是病毒营销的助推器。

IM作为互联网的一大应用，其重要性日益凸出。有数据表明，IM工具的使用已经超过了电子邮件的使用，成为仅次于网站浏览器的第二大互联网应用工具。

早期的IM只是个人用户之间传递信息的工具，而现在IM工具在商务领域内的普及使得IM营销也日益成为不容忽视的话题。最新调查显示，IM已经成为人们工作上沟通业务的主要方式，有50%的受调查者认为每天使用IM工具的目的是方便工作交流，49%的受调查者在业务往来中经常使用IM工具，可以便捷地交换文件和沟通信息。

虽然IM已经成为互联网广告的重要发布媒体，但是中小企业在IM营销，却还是刚刚起步。针对有明确目标需求的网站访客，企业需要一套网站在线客户服务系统，随时接待每一位访客，回答访客的任何问题，然后产生交易；而针对没有明确需求的网站访客，企业则需要根据其行为特征分析进行主动出击，了解来访目的、购买意向，最终达成交易，这就是典型的中小企业IM营销。

二、IM营销的概念和优势

(一)IM营销的概念

IM营销又叫作即时通信营销，是企业通过即时工具IM推广产品和品牌，以实现目标客户挖掘和转化的网络营销方式，常用的主要有以下两种情况。

第一种，网络在线交流。中小企业建立网店或者企业网站时一般会有即时通信在线，潜在的客户如果对产品或者服务感兴趣自然会主动和在线的商家联系。

第二种，广告。中小企业可以通过IM营销通信工具，发布一些产品信息、促销信息，或者可以通过图片发布一些网友喜闻乐见的表情，同时加上企业要宣传的标志。

(二)IM营销的优势

IM营销是网络营销的重要手段，是进行商机挖掘、在线客服、病毒营销的有效利器，是继电子邮件营销、搜索引擎营销后的又一重要营销方式，它克服了其他非即时通信工具信息传递滞后的不足，实现了企业与客户无延迟沟通。IM营销的优势具体表现如下。

1. 互动性强

无论哪一种IM，各自都会有庞大的用户群，即时的在线交流方式可以让企业掌握主动权，摆脱以往等待关注的被动局面，将品牌信息主动地展示给消费者。当然这种主动不是让人厌烦的广告轰炸，而是巧妙利用IM的各种互动应用，可以借用IM的虚拟形象服务秀，也可以尝试IM聊天表情，将品牌不露痕迹地融入进去。这样的隐形广告很少会遭到抗拒，用户也乐于参与这样的互动，并在好友间传播，在愉快的氛围下加深品牌印象，最终实现日后的购买意愿。

2. 营销效率高

一方面，通过分析用户的注册信息，如年龄、职业、性别、地区、爱好，以及兴趣相似的人组成的各类群组等，针对特定人群专门发送用户感兴趣的品牌信息，能够诱导用户在日常沟通时主动参与信息的传播，使营销效果达到最佳。另一方面，IM传播不受空间、地域的限制，类似促销活动这种消费者感兴趣的实用信息，能通过IM在第一时间传达给消费者。

3. 传播范围大

大部分人上班后，第一件事是打开自己的 IM 工具，随时与外界保持联络。任何一款 IM 工具都聚集了大量的人气，有无数庞大的关系网，好友之间有着很强的信任关系，企业任何有价值的信息都能在 IM 扩散传播，产生的口碑远非传统媒体可比。

有强大的用户规模做后盾，IM 蕴含的巨大市场营销价值已经被越来越多的企业认可，而 IM 承载的传播形式更是变得越来越丰富。

第二节　QQ 营销

作为中国最大的 IM 软件，QQ 的注册用户已经超过 10 亿，QQ 智能终端拥有 6.4 亿活跃用户，整体最高同时在线用户数达 2.4 亿，QQ 已经成为网民的必备工具之一。从营销推广的角度来说，用户覆盖率如此之大、用户如此集中的平台，是必须要好好研究并加以利用的。

QQ 营销的形式主要有 QQ 群发、QQ 群营销和 QQ 空间营销，但是，QQ 信息设置也能起到营销作用。

一、QQ 信息的设置技巧

1. 昵称

以营销工作为使用目的的 QQ 号，最好用专门的工作称呼，如某某公司张三、某某公司李四，既可以拉近关系，又避免了客户因没有改备注而忘记你。使用真实姓名，更容易让人产生信任感，也可以以主营业务或者主营产品为用户名，但最好还是附加个人姓名。

2. 头像

可以将头像设为自己公司的 Logo，或自己修改的某张图片(如某某公司)，目的是让人明白你的行业，要求字迹清楚，让别人一目了然。

3. QQ 签名

QQ 签名可以添加网站的链接、公司的简单介绍等，要经常更新，这样才会在空间以及动态里显示出来，提高自己的曝光率。

4. 个人资料

个人资料越丰富、越真实，越能够增强用户的信任感，所以尽量翔实为好。

二、QQ 群发推广

QQ 群发推广就是以向大批 QQ 用户群发信息的方式进行营销宣传。首先要做好自身的角色定位，身份是专家、客服还是普通的客户等，需要预先决定。角色设定可以通过 QQ 昵称、头像和签名等资料来体现，然后再去加相关的好友进来聊天。

QQ 群发信息要取得信任，必须要有一定的知名度和美誉度，所以，进行 QQ 营销的时候，可以通过相关知识经验的分享，在百度知道、百度贴吧等进行宣传、留言，解决网民的相关问题，树立权威的形象，从而吸引潜在客户，为以后的产品推广奠定基础。

QQ 群发消息的方法有两种。一是从"多人聊天"导航开始操作，登录 QQ 后，在头像下方的导航中，单击双人像的图标，如图 8-1 所示，下方即显出了"多人聊天"功能入口。单击"发起多人聊天"按钮即可选择接收消息的好友和群成员，选择完成后即可群发消息。

图 8-1　QQ "多人聊天"对话框

二是从一对一聊天窗口开始操作，打开"发起多人聊天"对话框，如图 8-2 所示，然后可以选择群发消息的接收对象。

图 8-2　从一对一聊天窗口打开"发起多人聊天"对话框

群发信息要遵守腾讯对 QQ 信息发送制订的规则，否则会被屏蔽，甚至封号。一般群发信息选择图片，因为腾讯对群发内容中添加的链接和 QQ 号码等信息很敏感，而且发布内容重复率高的信息也很容易被监测从而被屏蔽。

另外，腾讯对 QQ 新号发送图片的数量进行了限制，还会根据设定的规则大致判断发送的内容是否为广告。例如，通过内容的出现频率、重复次数和是否有链接等来判断。如果违反了腾讯设定的规则，就算内容不是广告，腾讯也会默认为广告，因此屏蔽该信息，或者对用户的 QQ 作出下线或锁定等处理。

腾讯一般会在五、六月份对一些规则进行升级、更新，但基本都对新号的限制比较严格，而对老号比较宽松。

三、QQ 群营销

1. QQ 群营销的方式

在 QQ 群里，不可直接、生硬地进行营销活动，赤裸裸的广告轰炸并不能获得好的营销效果。QQ 群营销更需要委婉、曲折地进行，一般可采用以下几种方式。

1)　"守株待兔"式

"守株待兔"式其实就是直接把自己的群名片改成广告信息，如在站长群很常见的"快速代备案""免备案空间""承接网页制作""招 SEO 主管"等，由于他们的广告只是群名片的名称，并没有直接发广告，所以一般都不会被群主踢出去。

需要注意的是，这种广告方式应该在有限的群名片字数内把广告信息写得精准明了，"快速代备案"也很明了，但改成"代备案 2 天过"就好多了；同理，"招 SEO 主管"就没有"5K 招 SEO 主管"来得更直接。

2)　"QQ 表情"式

QQ 表情是大家经常使用的，一个很有趣的 QQ 表情，在上面挂一个营销目标网址或是其他信息，是一种让人欣然接受的营销方式。

3)　"交朋友"式

"交朋友"式就是和对方交朋友。仅仅在 QQ 群里面聊天，难以成为关系密切的朋友。如果可能，直接加对方为自己的好友，然后进一步交流，就容易成为朋友，这样营销业务就容易开展了。

4)　"助人为乐"式

"助人为乐"式是指平时在群里积极地回答别人的问题，尽可能地帮助别人。一段时间下来，在群里的知名度和美誉度就建立起来了。

5)　"揭秘"式

这种方式，可能是以文字的形式出现，也可以是以图片的形式传播，其内容都是揭示一些内幕性的内容，很吸引人的眼球，可以达到正面宣传自己的目的。

2. QQ 群营销的注意事项

QQ 群不同于网站，它的信息是即时滚动的，只是机械式地加群、发广告，就会被踢，这是没有任何效果的。下面是 QQ 群营销的一些注意事项。

(1) 对于新加入的群，应该以"先建感情，后推广"为主要原则。随着网络诈骗的出现，大家对于互联网上的信息越来越谨慎。所以对于 QQ 群营销来说，应该本着"先建感情，后推广"的原则。只有和大家熟悉了，大家才会接收你的信息，也才不会被踢出群。

(2) 广告频率应该本着"少而精"的原则。广告多了，大家就反感。在群内发送广告信息时也一样，重复的内容最多一天发送一次，关键是要"少而精"。

(3) 利用群的各种工具。除了聊天等基本功能外，QQ 群还拥有群共享、群空间等各种辅助工具，如将新闻、软文发到群空间，将宣传资料发到群共享等。

(4) 强大的群邮件功能。QQ 群自带群邮件功能，可以针对群内所有成员群发 QQ 邮件，并且在发完邮件后，QQ 会在电脑右下角自动弹出邮件提醒消息，保证每位群内成员都能及时看到邮件内容。

(5) 争取申请成为管理员。自建群费时费力，而在别人的群又不能随便做推广，但是如果成功申请成为管理员，不但能够免费使用群内的所有资源，而且还省去了建群、维护群等繁杂的事务，节省了大量的时间。

四、QQ 空间营销

QQ 用户数量巨大，而 QQ 空间又是可由自己控制使用的传播渠道，所发的广告或软文可以引起相关好友的注意，且方便他人转发、扩散，对其他用户的干扰小，因此应当利用好 QQ 空间，尽量发挥其营销作用。做好 QQ 空间营销需要注意以下几点。

1. 多写原创文章，少转发

QQ 空间其实就是一个博客，所以要利用 QQ 空间做好营销，原创文章的写作是最基本的原则。如果空间日志里充斥着从他处转载而来的文章，很容易让好友失去持续关注的兴趣。

2. 广告链接添加要醒目

既然是做 QQ 空间营销，就必须把广告信息写成一篇有诱惑力的文章，文章里一定要留下详细的联系方式，并且还可以插入产品图片，广告链接一定要醒目、突出，还要引导潜在客户立即去点击。

3. 要善于使用相册功能

相册是一个上传图片的地方。可以多上传产品和公司图片，但是也不要忘了上传个人的生活照片。上传产品图片，是为了让潜在客户了解产品；上传个人生活照片，是为了让潜在客户增强信任感。

4. 适当回帖

QQ 空间是一个私人空间，所以进入 QQ 空间的人，都是"好友"的身份，虽然很多好友根本不认识，但是仍然要注重互动交流，对于一些好友的评论，可以适当地回帖，加强沟通。

5. 升级成为 VIP 会员

普通 QQ 最多只能容纳 500 个好友，而 VIP 会员可以容纳 1000 个好友。同一个 QQ 上的好友增多，可以提高 QQ 空间的人气。因此，可以考虑升级为 VIP 会员。

6. 把"说说"同步到 QQ 签名

如果 QQ 空间里发表了新文章，可以在空间的"说说"上提示，并把"说说"设置为同步到 QQ 签名上，这样容易引起好友的注意，引导他们第一时间来看你的新文章。

五、企业 QQ 与营销 QQ 介绍

企业 QQ 与营销 QQ 是腾讯开发的两种付费的企业产品，面向企业用户，是企业内部管理和营销活动开展的有效工具，有必要在此作简要介绍。

1. 企业 QQ

企业 QQ 是腾讯公司专为中小企业搭建的企业级即时通信工具，其核心功能是帮助企业进行内外部沟通，强化办公管理。它具有以下几个方面的特点。

(1) 企业 QQ 营销版本可以帮助企业用户留住重要客户，因为企业 QQ 的好友是不可以删除的，这样就保证了所有的客户都在企业 QQ 里面，而且聊天记录也是没有办法修改的，这样也方便新员工接手工作。在账号保护方面，腾讯采用多重防范措施，密码保护更为安全，不用担心号码遗失。

(2) 企业 QQ 营销版本客户容量大，可以加入十几万好友，之前的个人 QQ 好友都可以批量导入到企业 QQ 里面来统一管理。

(3) 企业 QQ 营销版本拥有强大的群发消息功能，可以更好、更快、更便捷地推广公司的产品。个人 QQ 不可以发广告，只能跟客户一对一聊天，但是企业 QQ 有一个非常好的群发消息的功能，群发消息内容可以容纳好几百个字，可以带有网站的链接，客户收到群发消息点开网站链接就可以看到更多的内容。在组织内部传播上，只要轻松一点，即可对企业 QQ 内部组织架构里的同事给予祝福和工作通知等。同时，企业 QQ 还有短信功能，可以存储手机联系人，向公司合作伙伴、客户群发短信。

(4) 企业 QQ 营销版本，一个号码可以多人同时使用。个人 QQ 的一个号码只能在一台电脑上登录，和多人会话需要打开多个窗口，开的窗口多容易占内存，会出现电脑死机、

卡顿等状况。企业 QQ 就能很好地解决这个问题，企业 QQ 同一个号码可以使多人在不同地域里同时在线，所有的员工都登录一个企业 QQ 号码，一致对外联络，管理方便。

(5) 更少广告运营商广告干扰。企业 QQ 营销版本可以编辑公司信息，对话窗口右侧永远都是企业 QQ 秀，不会被腾讯的广告覆盖。

2. 营销 QQ

营销 QQ 是腾讯在个人用户的基础上，专门为企业量身打造的一款集在线客服与主动营销为一体的即时沟通平台。它具有海量好友沟通顺畅、主动营销、在线客服、消息记录永久保存和漫游等功能。

(1) 营销 QQ 的好友数量可以达到 10 万。当好友达到一定数量以后，可以对好友进行分组，然后有计划地群发公司广告。通过群发还可以筛选客户，即第一次发消息后有哪些客户回复了，可以将这类客户作为一个组，没有回复的客户可以选择再群发，然后会再筛选一些客户，这样就有重点客户了。

(2) 对外形象统一，同一号码，多人在线。号码以 400/800 开头，方便好记(如客户有 400 电话，那么可以直接注册为营销 QQ 号码，如客户无 400 电话，系统会分配一个 800 开头的九位数的号码)。号码都是经过官方认证的，加 V 标志，聊天界面右侧展示的是企业的 Logo。

(3) 内部协同工作，提高工作效率。营销 QQ 一号多人在线，客户加入公司一个号，即可找到公司的任何一个人，提高服务质量。各个部门、员工之间可以实现转接客户咨询，第一时间了解客户的需求，及时解决问题。下级员工如果对产品或者业务不熟悉，或者是员工因为外出不在时，主管可以直接抢接过来，更好地服务于来访客户。

(4) 营销 QQ 挂在公司的网站上，进行 24 小时在线服务。只要有客户访问公司的网站，营销 QQ 会主动弹出对话框，跟访客对话，客户可以留言，系统会自动转换为机器人进行信息回复。客户的信息会自动保存在服务器上，同时能够把访客的个人 QQ 号码记录下来，24 小时帮助公司积累潜在客户。

(5) 数据分析功能。有访客访问网站，营销 QQ 能够记录访客的地理位置、访问页面等信息，还可统计公司网站一天的整体访问情况以及访客的来源。

(6) 营销 QQ 可以批量导入个人 QQ 好友，集中管理客户，保证客户信息安全，员工职位变动或者离职，不会带走公司的客户信息。

(7) 营销展示渠道多。营销 QQ 号码、企业空间、企业微博都有腾讯认证标志，是加 V 认证的企业，可提高公司的可信度。聊天窗口右侧，不同于个人的 QQ 秀，显示公司的信息、电话、地址，每个聊天的客户，都可以看到企业的信息，相当于给每个客户做了一遍视觉上的广告推广，聊天窗口右侧永久免费的广告牌位。在企业 QQ 查找企业，更可利用 QQ 专属的企业查找、关键词查找，大幅提升曝光率。

(8) 营销 QQ 是纯商务办公、无娱乐功能的软件。它的安全性能比个人 QQ 更强大，账号更安全。

本章小结

IM 在人们的网络生活中应用甚广，如 QQ、阿里旺旺等，每种 IM 工具的用户积累到一定程度时，再开发出相关的应用工具，附加于 IM 账号之上，如 QQ 空间、QQ 群、说说、签名、邮箱和 QQ 音乐等，就理所当然地成为一种社交平台，同时也是营销平台。

IM 营销具有互动性强、传播范围广等优势，是网络营销的重要工具。本章重点介绍了腾讯 QQ 相关的营销应用，其他如阿里旺旺等 IM 工具的营销技巧大同小异，不再赘言。

思考与练习

1. 动手设置自己的 QQ 或阿里旺旺的个性签名、快捷回复和自动回复。
2. 分别以一对一、一对多和发送群消息三种方式，发送自己设计的营销信息或节日问候语。

知识扩展

关系营销与传统营销的比较

关系营销产生于 20 世纪 80 年代，以维护客户关系与公共关系为背景，是企业为了实现自己的目标，提高社会福利，在与市场的利益相关者(如客户、供应商、分销商、竞争者、员工、政府机构和其他公众等)合作的过程中，建立和维护互惠互利的合作关系。

瑞典学者古姆松认为，关系营销是从关系、网络和交互的角度看营销。他把公司面临的关系分为市场关系和非市场关系两大类，共 30 种关系。芬兰学者格朗鲁斯把关系营销看作价值、交互和对话的过程。他认为关系营销就是为了满足企业以及与它相关的利益者的目标而进行的互惠互利的合作过程。关系营销的主要目的是协调处理企业、组织和个人三者之间的关系，是决定一个企业成功或失败的关键。

关系营销产生的主要原因，是传统的营销方式所建立的品牌忠诚度，无法让厂商满意。据资料显示，美国家庭的报纸渗透率已低于 70%，美国收看电视的家庭已由 10 年前的 90% 降至目前的 70%，由此可以看出，由于大众传播媒体日益衰落，依赖大众媒体的传统营销手段越来越不起作用了。另外，计算机信息系统和传播科学与技术的进步，使企业有一个链接客户更有效的工具。

关系营销的最终目标，是让客户成为企业长期的合作伙伴，然后建立一个永久的合作伙伴关系。由于明确了长期的合作伙伴关系，关系营销已经成为一种个人通信的形式，而不再是广告、促销、直接营销或公关之类的活动。

虽然关系营销的研究目前还不是很成熟，尚未形成比较完善的理论体系，但是通过对现有理论和模型的分析，我们可以发现关系营销与传统营销间存在本质性差异。

首先从二者的概念可以分析出，关系营销和传统营销的目的和途径不同。所谓关系营销，是企业与消费者、供应商、分销商、渠道商、竞争者、政府机构等公众互动过程的一个营销活动，其核心是与公众建立良好的关系。传统营销是指为了达成交易而开展的营销活动，是交付和基本产品的价值传递过程。传统营销关注一次性交易，较少强调消费者服务，传统营销与消费者保持适度有限的联系。关系营销服务周到，具有浓浓的人情味，而且关系营销不仅仅是为了此次的交易，更多的是为了留住消费者，并由此消费者向其他的消费者传达周到的服务，从而吸引更多的消费者，拥有更多的交易，且此交易是长久性的。而传统营销则显得极其生分，交易过程过于严肃，交易结束后似乎就是互不相识，单纯地只为了这一次交易。

其次是关系营销和传统营销的范围不一样。传统营销的市场交易范围仅仅局限于目标市场上，即各种消费群；关系营销涉及范围更广泛，包括客户、供应商、分销商、渠道商、竞争者、银行、政府等。故关系营销重视的不仅仅是消费群体，还有它的合作群体，只有加深与合作群体的关系，大家形成一个集体，才能使企业走得更远。

最后是关系营销和传统营销强调的重点不同。传统营销不强调客户服务，而关系营销恰恰与其相反，不但重视客户服务，还将其视为企业成功的关键，同时借为客户服务，提高客户满意度、忠诚度，为将来的长久合作打下良好的基础。关系营销就是建立和发展与消费者的关系的过程，其核心就在于与潜在客户建立朋友关系，并倾听他们的需要，在契约、互惠、感同和信任四个维度取得客户的认可，从而提高顾客对产品的忠诚度。

(资料来源：节选自卢疆. 浅析关系营销的发展历程. 管理观察[J]. 2013(19).)

第九章

App 营销

学习目标

- 了解 App 的基本知识；
- 理解 App 营销的特点与模式；
- 掌握 App 的营销理念，包括设计、创意和推广理念，能策划相关营销活动

需求导向型的星巴克 App 营销

跨国销售的连锁咖啡品牌星巴克自 2009 年开始，一直致力于运用创新数字技术提升消费者体验，为减少消费者的等待时间，推行了移动支付 App，并由此开拓移动营销市场，以满足消费的需求为导向。

BI Intelligence(美国知名科技媒体《商业内幕》(Business Insider)旗下研究机构)对星巴克 App 的运营方式进行分析，认为星巴克的用户忠诚度不完全依赖于移动支付的便利性，还因为其 App 基本适用各个型号的手机，并借助积分奖励机制以及查询商店、提前预定、新品提醒等不断刺激日常购买、带动重复消费的功能，提高用户忠诚度。所以对于星巴克而言，App 承担着品牌推广与产品营销的双重重任，是星巴克多年来积极与消费者建立对话渠道的缩影，让消费者在 App 上随时与品牌发生关联，同时还兼具促销功能。

1. 满足信息需求

星巴克于 2012 年推出"星巴克中国"App，具备最基本的星享卡账户体系，可以查询自己账户下的优惠券数量、功能描述、星级等基本账户信息；实时接收星巴克最新的产品及促销信息，包含饮品介绍和活动资讯；可以绑定星享俱乐部，让会员随时查看星享等级、星星数量以及星享好礼。主推的"门店查询"功能利用 GPS 定位帮消费者寻找所在位置的附近门店，让消费者可以获取即时消费需求的信息。

2. 满足社交需求

星巴克 App 可实现信息同步分享至社交网站中，满足消费者的社交分享需求。例如，"星巴克时刻"功能让消费者用来记录咖啡心情，可同步到微博、微信等社交网站分享生活；"星消息"栏目中的促销信息以及咖啡、食品等小知识也可以快捷地分享给粉丝和亲友。这些功能在满足消费者社交需求的同时，也是星巴克在借力微博、微信等新媒体来进行口碑营销的手段，吸引了更多人的目光。

3. 满足情怀需求

星巴克 App 中的"休眠卡陈列"功能会展示出消费者买过的每一张卡，甚至是卡面设计。很多消费者在使用该功能时都会情不自禁地惊叹："哇！怎么做到的！"这是一种满足情怀需求的功能。App 还推出了听歌识曲功能，并且直接保存到他们的 Spotify 账户当中。这项功能是星巴克和音乐流媒体服务商 Spotify 的跨界合作。星巴克用户在 App 里能够访问每周音乐播放列表，浏览成熟和新兴的艺术家信息，并为他们喜欢的曲目点赞，以变更星巴克在实体店中的播放列表，让消费者享受到自己喜欢的音乐。

4. 满足深层需求

星巴克致力于了解消费者的消费行为和生活习惯，在增进与消费者的关系的同时，积极探索其深层需求。为推广早餐新品，"星巴克中国"App 中添加了一项"早安闹钟"的新功能。每天早上，消费者在闹钟响起后的 1 小时内赶到星巴克门店，就有机会在购买纯正咖啡饮料的同时，享受半价购买早餐新品的优惠。这项创意受到了很多粉丝和消费者的赞赏，也治愈了很多上班族的"赖床症"。在活动推出后的四周内，"星巴克中国" App 下载次数超 9 万次，超过 50 万人设置了闹铃。

(根据网络资料整理)

思考：结合本案例，谈谈 App 营销有哪些优势？

第一节　App 营销概述

移动互联网的发展，使得移动智能设备迅速普及，带来移动互联网用户和移动应用 App 下载量的爆炸式增长。据《2016 中国网民 App 使用行为调查报告》显示，智能手机用户占手机用户的比例超 98%，安装的 App 数量在 20 个以上的用户占比最高，达到 44%。[①] App 作为移动智能终端中的主要信息载体，已经渗透到人们工作和生活中的方方面面，以投放 App 广告或策划各种形式的营销活动作为手段的 App 营销应运而生。

一、App 概述

App 是 Application 的缩写，是指智能移动终端的第三方应用程序，可以通过应用商店平台进行下载。目前应用下载商店的模式有系统原生平台，如苹果公司的 App Store、Android(安卓)系统的 Google Play Store、诺基亚的 Ovi store 以及 Blackberry(黑莓)用户的 BlackBerry App World。随着安卓智能手机的普及，第三方应用商店模式也进入市场，如 360 手机助手、豌豆荚、PP 助手、应用宝等，以及各大手机品牌生产商所开发的硬件厂商预装应用商店模式，如小米应用商店、华为应用市场、OPPO 软件商店、vivo 应用商店等。除此之外，常见的还有手机运营商应用商店，即中国移动、中国联通、中国电信的运营商渠道和软件下载网站，如天空下载、华军软件下载、太平洋下载等。

(一)App 格式

(1) iOS 系统 App 格式有 ipa、pxl、deb，这类 App 主要应用在苹果公司的 iPhone 手机以及 iPad 平板电脑上。据 Kantar Worldpanel(凯度消费者指数)发布的《全球移动操作系统份额数据》显示，截至 2017 年 2 月 iOS 系统在中国的市场占有率为 13.2%。[②]

---

① 《2016 中国网民 App 使用行为调查报告》：http://www.51diaocha.com/report/5923. htm?ruid=1000098，2016-11-25.

② 《2017 年 2 月全球移动操作系统份额：国内安卓暴涨至 86.4%》：https://www.ithome.com/html/iphone/304298.htm. 2017-4-14.

(2) Android 系统的 App 格式为 apk，这类 App 主要应用于安卓系统的智能手机，这类手机系统在中国市场上的占用率最高，同样截止到 2017 年 2 月，Kantar Worldpanel(凯度消费者指数)发布的数据显示，在中国 Android 系统的市场占有率为 86.4%。[①]

(3) 诺基亚的 S60 系统的 App 格式为 sis、sisx，市场占有率较低。

(4) 微软的 Windows Mobile 系统的 App 格式为 xap，市场占有率较低。

(二)App 类型

不同的 App 商店对 App 会有不同的分类，但大体上皆以 App 的内容功能作为区分标准，分为新闻、杂志、音乐、游戏、娱乐、导航、财务、参考、工具、健康、教育、旅行、商业、社交、医疗、摄影、图书、生活、体育、天气、品牌等，覆盖了用户在生活中的各方面需求。

由于不同的 App 具有不同的功能，其应用情况如用户下载率、使用率、忠诚度等也不尽相同。据腾讯大数据发布的《2017 年 Q1 季移动 App 使用情况分析》显示，用户使用最为频繁的 App 集中在社交、系统工具、视频、购物类。[②]

按收费模式分类，App 可以分为免费模式、收费模式和"免费+收费"模式(即针对不同的用户提供两种不同的版本：免费、收费)。

(三)App 评估标准

优质的 App 不仅能让用户体验到它们的固有价值，也更具有营销优势。常用以下标准评估一款 App 是否成功。

1. 用途

用途是指 App 的功能及其应用范围。一款 App 是否能够解决问题或者满足需求是用户判断它是否值得下载的首要因素。

2. 保留率

保留率是指 App 被用户下载后，在移动客户端是否被保留及保留时长，代表着用户的忠诚度。保留率是 App 制造商的最大挑战，当用户认为这款 App 已经失去使用价值或体验较差，不仅会卸载且会产生厌烦感。

3. 活跃用户

活跃用户是指安装有该 App 的用户中使用 App 较为频繁的用户。活跃用户数量代表着

---

① 《2016 中国网民 App 使用行为调查报告》：http://www.51diaocha.com/report/5923. htm?ruid=1000098，2016-11-25

② 《2017 年 2 月全球移动操作系统份额：国内安卓暴涨至 86.4%》：https://www.ithome.com/html/iphone/304298.htm. 2017-4-14.

App 的受欢迎程度。

4. 使用时间

使用时间是指用户在使用该 App 时一般会持续使用多长时间，其代表着该 App 的用户黏性。

5. 用户体验

用户体验是指用户在使用 App 的过程中的整体感受，如操作是否便捷，反应是否迅速，界面是否美观，广告是否太多等，其直接影响 App 的保留率。

6. 用户获取

用户获取是指 App 能够了解如何触及并获取目标用户，这代表着用户根据需求在寻找 App 时能否第一时间看到并下载。

二、App 营销概述

(一)App 营销的定义

App 营销是移动营销的核心，指某一组织为满足消费者需求利用智能手机、平板电脑等移动终端上安装的 App 应用程序而从事的一系列营销活动。

App 营销是移动互联网时代下的产物，可以为企业有效拓展营销渠道，树立品牌形象，实现企业与用户之间良好的互动交流，成为企业推广产品或服务的重要工具。

(二)App 营销的特点

1. 高碎片化

快节奏的生活使人们的时间碎片化，手机几乎不离身的现代人，在手机、平板电脑等移动终端上的 App 上消耗了大量碎片化时间。App 营销的高碎片化特征体现在其可以将整体信息分割成碎片信息，如短信息、短视频等，利用用户的碎片时间如乘坐公共交通工具时、等候间隙等向用户传递其所需的信息，满足其碎片化阅读需求，并且 App 可以有效整合各种媒体形式的碎片化信息，如短文、小图片、短音频等，具备极高的营销价值。

2. 高持续性

传统营销和网络营销一般都是按周期计算。而一款成功的品牌 App 应用，一旦被用户下载到手机中并持续使用，品牌则可以通过 App 与用户保持长期的沟通与互动，持续推送品牌信息，有效增强用户黏性，产生持续性的营销效果。

3. 高全面性

App 营销的全面性体现在两方面，一方面 App 是一个综合信息载体，可以将产品或服务的相关信息全面展示给消费者，消费者能够便捷地感受到产品及服务的各方面魅力；从另一个角度来说，App 产品及服务已经遍及人们生活的各个领域，可以满足人们各方面的需求，覆盖范围广、服务精准及信息全面，可以有效提高消费者的接受程度。

4. 高精准性

App 营销可以在与用户个性化的沟通中，借助先进的大数据技术、网络通信技术以及可量化的精准市场等手段，使营销达到可度量、可调控等效果。例如，App 可以通过收集手机系统的信息、位置信息、行为信息等，根据对方所处的时间、空间情况来分析出目标客户群体的属性；或者是通过识别用户常看的页面，分析其兴趣偏好和行为习惯，再推送符合其需求的信息。

5. 高互动性

手机和平板电脑是人们用来互动交流的便携性工具，基于这种平台的 App 也具备移动交流的特点。例如，关注 SNS 账号、即时通信、参与官方活动、发送邮件、反馈评价 App 等，用户在 App 内的互动方式非常丰富。同时，结合移动设备的触屏、重力感应等技术，用户的操作体验将更加丰富，产生前所未有的互动体验，实现了人机交互、人人互动，互动也因此得以多次传播、扩大影响。同时，App 营销的互动性与传统营销的互动性的区别在于 App 营销更多的是用户的自主互动，而非被动式，用户在 App 内可以自行选择想获取的信息。

第二节 App 营销的模式

根据 App 所属主体的不同，App 营销的模式可以分为两种：自有 App 营销模式和植入式 App 营销模式。

一、自有 App 营销模式

自有 App 营销模式是指企业或商家自主开发设计 App 进行营销推广活动。自有 App 一般包括两种，一种是网站移植式 App，多为购物类、社交类网站的手机客户端版本；另一种是用户参与式 App，指企业或品牌自主开发的品牌 App，让用户了解其文化、产品或服务，或通过开发有创意、互动性强的 App 来吸引用户的主动下载和参与，从而达到有效的营销目的。

(一)网站移植式 App

网站移植式 App 是指将成熟的传统网站移植到移动智能终端平台，以 App 的形式供用户下载使用，一般常见于购物网站，如淘宝 App、京东 App 等。相对于传统的互联网网站，App 最大的特点是方便快捷，不受时空限制，不仅内容和传统互联网一样丰富，还实现产品和服务在移动端和 PC 端(电脑端)的跨媒体整合。以电商为例，基于移动互联网技术，用户在 App 上可以随时随地获取相关产品及服务的信息，并自助下单及快捷支付，极大地便利了人们的生活，甚至改变了人们的网购习惯。支付宝 App 普遍的应用趋势和良好的发展前景造就了一大批完全植根于移动互联网平台的电商 App。

电商 App 是集"信息传播+销售渠道+品牌推广+会员管理+社交互动"几大功能于一体的移动营销平台，并借助移动端的优势，通过搜索、定位、语音等功能以及移动互联网技术，与客户展开个性化、多样化的互动，从而打通线上线下资源，帮助企业走上 O2O 模式，提高企业的服务水平和品牌知名度。同时，App 具有完善的会员管理系统，通过相关的数据分析，能够对用户行为进行分析，进而精准地为用户推送他们需要的信息，适时组织一些客户喜欢的优惠活动，提高用户黏度。

(二)用户参与式 App

用户参与式 App 是品牌以用户为中心自主开发的，可以是产品手册、电子体验、社交分享、公关活动等，开发者一般会通过在 App 内植入有趣的小游戏、生活小工具等去吸引用户的下载；或者是广告主根据其营销目标来设计 App 的内容和形式，通过开发出有创意的 App 来吸引用户的注意、使用和分享，如优衣库的 Wake Up 闹钟 App，无印良品的日历、记事本 App，或者是一些互动游戏类 App，如丰田亲子游戏 App "Backseat Driver"(后座驾驶员)等。

用户参与式 App 利用消费者的碎片化时间，一方面满足用户功能性或娱乐性需求，另一方面给用户充分的品牌体验，与用户进行长期沟通与互动，并推广品牌活动。

二、植入式 App 营销模式

植入式 App 营销模式是指广告主根据需求筛选目标受众使用量较高的 App 进行广告投放，也称为 In-App 广告，可以分为**硬性植入**和**软性植入**两种形式。In-App 广告与网络广告类似，也属于以效果计费的广告类型，以用户点击(CPC)、回应(CPP)、注册下载(CPA)、销售数量(CPS)等作为其计费衡量标准。

(一)硬性植入模式

在 App 内硬性植入广告的形式多种多样，常见的有以下几种。

1. Banner 广告条

App 内的 Banner 广告，有静态图、GIF 图、文字链等，常出现于顶部、底部(见图 9-1)。其优点是展示更直观，能快速吸引用户的注意；缺点是对页面造成一定的遮挡，易导致用户反感。

2. 插屏广告

App 内的插屏广告，一般以半屏大图的方式出现(见图 9-2)，其广告展现的时间可以控制，常出现的位置是首页、未点击的功能页面。其优点是视觉冲击力强、定位更精准；缺点是会暂时打断用户的操作行为，影响用户体验。

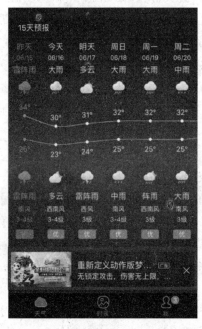

图 9-1　底部 Banner 示例

图 9-2　插屏广告示例

3. 全屏广告

全屏广告又称 App 启动页广告。用户首次进入 App 时，将会出现启动页，等待 App 加载时呈现全屏广告，以图片、视频、Flash 等形式加载，如图 9-3 所示。当用户没有关闭 App，在后台运行，再次进入时，启动页广告将不会再出现。其优点是合理利用资源，等待 App 加载时呈现广告，具有冲击力，能刺激用户记忆；缺点是有些广告加载缓慢，影响用户体验。

4. 公告广告

App 内的公告广告，常出现在电商类 App 的首页上，通过广播公告的形式向用户传播信息，如图 9-4 所示。其优点是简洁直观，占用地方小；缺点是大多情况下只能起提示作用，难以直接诱导用户点击。

5. 信息流广告

App 内的信息流广告，也称为 Feed 广告，是随着用户在 App 内浏览信息时不经意出现的信息广告，一般在右上角或左上角显示有"广告"标志，如图 9-5 所示。其优点是不会影响用户的操作行为，与正常的信息混在一起，不容易被识别，用户在不知不觉中将广告阅读完；缺点是投放不精准，易让用户反感。此类广告常出现在社交类 App(如微博、微信朋友圈)和资讯类 App(如网易新闻、腾讯新闻客户端)等上面。

图 9-3　启动页广告示例

图 9-4　公告广告示例

6. 下拉刷新广告

App 内的下拉刷新广告是指当用户需要刷新 App 内的内容时，会采用下拉刷新的形式来刷新列表，广告便会填充下拉的空白区域，达到传播效果，如图 9-6 所示。此类广告常出现在下拉刷新栏，其优点是隐藏在内容页面板下，用户刷新才会出现，节约空间成本，不影响用户体验；缺点是广告出现时间过短，不容易引起用户注意。

7. 竞价排名广告

App 内的竞价排名广告与搜索引擎竞价排名广告运行模式类似，都是按点击付费，推广信息出现在搜索(靠前)的结果中，如果没有被用户点击，则不收取推广费。常出现在搜索结果页面上，竞价产品出现在搜索结果靠前的位置，且与用户检索内容高度相关，增加了广告推广的精确度，容易引起用户的关注和点击，所以投放效果比较显著。其缺点是搜索结果是以资金衡量，结果难免会与用户意愿不匹配，影响用户体验。

8. H5 广告

H5 广告是指利用 HTML5 编码技术制作的数字广告形式，目前其主要传播途径为移动端的手机和平板电脑，常见于微信 App。其优点是承载文字、图片、动效、声音等丰富的表现形式，互动性极强，是目前最受品牌主关注的广告形式之一；缺点是其加载效果、互动过程受移动网络信号影响大。

图9-5　信息流广告示例

图9-6　下拉刷新广告示例

除以上提到的八种App植入广告模式，常见的还有视频播放类App中的视频贴片广告、游戏App内的积分广告、奖励广告，社交类App中的微博私信广告等。一般植入式广告都是结合App的功能特点植入相应的广告形式，而无论是哪种植入方式，目的都是通过广告向消费者传播信息，或吸引消费者通过固定的链接进入相应界面，使消费者了解更多有关产品或服务的信息。

(二)软性植入模式

App内的硬性植入广告的内容通常是产品或者优惠信息，用户属于被动接受，无法对用户的生活和情感方面产生持续影响。而软性植入广告则是较为隐性的营销手段，与用户形成情感和文化交流，让用户主动参与，培养长期的品牌关系。

1. 内容植入式

内容植入式是指将营销内容直接植入App内，与App所提供的内容无缝结合或是成为其中的一部分，如植入文字、道具、UI(User Interface，用户界面)皮肤、场景等，优化用户体验，精准度高，可以让用户产生独特的认知与记忆。例如，"疯狂猜图"App是典型的内容植入模式，在游戏中出现品牌关键词，如NIKE、阿迪达斯，在达到广告传播目的的同时不影响用户操作，如图9-7所示。

图 9-7　"疯狂猜图"内容植入广告示例

2. 合作植入式

合作植入式是指品牌与热门 App 进行跨界合作，在 App 内开展丰富的营销活动，App 庞大的用户群体可以为活动提供效果保障，并有效拉近品牌商与消费者之间的距离。例如《暖暖环游世界》是一款换装类的游戏 App，拥有上千种服装，数万种搭配组合，游戏内的服装由日本画师精心雕琢，款式时尚，设计精美。作为网上商城的天猫电商与《暖暖环游世界》App 合作，联合几大天猫的服装店铺进行流量导入，当玩家在游戏内看到心仪的服饰时，可直接跳转到天猫购买同款。两者在 App 内完美结合，使用频次极高，利于用户的深度记忆。

第三节　App 营销理念

用户对 App 的下载使用一般是出于主动选择的，主要基于这款 App 的应用价值，包括工作生活的实用性功能和娱乐性功能，即自身的需求和兴趣，而不是其承载的广告本身。所以，如何吸引用户的主动关注并下载，是 App 营销的核心诉求。从自有 App 营销模式来看，一方面要注重创意、设计理念，提升 App 的价值，吸引用户主动下载并长期使用；另一方面注重 App 的营销推广，让其从众多 App 中脱颖而出。对于植入式 App 营销来说，即是如何选择合适的 App，策划最佳的植入广告，提高转化率。

一、设计理念

设计理念主要是针对企业或品牌主自建品牌 App 来提出，在开发设计上应注意把握以下几点。

(一)准确定位角色

企业开发定制 App，要先对 App 的内容、受众、目标、运营模式等有清晰的定位规划。以服务受众为主要运营目标则应开发设计品牌信息服务型 App，管理品牌用户，提高受众忠诚度；以推广营销某新产品或服务为主要运营目标则应开发营销活动型 App，提高受众关注度，强化品牌认知。无论是设计哪一类型的品牌 App，都应以用户为中心，制订清晰的价值主张。

以品牌信息服务型 App 为例，应以品牌本身的定位为核心理念，设计个性风格一致的品牌 App。在功能设计上，如以现实消费者为中心建立品牌 App，那么 App 的主要功能是为用户提供品牌的有用信息和服务，或解决相关问题；如以潜在消费者为中心建立品牌 App，那么 App 的主要功能则是向用户传达品牌或产品的基本信息、企业精神等，提高认知度。也就是说，开发设计品牌 App 的首要因素就是确定品牌 App 的核心诉求，受众的定位。

App 与用户之间的互动逻辑及运营推广模式也要在有限的产品周期内找到精准的目标，比如要做的是本地 App，还是跨区 App？本地 App 适合结合社群媒体宣传与实体店面，做 O2O(Online To Offline)整合；跨区 App 则可以一次性整合多个平台，但更需要可以直观使用的简洁的 UX(User Experience，用户体验)界面。

(二)树立品牌形象

品牌 App 是移动互联网时代的品牌形象代表。App 的 Logo、App 的视觉设计风格，甚至 App 应用商店上的介绍和宣传 Banner 等，都是品牌形象的重要组成部分。例如，在 UNIQLO(优衣库)创建的品牌 App 中，首先，UNIQLO WAKE UP、UNIQLO CALENDAR、UNIQLO RECIPE 等每一个 App 的名称都是以 UNIQLO 为首，命名规则高度统一。其次，三个 App Logo 除了底色有所区别，其余的与品牌本身 Logo 设计一致，品牌识别度高(见图 9-8)。同时，这三款 App 在界面视觉设计上，风格严格遵循简洁明快的品牌基调，让用户在使用 App 时，可以联想到其品牌理念、产品、包装、广告和店面展示等风格，强化 UNIQLO 鲜明的品牌个性形象(见图 9-9)。

UNIQLO WAKE UP　　　UNIQLO　　　UNIQLO CALENDAR　　　UNIQLO RECIPE

图 9-8　优衣库 App Logo

UNIQLO WAKE UP 界面　　UNIQLO CALENDAR 界面　　UNIQLO RECIPE 界面

图 9-9　优衣库 App 界面

(三)洞察品牌受众

移动互联网时代的营销不再是向消费者进行单向的理念灌输,以用户为主导的双向甚至多向互动才是当下品牌 App 营销模式的主旋律。企业推出品牌 App,首先聚焦目标用户,做到精准把握用户心理,为其量体裁衣。

具体地说,可对用户进行用户画像或情景模拟,研究用户在什么样的情景下对什么样的功能产生需求;或者考虑用户的日常使用习惯,出于方便、快捷的诉求,什么功能可以吸引用户反复使用,如天气预报、闹铃等会让用户形成使用习惯。但这也并不适用于所有品牌 App,这些功能有时会让用户体验失焦。所以品牌在开发一款 App 时,选择什么功能类型,应该参照品牌理念或产品特征等,如上文提到的 UNIQLO,其品牌 App 在功能设计上便融合其所倡导的 Life Wear(服适人生)的品牌哲学,通过定制数字化的生活工具类App(UNIQLO LIFE TOOLS)来服务用户。又如,日本生活品牌 MUJI(无印良品)除了拥有MUJI Apparel Catalog 这个电子商城 App 之外,还推出了另外三款 App——笔记、日历和旅行备忘,同属于工具型 App,这与 MUJI 品牌本身的经营领域是一致的,我们可以在 MUJI实体商店里看到笔记本、日历本和各种旅行必备品,与品牌目标消费人群的实际需求相契合。

而针对用户的娱乐性需求,为品牌 App 开发娱乐趣味游戏或者社交功能、积分排名和奖励系统等也可以优化用户体验。总之,品牌 App 的设计是弱化商业性质的,应为企业提供有别于传统软件的更加个人化的受众信息,从而为用户创造更多样的使用环境。所以,企业必须清楚受众的年龄、性别、喜好、生活方式与使用装置的习惯等,预设特定情境时可能遇到的问题，甚至还要超越使用者，设身处地替他们想象未来可能的使用方式，做到真正从功能和心理上满足用户的需求。

二、营销创意理念

(一)自有 App 营销创意理念

App 是企业或品牌经营者直接与客户沟通的移动渠道，随时随地都能推送信息给受众，建立品牌自媒体影响力。什么样的品牌 App 是成功的品牌 App，通常以 4R 目标作为标准，即高保留率(Retention)、高评价(Rating)、高回复率(Review)、高搜寻次数(Research)。实现 4R 目标，可以从以下几个方面进行。

1. 强化情感营销

品牌 App 的情感营销可以分为以下两方面。一方面是品牌 App 应与用户建立情感关联。品牌 App 是用户接触品牌或产品的最前端，品牌 App 想要在赢得用户后，让用户成为忠实的使用者，应与消费者建立情感关联，让用户对品牌 App 产生好感。如同两个人交朋友，基于用户依赖的手机端的品牌 App 与用户之间的关联也遵循着人类心理学的基本原理：相互认知——交换信息——彼此尊重——发展友谊——互相信任——对彼此忠诚——成为终身伴侣。那在这一个过程中如何建立情感关联？应注重人性化的品牌沟通，与用户在 App 内形成真诚的良性互动；或者是在 App 内设计可以满足用户实际需求的功能，影响或培养其生活习惯等。

另一方面是在 App 内营造情感氛围，让用户使用 App 时能够获得情感体验，从而引起情感共鸣。例如，珠宝品牌 TIFFANY，在其创建的名为 TIFFANY True Love 的品牌 App 中所呈现的内容很少提及产品，更多的是关于钻石的永恒话题：真爱。该品牌 App 通过分享真爱故事、寻觅真爱地点、品味爱情谏言等，与用户在情感层面产生互动，营造爱情的浪漫氛围，与品牌定位契合，有效提升了用户对品牌的好感。

2. 强化体验营销

品牌 App 应顺应手机技术的多元化发展趋势，整合 AR 增强现实技术、HTML5 技术、身份识别、重力感应、陀螺仪等多方技术，实现以前许多营销手段不能实现的技术特征，以有趣、视觉化、创新的表现形式和分享的概念去极大优化与用户之间的互动，给用户带来突破性的体验，延伸移动营销的价值。品牌 App 的体验营销不仅需要对用户进行深入和全方位的了解，还应把使用者的全方位体验凝结在产品层面，让用户在使用过程中感受到被尊重、被理解和被体贴。

例如，瑞典著名的家具品牌宜家(IKEA)曾推出一款名为 IKEA Now 的品牌 App，就利用了增强现实技术(名词解释参见第十一章)，当用户在 IKEA Now 上选择一款家具，这款家具的图像就会插入到现实场景中(见图 9-10)，用户足不出户就可以在 App 上体验到宜家的产品和服务，自己当设计师，让购买决策变得更快和更简单。

图 9-10　宜家 App 增强现实技术应用

在 App 上强化体验营销，还可以在消费者心中树立"与时俱进、用科技解决问题"的形象，特别是对于男性消费者，技术比任何广告宣传片的说服效果都好。例如，妮维雅发现，在夏天体味过重是很多消费者急需解决的问题，特别是男性消费者，相关调查研究发现，男性脑中接收和处理气味的部分仅仅是女性的 40%，所以很多情况下他们压根意识不到自己身上汗味过重。为了化解男性自己无法感知体味并且无人提醒的尴尬，妮维雅开发了一款名为 Nose 的品牌 App。用户只需要打开 Nose，用户张开手臂，将手机背面的透气孔对准腋下，程序处理之后，手机会显示气味等级，并告诉他们味道是不是已经到了"扰民"程度(见图 9-11)。当看到气味测试结果之后，无论是体味过重还是正常，用户都会联想到除臭商品，从而产生产品的购买行为。

图 9-11　妮维雅开发的名为 Nose 的品牌 App

3. 强化个性营销

个性化、便捷的服务是品牌 App 从源头上解决用户的活跃度和留存率的重要方法之一。如果是标准化生产的产品，可以在 App 上提供定制化的产品或服务，如 21cake 网站推出的品牌 App 能帮用户随时随地订购蛋糕，并根据需求送到指定的地方。客户不仅可以根据口味选择蛋糕，还可以根据适用对象来选。

随着大数据技术的发展，及时、相关、定制化的交互设计和内容信息也已普及，主要体现在三个层面：一是基于地理位置(LBS)推送信息，二是利用用户信息与用户交流，三是追踪站内用户的近期行为。所以个性化营销应该进一步强化，用户关心的不仅仅是精准推送，而是从推送的消息中能够获得多少有价值的信息。在大数据时代注重的是相关性思维，以基于实时地理位置(LBS)推送为例，当用户的设备进入某个区域，就能收到 App 推送的附近相关的价值信息，如服装品牌 App，除了针对用户所在的地理位置推送附近品牌门店的位置、优惠信息以外，还可以推送附近商圈内的美食优惠，实现个性化的关联推送，满足用户的多样性需求，提升品牌好感。

4. 强化差异化营销

任何产品要在同类产品中脱颖而出，都要注重创新并进行差异化营销，不要禁锢在常见的形式中。品牌 App 的差异化创新路径可以从以下几方面去考虑。

一是充分利用用户的空闲时间，现在人们的所有空闲时间几乎都被手机占用，我们的目标是将用户花在手机上的空闲时间转移到我们的 App 上。例如，法国航空曾推出一款 App，只要用户让手机对着天空，App 便可自动识别现在正在播放的歌曲，然后在 App 内直接试听，同时 App 中还可通过互动游戏赢取优惠机票，让乘客乘坐飞机不再无聊。

二是发挥扩散性思维，丰富品牌联想。很多品牌为吸引用户下载而开发娱乐游戏型 App，但是 App 的游戏内容却与品牌关联不大，让用户难以产生品牌联想，这是急需解决的问题。丰田亲子互动游戏 App "Backseat Driver"(后座驾驶员)在这方面做得不错。这款 App 是为坐在汽车后座的儿童开发的，孩子坐在爸爸的丰田车内开启 App，选择自己喜欢的车进入游戏画面，画面中有个导航的汽车，那正是爸爸正在开的汽车。那么孩子在游戏中的车就中跟着爸爸的车行驶，与前座的爸爸妈妈一起体会开车的乐趣。同时，游戏画面还根据 GPS 定位，显示周边的餐饮设施，满足用户多方面需求。丰田此款 App 聚焦的不仅是丰田车用户，还有在游戏中享受亲子快乐时光的孩子，无形中把品牌植入每一位家庭成员的心中。

三是线上线下联动提升活跃度。移动网络技术的发展，可以有效实现 App 的线上线下联动。App 支付功能可以打造 O2O 闭环；"扫一扫"扫描功能，可以与线下的活动、广告、促销等形成联动；线下活动展示，线上进行游戏、抽奖派送等，可以有效提高 App 的活跃度，增强品牌热度。例如，可口可乐曾在香港地区推出 CHOK 奖 App，如图 9-12 所示。当电视或电脑视频出现可口可乐相关广告时，广告中的特定音效会触发App并让手机震动，这时用户用力摇晃手机便可捕捉电视或电脑屏幕里的瓶盖(最多可捕捉到 3 个瓶盖)，所捕捉到的每个瓶盖下面都有不同的奖品，广告结束时，可在 App 中查看摇到的奖品。

图 9-12　可口可乐 App CHOK 游戏界面

(二)植入式 App 营销创意理念

1. 选择：热门度和关联性

在植入式的 App 营销中，App 是直接载体，所以选择合适的 App 非常关键。在本章第一节 App 的概述中，已提到评估 App 的六个标准，企业选择植入 App 时可进行参考。同时，什么样的 App 才能与目标消费者更接近，才能承担企业的营销任务，这也是企业应深入思考的。

一般情况下，应同时综合衡量两个因素，即热门度和关联性。企业在明确营销目标，确认目标用户后，首先应分析用户会使用什么类型的 App，然后找到匹配目标受众属性的 App，经过多方评估，尽量选择这一类 App 中较热门的。年轻群体是电影的主要受众。电影《绑架者》上映前，选择与深受年轻人欢迎的美妆相机 App 进行深度合作，打造了《绑架者》专属妆容"绑架妆"。导演兼主演明星徐静蕾在微博上发布活动，引发了广大网友纷纷下载美妆相机 App 来自拍试用妆，并分享给好友。"绑架妆"上线不到 24 小时，使用次数就已超过百万次，电影营销与 App 达到了双赢。

2. 投放：精准化和个性化

选定了合适的 App 之后，则应策划最佳的投放方式。广告主应先了解目标受众的使用偏好、使用习惯，尤其是在使用时间和使用空间上的偏好，并根据受众的使用情况作出及时而有针对性的投放。目前人们对手机的依赖性非常强，在一天内用户使用智能手机的几处活跃位置是家、交通工具、公共场所、户外等。家应该是用户使用 App 最多的地方，也是最放松和惬意的使用空间，所以投放的广告应以休闲娱乐为主。

同样基于大数据技术，App 广告的投放也应建立在用户的实际需求上，做到精准化和个性化。例如，用户在使用 App 搜索某一位置周边的相关信息时，我们应为其提供符合用户搜索信息的广告来吸引消费者的关注，这不仅减少了用户对 App 广告的排斥心理，也可以把广告立即转化为用户所需要的实用信息，进而快速地把广告信息转化为消费行为，达到用户和企业的双赢。

3. 制作：创意化和互动化

创意作为广告的灵魂，可以大幅度增强广告的感染力。如何在有限的手机屏幕上，在短暂的时间内快速抓住用户的注意力，避免用户的反感，提高广告点击率，更需要创意的植入。在形式上，植入广告应与 App 的信息发布风格、运营模式等进行深度融合。例如，朋友圈信息流广告，其形式与用户平时自行发送的普通朋友圈类似，因而迅速融入朋友圈，品牌就像用户身边的一个朋友；其内容是基于用户画像的投放，在文案和图片上应契合用户需求，直击用户内心，让广告更贴近用户的生活。

移动技术的发展，让 App 广告与用户的互动也有了更多的可能。良好的互动广告可以有效提高广告的点击率和用户的好感。例如，基于微信平台投放的 H5 广告，对视频与音频兼容，可开发游戏等，因此具备了强大的、多样性的互动形式，实现无限可能，在移动端表现出色，成为目前众多品牌争先恐后投放的广告类型。如图 9-13 所示，别克的 H5 广告，采用游戏互动形式，使剧情和品牌融合，吸引年轻消费者。

图 9-13　别克的 H5 广告

三、推广理念

对于品牌自建 App 而言，前期的设计和开发是基础，但如何快速获得用户增长，也是 App 营销中至关重要的一步，因为在竞争激烈的 App 市场中，"酒香也怕巷子深"。

在 App 推广前，我们需要考虑以下几个问题。

(1) 如何确保 App 在各大商店排名靠前。

(2) App 下载量达到多少能给企业带来商业价值。

(3) 怎样确定 App 是否是目标用户群体下载。

(一)App 营销推广理念

1. 整合营销推广

品牌 App 的营销推广也需要缜密的策略，在适当的时刻，通过合适的渠道与目标用户沟通，形成整体协同效应，达到营销效果最大化。在中国市场推广品牌 App 要把握中国消费者的心态，尽量免费服务优先。再根据用户下载 App 的渠道和习惯，结合 App 的定位和属性，跨 PC 和移动互联网，整合硬性和软性方式，选择最优渠道进行覆盖，方能在碎片化现状下高效推广 App，如建立微信、微博官方账号、病毒视频传播、微博话题炒作、排行榜推荐、编辑推荐、论坛讨论帖和明星效应等。

2. 保持营销潜力

品牌 App 营销是一个长期的过程，直接促进销售只是初级形式，保持营销潜力、满足用户的高级需求、维持用户与品牌的长久关系、吸引更多目标用户下载才是其最终目标。所以品牌主应不断去提升 App 的价值，让其更有用或者更有趣，保持并提高其营销潜力。在对品牌 App 进行改进之前，应时刻保持与用户的沟通，收集用户的反馈信息，从受众的角度对 App 进行更新。

(二)App 营销推广渠道

目前在中国市场常用的 App 推广渠道除社会化媒体、搜索引擎、门户网站等之外，也有专门的 App 推广渠道，在此做下简单介绍。

(1) 免费渠道。免费的渠道目前有应用商店上架、应用市场自荐、应用市场专题申请、自媒体运营和垂直媒体投稿(如 36Kr、虎嗅网)等。

(2) 换量。换量是 App 推广的一种重要形式，是指置换流量，可以跟应用商店进行流量互换，也可以跟其他的 App 进行互换，常见的有 1:1 等值换量和买量。形式主要有内容合作、开屏、弹窗、焦点图和应用内推荐等。

(3) 合作。常见的有联合运营活动，确定双方目标，互相提供资源，达到双赢。例如，网易新闻客户端联合 Nice App，发起"世界在你手中"主题大片征集活动。在 Nice 上发出照片，使用网易新闻客户端 5.0 专属贴纸，就有机会被选为网易新闻客户端开机封面照。

(4) 垂直社群推广。大型垂直社群如论坛、贴吧会保留一定的流量和用户，而且用户活跃度高，适合初期的推广投放。

(5) 付费渠道。常见的付费渠道有：应用商店内的投放(包括广告位和活动推广)；刷榜，在 App 榜单上通过付费使排名靠前；移动网盟平台，较大的移动网盟平台有百度联盟、多盟、安沃、亿动、艾德思奇、易传媒、有米、力美、广点通等。

本章小结

在移动互联网时代，以 App 作为营销平台已经成为各大企业的营销常态。

与传统移动媒体营销相比，App 营销拥有无可比拟的优势。在信息的传播方式上，传统移动媒体主要是以短信形式为主，让消费者被动地接收产品或品牌信息，而 App 营销是企业将产品或品牌信息植于 App 中，用户自行下载，在用户使用过程中达到信息传播的目的，传达率更高。在传播内容上，传统移动媒体传播的产品或品牌信息局限于文字信息，用户对产品或品牌难以产生全面的感知，而 App 则可以包含图片、视频等诸多媒体元素，用户可以全方位地感受产品或品牌。

随着移动互联网思维以及技术的发展，App 的类型和功能越来越丰富多样，营销形式也会随之变化和发展。

思考与练习

1. 你怎么理解 App 营销与 App 的营销？
2. 你认为大数据技术是如何助力 App 营销的？
3. 谈谈你认为做好 App 营销应具备哪些移动互联网思维？

知识扩展

H5 广告

H5 指的是第 5 代 HTML 编码语言。而 H5 广告，则是利用 HTML5 的编码技术来实现的数字广告。目前来说，主要传播途径为手机和平板，而理论上电脑、数字电视也可以实现。H5 广告可实现音视频展示、翻页交互、游戏娱乐等形式，每时每刻给用户带来不一样的互动体验，很受品牌主青睐，目前可谓是风生水起。

1. H5 广告的分类

从功能与设计目标来看，H5 广告主要有以下 4 大类型。

1) 活动推广型

为活动推广而打造的 H5 是最常见的类型，形式多样，常见的有邀请函、贺卡、测试题、游戏等形式。类型代表是 2016 年天猫双十一推出的"穿越宇宙的邀请函"全景 VR 型 H5

广告，如图 9-14 所示。

图 9-14 天猫双十一推出的全景 VRH5 广告(扫描二维码可观看案例)

2) 品牌宣传型

品牌宣传型 H5 等同于一个品牌的微官网，更倾向于品牌形象塑造，向用户传达品牌的产品信息及精神。在设计上需要运用符合品牌定位的视觉语言，让用户识别品牌。类型代表是引爆 H5 广告市场的第一个 H5 广告——特斯拉，如图 9-15 所示。

图 9-15 特斯拉广告(扫描二维码可观看案例)

3) 产品介绍型

产品介绍型 H5 是指企业在推出新产品时运用 H5 的互动技术优势尽情展示产品特性与功能，吸引用户的注意力，刺激用户的购买欲望。类型代表是宝马在 2016 年 3 月为推出新产品 BMW M2 而制作的"全新 BMW M2 锋芒上市"H5 广告，如图 9-16 所示。

图 9-16　宝马"全新 BMW M2 锋芒上市"H5 广告(扫描二维码可观看案例)

4)　宣传报告型

宣传报告型 H5 相当于运用 H5 技术实现的宣传手册或年终总结，优秀的互动体验令原本乏味的总结报告有趣生动起来，强化品牌形象。类型代表为京东在 2014 年 6·18 活动之前推出的"京东十大任性"H5 广告，如图 9-17 所示。

图 9-17　"京东十大任性"H5 广告(扫描二维码可观看案例)

2. H5 广告的制作形式

H5 广告的制作形式分为两个层次。初级层次为图片信息展示型，类似于幻灯片切换，所需要的资源为活动策划、视觉设计师、第三方 H5 制作工具。用户的参与感弱，有的转化率也相对较低。

上升层次为交互式，所需的资源为 H5 策划、视觉设计师、交互设计师、前端工程师和服务器。用户参与感强，互动效果好。因为参与感的增强，用户的分享指数也有了进一步提升。

3. H5 广告的制作平台

H5 的制作平台主要有以下三种。

1)　展示类编辑工具

该类编辑工具以兔展、易企秀、MAKA、百度 H5 等在线编辑平台为代表，特点是以信息展示为主，操作较为简单。图 9-18 为 MAKA 平台编辑页面。

图 9-18　MAKA 平台编辑页面

2)　在线可视化工具

该类工具以 iH5、木疙瘩、Wix 等为在线编辑平台代表，特点是可以实现较多的交互功能，界面可视化。图 9-19 为 iH5 平台编辑页面。

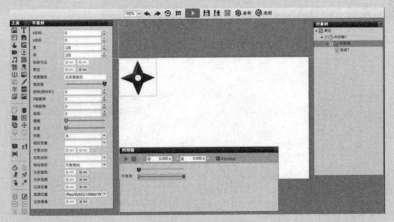

图 9-19　iH5 平台编辑页面

3)　离线动画软件

该类工具以 Adobe Animate CC、Google Web Designer、Hype 等离线工具为代表，特点是以互动动画制作为特点，需服务器部署。图 9-20 为 Adobe Animate CC 平台编辑页面。

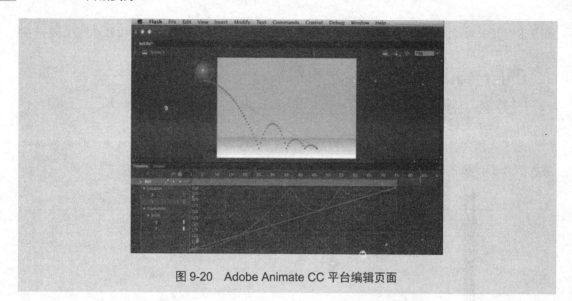

图 9-20　Adobe Animate CC 平台编辑页面

第十章
第三方平台营销

学习目标

- 了解第三方电子商务平台的概念、分类、特点及其优势；
- 熟悉第三方电子商务平台的营销运营过程及其体系；
- 掌握每一个阶段的营销形式及其技巧

百草味新品抱抱果上市营销推广

著名互联网休闲零食品牌百草味，2010 年正式入驻第三方平台——天猫商城，"百草味旗舰店"挂牌营业，产品多达 300 多种，涵盖坚果炒货、糕点糖果、水果干、肉干肉脯和礼盒等五大系列。

2016 年，百草味推出新品"红枣夹核桃"。从产品源头上看，"红枣夹核桃"本身是一个营养丰富、市场前景非常广阔的零食品类。但"红枣夹核桃"这个名字无论听上去还是看上去都是一个"不年轻""无趣"的食品，离年轻人和现代都市人群太远。

所以摆在百草味面前有两个巨大的挑战：一是如何摆脱枣夹核桃既定的老化印象，让年轻人群喜爱这款产品；二是在年轻族群个性化、情感化需求日益明显的今天，食品已经远远不局限于满足口腹之欲，还需要有更多的情感互动。

因此，百草味将"红枣夹核桃"从形象、价值上进行完全年轻化的塑造，成为此次新品上市推广活动的关键。抛弃了传统"枣夹核桃"名称，而将其命名为"抱抱果"，用"抱抱"治愈现代都市人群。以年轻化的产品概念包装以及治愈系的产品定位，以及一系列紧贴年轻人的互动推广方式迅速打开年轻人市场。2016 年 8 月 26 日，百草味结合一系列营销推广活动在天猫旗舰店推出新品抱抱果(红枣夹核桃)，上线 18 天，线下线上销量破 1000 万，上线 2 个月(截至 2016 年 10 月)，销量累计突破 2500 万；并且市场占有率高达 19%，行业排名第 1。百草味从定位、命名、设计到推广活动都大大颠覆了传统电商品牌做产品的思路，通过四个步骤完成新品上市。

第一阶段：全面包装新品

首先，为"枣夹核桃"重新定义一个新的名字——抱抱果，让抱抱果成为"枣夹核桃"代名词。抱抱果，一方面体现了产品红枣抱着核桃的物理特性，另一方面用"抱抱"来表达治愈的情感，让这个年轻又有温度的产品名称成为新品和外界沟通的首要资产。

其次，为抱抱果设计全新产品形象，用六款萌系插画动物"抱着"枣夹核桃，来体现产品的温暖治愈形象。还研发了高科技 NFC 版的抱抱果包装(如图 10-1 所示)，消费者手机贴近这款包装的时候能够自动推送两只熊抱的画面，让消费者进行分享，给抱抱果增加了更多具有科技感的互动。

再次，将抱抱果定位为治愈系健康小食，抱抱果不仅可以补充健康所需营养，而且试图探索消费者或低落或快乐的时机，给他们拥抱和快乐。

图 10-1　抱抱果包装图

第二阶段：影视剧强势曝光

首先，强势关联品牌代言人杨洋拍摄"抱抱"版 TVC，并在杨洋主演的年度火热大剧《微微一笑很倾城》中作为视频前贴露出，贴片广告曝光 17 亿次以上。其次，同一时间内植入年度大热韩剧《W 两个世界》《灰姑娘与四骑士》《打架吧鬼神》(见图 10-2)，瞬间打入喜欢观看韩剧的中国消费族群。

图 10-2　合作影视剧

第三阶段：发动"全民抱抱"活动

借助代言人杨洋的影响力，发起"全民抱抱"活动，并在微博上引发#全民抱抱#话题，引导各领域意见领袖纷纷加入活动，随后进一步推出"全民抱抱"病毒视频，邀请直播达人参与并进行直播互动，活动曝光互动量达到1.2亿。

第四阶段："双十一"引导购买

临近双十一销售制高点，天猫旗舰店建立"卖抱抱"虚拟产品，由综艺节目《奇葩说》明星代表选手"颜如晶"和"樊野"真实送出抱抱，活动全程进行直播；同时发起"双十一全抱走"活动，鼓励消费者建立奇葩购物车，只要添加抱抱果，全购物车可以免单。整个活动曝光3亿，11月1日到11月10日抱抱果加购物车量达到32万件，双十一当天抱抱果全渠道销售破1000万。

在百草味成功的营销活动中，抱抱果成为年销售过亿的互联网休闲零食单品，而它所代表的并不单纯是一个高销量的产品，也反映了电商平台营销生态战略的影响力。

(案例获金麦奖食品饮料类金奖，来源于人民网，有删减)

思考：请分析在此案例中，百草味采取了哪些营销手段？

第一节 第三方平台概述

一、第三方平台的定义

第三方平台是第三方电子商务平台的简称，也称为第三方电子商务企业，泛指独立于产品或服务的提供者和需求者的第三方机构，按照特定的交易与服务规范，为买卖双方提供包括供求信息发布、商品搜索、交易洽谈、货款支付、商品物流等服务支持的网络服务平台。相关明令规定，第三方电子商务平台的提供商不得为非法经营者和非法交易者提供服务。

二、第三方平台的特点

第三方电子商务平台是以买卖双方为中心的、开放式的、中立的电子商务平台(网上交易市场)，是一种有赢利潜力的电子商务模式。也就是说，第三方电子商务平台是由买方、卖方之外的第三方投资，自行建立起来的中立网上交易市场，提供买卖多方参与的竞价撮合综合模式，包含"一对多卖方集中模式"和"多对一买方集中交易模式"等。具体来说，第三方平台具备以下几个方面的特点。

1. 中立性

第三方电子商务平台提供商只提供交易服务，不参加交易，是独立在买卖双方之外的。其可以有效解决传统交易中"拿钱不给货"和"拿货不给钱"的两大难题，而对双方有争议的问题，也可以公正处理，采用商业和法律手段实行有效的约束。

2. 准入性

第三方电子商务平台为企业或个人创造了更多的贸易机会。每一位平台会员只要借助于统一的技术平台与交易标准，就可以以极低的成本自由进入全球化的电子交易市场，中小企业也可以拥有和大企业一样的电子商务网站，并且参与市场的竞争，给全球的经济带来活力。

3. 服务性

第三方电子商务平台最基本的功能是为企业与企业、企业与消费者之间的网上交易提供包括交易平台、支付平台、物流服务、信用服务、交易信息服务、业务外包和信息技术外包等方面的全程服务。

4. 高效性

第三方电子商务平台实现了传统商务流程的电子化、数字化，革新了传统流通模式，有效减少了交易活动的中间环节，简化了交易流程，促进了商家与消费者的直接交易，改变了整个社会经济运行的方式。同时，通过电子商务平台开展交易，可以突破时间和空间的限制，使得交易活动随时随地进行，大大提高交易效率。

5. 规模性

第三方电子商务平台将买卖双方与第三方平台集成，能够很好地形成第三方平台的规模效益，为买卖双方展现一个系统的、巨大的全球网上交易市场，并实现各种资源的共享。

三、第三方平台的分类

第三方电子商务平台按照其服务行业范围、服务内容等，可以划分为不同的类型。

(一)按服务行业范围划分

1. 第三方电子商务综合性(平行性)平台

第三方电子商务综合性(平行性)平台是指可服务于多个行业与领域的电子商务网站，如阿里巴巴、慧聪网、环球资源网、中国供应商等。

2. 第三方电子商务行业(垂直性)平台

第三方电子商务行业(垂直性)平台是指定位于某一特定专业领域的电子商务网站,如中国化工网、中国医药网、中国纺织网等。

(二)按服务内容划分

1. 第三方电子商务交易服务平台

这类平台直接服务于交易,包括围绕市场、围绕采购、围绕销售、围绕信息增值等提供的交易服务。例如,中国纺织经济信息网、中国旅游网等行业网站,都具有直接服务于交易的功能。

2. 第三方电子商务业务服务平台

这类平台业务很广泛,如研发、生产制造、物流、供应销售、财务、人力资源、管理咨询、技能培训、旅游、保险、医疗等,凡传统业务有的,今后几年在网上就有配套的。

3. 第三方电子商务技术服务平台

这类平台提供网络环境和各种技术支持,包括信息处理、数据托管、应用系统,也包括一部分的 IT 外包。

(三)按提供服务的层次划分

1. 第三方电子商务简单信息服务平台

这种平台主要为买卖双方提供信息发布、产品展示、沟通交流、业务推广等服务,简称商务信息平台。

2. 第三方电子商务全方位服务平台

这类平台不但提供信息服务,而且还提供全面配合交易的服务,包括销售管理、信用管理、客户关系管理、在线支付、物流、售后服务等功能。

(四)按服务对象划分

目前,电子商务平台主要以这种方式进行划分,也叫电子商务模式,可以分为 B2C、B2B、C2B、C2C、B2G、BMC、ABC 等经营模式,甚至出现了复合型的电子商务模式,如 B2B2C。其中主流的模式有 B2B、B2C、C2C 和 C2B,如图 10-3 所示。

1. B2B(Business to Business)第三方电子商务平台

B2B 模式的实质是第三方为企业与企业之间开展电子商务提供公共平台,如网上批发平台,代表网站有阿里巴巴网、中国制造网、慧聪网、环球资源网和万国商务网等。

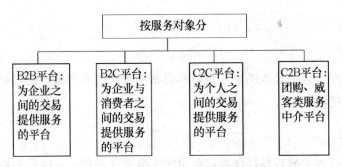

图 10-3　第三方电子商务平台常见经营模式

2. B2C(Business to Consumer)第三方电子商务平台

该模式的实质是第三方为企业与消费者之间开展电子商务提供公共平台，如网上商场或专卖店，代表网站有京东、唯品会和聚美优品等。

3. C2C(Consumer to Consumer)第三方电子商务平台

该模式的实质是第三方为消费者与消费者之间开展电子商务提供公共平台，如网上集贸市场，代表网站有淘宝网、拍拍网和易趣网等。

4. C2B(Consumer to Business)第三方电子商务平台

该模式的实质是第三方为消费者与企业之间开展电子商务提供巩固平台，即先有消费者提出需求，后有生产企业按需求组织生产，如团购、个性化定制，代表网站有葫芦网和美团网等。

四、第三方平台的优势

在网络上，企业主要采用自建独立平台与入驻第三方平台这两种方式进行产品销售。简单来说，自建独立站销售是指企业需要拥有自己独立的域名，自行搭建服务器与销售平台，通过自建或合作物流的方式配送商品；第三方平台销售是指企业无须搭建销售平台，直接入驻第三方商务平台进行商品销售，通过合作或使用平台提供的物流方式配送商品。相对于自建独立平台来说，入驻第三方平台的优势体现在以下几个方面。

1. 价格优势

入驻第三方电商平台所需要的费用相对于自建平台或传统的实体销售成本较低。以 B2B 企业为例，加入阿里巴巴交易网的中文站点免费，而英文站点每年费用才 4 万～6 万元。

2. 信息优势

第三方电商平台因其采用专业化运作、推广、服务，往往知名度较高，资源共享体系完善，信息量大。

3. 技术优势

第三方电商平台具备较大的交易规模和必备的管理技术力量，能很好地在整个交易流程中体现其技术优势。

4. 聚集优势

信誉好的第三方交易市场往往能够吸引一大批企业加盟，从而累积数量庞大的企业数据库，这种集聚优势往往具有良好的示范效应。

5. 管理优势

良好的第三方网络营销平台有专业人士进行维护，企业无须再安排专门技术人员进行管理。

6. 营销优势

互联网的广泛性、开放性、渗透性，使得依托于互联网的第三方电子商务平台的营销更为便捷、精准和有效，营销资源丰富，几乎可以实现所有形式的网络广告，且成本较低。

五、第三方平台的赢利模式

1. 会员费

入驻第三方电子商务平台参与电子商务交易，必须注册网站会员，并缴纳一定的会员费，才能享受网站提供的各种服务，主要包含网上店铺出租、公司认证、产品信息推荐等。

2. 广告费

第三方平台的广告费收入途径主要包含：

(1) 文字广告，如关键字广告、文字链接、资讯文章、嵌入不同颜色的文字等；

(2) 图片广告；

(3) 动态广告 Flash；

(4) 广告联盟分享投放，如知名网站上的广告；

(5) 邮件广告；

(6) 商业调查投放。

3. 搜索竞价排名

搜索竞价排名是指第三方平台内的搜索引擎关键词竞价排名。企业为了促进产品的销售，都希望自己在平台的信息搜索中排名靠前，而网站在确保信息准确的基础上，根据会员缴费的不同对排名顺序作相应的调整。

4. 增值服务

第三方平台除提供基本的贸易交易服务外，通常会提供增值服务。例如：

(1) 企业认证；

(2) 独立域名；

(3) 提供行业数据分析报告/行业发展报告；

(4) 搜索引擎优化；

(5) 客户留言，前沿资讯短信服务和邮件服务；

(6) 高级商友俱乐部收费服务和线下服务；

(7) 下载电子杂志；

(8) 网站数据分析报告；

(9) 专家在线资讯。

5. 线下服务

第三方平台除了提供线上服务外，也会提供一些线下服务。例如：

(1) 培训；

(2) 展会，供应商和采购商通过展会面对面交流；

(3) 行业商会、研讨会、高峰论坛等；

(4) 期刊，主要是关于行业资讯等信息，也可以植入广告。

6. 商务合作

第三方平台会与一些组织机构进行商务合作，资源互通。

(1) 与政府、行业协会合作；

(2) 与网站合作，如广告联盟等；

(3) 与媒体合作；

(4) 与企业合作。

7. 自由产品销售

第三方平台会结合客户所需，销售一些独立的产品或服务。例如：

(1) 行业管理软件；

(2) 店铺会员服务，如阿里巴巴的诚信通；

(3) 企业建站。

8. 交易环节收费

第三方平台会在买卖双方的交易环节中提供一些服务并收取相应的费用。例如：

(1) 交易佣金；

(2) 支付服务；

(3) 网上业务中介；

(4) 网上拍卖；

(5) 物流服务。

第二节　第三方平台营销体系

随着电子商务的快速发展，第三方电子商务平台已经成为我国企业不可缺少的交易平台。而作为一个具备信息展示交流、交易销售功能的网络平台，伴随其产生的必不可少的部分是营销。在卖方入驻第三方平台——出售商品——买方反馈这一系列的流程中，营销无处不在，并形成与第三方平台运营模式相对应的营销体系，如图 10-4 所示。

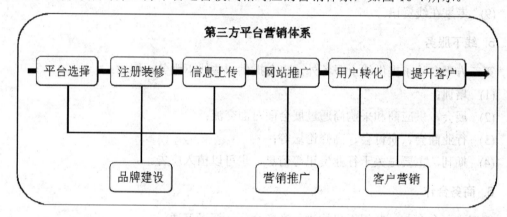

图 10-4　第三方平台营销体系

一项来自消费者体验咨询公司的调查发现，影响用户网上购买的因素按照重要性递减的顺序排列分别是：竞争性的价格、详细的产品描述、网站易用性、良好的消费者服务、丰富的种类、商品比较功能、商品图片清晰度、品牌知名度、商品评级、消费者评论、购买指南、对网站的熟悉程度、专家建议、是否有线下商店等。这项调查的意义在于，表明电子商务是一个复杂的系统，需考虑的因素很多，而这些因素又分散在店铺建设和推广的各个阶段，一些看似不起眼的因素都可能决定一个用户最终是否在该网站购物。

一、品牌建设阶段

品牌是一种无形资产，所以品牌建设所涉及的内容很广泛，包含品牌的定位、规划、设计、管理等方面。而从商家选择入驻一个第三方电子商务平台开始，就进入了品牌建设阶段，商铺的建设与设计以及产品的信息上传都属于品牌建设范畴。

(一)第三方平台的选择

选择运营良好的第三方平台,是在电子商务平台进行产品销售的基础。具体可以分为以下三个步骤。

(1) 搜索备选第三方平台,从信用、成本、覆盖、特色、功能和持续性等指标去考虑。

第一,从电子商务类别来看,尽量选择与自己业务相关的专业性电子商务平台。

第二,选择知名度高、会员数多、访问流量大的电子商务平台。在各种媒体、各大网址导航站上重复出现次数较多的平台,知名度较高。

第三,选择信用度高的电子商务平台。

第四,选择服务好的电子商务网站平台。

(2) 拟定和搜集第三方平台的评价数据,主要考虑平台的人气、营销能力和贸易撮合方面的服务水平。评价数据的参考指标包括以下几个方面。

数据一:网站企业会员的注册数量。

数据二:供求信息数量。

数据三:客户分布情况。

数据四:网站信息的真实性评价。

数据五:从平台论坛和搜索引擎中获取有关该平台的评价信息。

数据六:Alexa(网站流量全球综合排名查询网站)的流量排名(最有权威性)。

数据七:网页被浏览的总次数。

数据八:访问者的来路。

除以上数据外,还可以了解平台的搜索引擎营销水平(平台的搜索引擎友好性及所在行业的关键词广告投放量情况)、站内信息指标(会员当天发布的信息数量及所在行业的供求信息情况)、线下市场推广能力(了解平台行业背景资料、线下会展推广、目录宣传情况)等。

(3) 评估和选择电子商务平台。首先,对所有收集好的备用平台的二级指标数据和信息进行对比分析;然后根据企业的产品性质、营销期望、资金预算、人员情况等方面进行评分计算,如表10-1所示,最后按照分数由高到低作出平台选择。

表10-1 第三方电子商务平台综合评价表示例

	一级指标	二级指标(分值)	描述	与企业期望符合程度	打分
1		平台类型(2)			
2	基本情况	客户分布(3)			
3		平台主要功能(8)			
4		平台收费情况(8)			

续表

	一级指标	二级指标(分值)	描述	与企业期望符合程度	打分
5		平台会员数量(10)			
6		每天供求信息数量(10)			
7	实例指标	Alexa 排名(8)			
8		每日访问量(8)			
9		……			
10		企业信息的真实性(10)			
11	可信程度	供求信息的真实性(10)			
12		平台诚信管理机制(15)			
	合计				

(二)店铺注册与装修

选择合适的平台后,第二步是进行平台注册、获取账号。有的平台是免费的,有的则需要付费。注册成功后开始进行店铺的命名和装修设计。网络店铺的命名就是品牌名称设计,一般选择品牌名称或实体店铺名称的直接移植。而网络店铺装修与实体店铺装修一样都属于视觉营销范畴,集交互设计、用户体验、信息构架于一体,重点在于视线把控和客户的心理把控。

客户在网上购物的行为流程是:产品进入视线——信息传递到大脑——产生购买欲望——购买。要让用户尽可能地在店铺里停留更多时间,并最终产生购买行为,就要对页面进行结构规划,还应遵从用户的浏览习惯,信息展现方式应最大限度地吸引用户的注意力。

在第三方平台上,经营模式不同,具体需求情况也不同,但在视觉营销上都应注重色彩、版式和功能模块的设计展现。

1. 色彩

色彩是店铺氛围渲染的最主要元素。基调色彩可以采用品牌标志色,或根据店铺受众的细分定位,采用符合该群体属性的色彩,让品牌文化与风格更加明了。每种颜色有各自的特征,但是页面中的颜色最好在五种以内,并注重色彩间的协调搭配。

2. 版式

在第三方平台上,版式布局一般都是默认的方形页面,它的优势是较为整齐,操作简单,劣势是不能很好地突出页面重点,缺少层次感。除了方形版式,还有三角形版式和圆形扩散式。三角形版式的优势是页面层层递进,引导客户浏览,但需要科学的布局,对页面设计的要求较高。而圆形版式属于重点突出型,适合某一系列或有针对性的专题活动,它突出某个重点,进行产品集中推荐,但不适合过多的文字,排版设计较复杂。

3. 功能模块

店铺的功能模块设计应以客户的浏览习惯和心理需求为基础，有利于产生良好的交互作用，优化店铺的用户体验。例如，C2C 模式的淘宝平台目前选择的功能模块主要有轮播页面、搭配套餐、成交地图、分类模块、促销模块等，每一个功能模块所承担的角色不同，区分清晰、各尽其责。

(三)信息上传

在第三方平台，产品信息的上传是首要任务，产品信息的展示影响买方的购买欲望和行为。

1. 产品信息的发布技巧

(1) 类目：产品类目要选择正确。可以通过输入产品名称等关键词快速查找并选择正确的产品类目，也可以按照类目结构，逐级选择产品所对应的类目。

(2) 产品属性：要填写完整。完整、正确的产品属性可以提高客户搜索信息的命中率，大大提高产品的曝光概率，也能够让客户在第一时间内更全面地了解产品。

(3) 信息标题：要体现出特色和优势，即卖点。标题是信息内容的浓缩。表述清晰并且包含产品关键信息的标题，能够让用户更容易识别和了解产品，从而吸引更多客户的兴趣。应做到：一条信息标题只描述一种产品；信息标题包含与产品相关的关键字；标题中增加和产品相关的描述性词语，丰富标题内容，突出产品卖点；信息标题包含诱惑点，如优惠信息。

(4) 产品图片：清晰实拍，直观展示产品。清晰的产品图片可以帮助买家直观了解产品的细节，上传图片时应注意图片的文件要求和内容设计。在图片文件上，按照平台要求的格式(jpg 或 gif)和大小上传，图片尽量是正方形，可以充分填充展示区域；在图片内容上，一张图片应只放一件商品，且与信息内容相符；图片背景尽量简单，以浅色背景为宜；产品图最好覆盖图片面积 70%以上；图片上尽量不要出现大面积文字，并遮盖产品。

(5) 产品的详细说明：详细说明是客户进行下单交易决策的重要组成部分之一，有助于客户对产品的深入了解。它承载了整个产品的详细介绍，包括产品性能、材料、参数表、型号、用途、包装、使用说明、售后服务等方面，应图文并茂，突出产品的优势和特点。根据不同的行业，详细说明可能存在不同的介绍方式及侧重点。

2. 其他信息上传

除了产品信息以外，第三方平台还提供一些功能让卖家充分展现其他相关信息，加深客户的品牌认知，并促进卖家的品牌形象塑造。

(1) 基本信息：企业的公司介绍、经营活动、公司历史、企业文化、联系方式等。

(2) 品牌信息：可以上传展示与企业品牌相关的信息，包括图片、视频、新闻报道等，如企业建筑、厂房、优秀员工、公关活动图片等，同时还可以发布企业内部信息以及与企业相关的新闻报道。

(3) 实力展示：主要展示各种证书，如质量认证、免检证书、获奖证书等。

(4) 人才招聘：可以发布企业的人才招聘信息。

3. 增强客户的信任感

在电商平台上所上传的信息不仅要充分明确，其内容也应真实有效，有助于增强客户的信任感，促进可持续发展。具体来讲，应做到以下方面。

(1) 网站上提供翔实的各类信息；

(2) 引进第三方资质认证；

(3) 所有的信息都是可以验证的；

(4) 提供用户条款及隐私权政策，供用户阅读和了解；

(5) 各种联系方式一应俱全，方便消费者选用；

(6) 提供退款保证，免除消费者的后顾之忧；

(7) 保留客户的评论，无论是好的评价还是差的评价。

在上传信息时还应注意，很多卖家会入驻多家第三方电子商务平台或者自建平台与入驻第三方平台联合经营。此时，虽然是不同的电子商务平台，但宣传信息应统一。同时，也要考虑到不同平台的目标客户对信息的关注偏好不同，宣传信息应有所侧重。

二、网站推广阶段

(一)平台内推广

第三方平台在推广营销方面可以提供形式多样的广告服务，如搜索引擎优化和关键词的竞价排名等线上服务，以及展会、行业商会等线下推广服务。所以在第三方平台内的推广营销应做到以下几个方面。

第一，分析平台内的搜索排名规律，设计关键字、信息发布、产品分类技巧等，让企业和产品获得充分的展示机会。

第二，购买平台内的广告位、产品搜索的关键字排名。

第三，在平台的社交平台(如社区)发帖，获得他人的关注。

第四，主动出击，搜索并与潜在客户主动联系，如购买平台的邮件服务、商业资讯。

第五，积极参加平台内举行的行业展会、商会、论坛以及商务俱乐部等线下活动，在提高曝光度的同时，可以寻求更多商务合作机会。

(二)平台外推广

商家入驻第三方平台，拥有独立网页，所以在平台外推广其实属于网络营销范畴。网络营销所包含的营销形式都适用于网站推广，常用的有以下推广方式。

1. 搜索引擎营销

搜索引擎营销是为了让客户通过综合搜索引擎能够快速找到店铺。一般是在全站生成静态页面和建立网站地图的基础上，进行竞价排名和 SEO 友好设计。前者是通过百度、谷歌等综合搜索引擎进行付费推广，将一定的关键词排列靠前，获得流量和用户；后者的 SEO 不需要向搜索引擎付费，但需要专业 SEO 人员操作，进行关键词自定义以及关键词的长尾纵深设置。除此之外，还可以生成友情链接植入流量权重高的其他网站。

2. 邮件营销

邮件营销是电商企业常用的推广方式之一。如果能把握好发送渠道、用户邮箱数据和邮件内容这三个方面，就可以实现与目标客户的直接沟通，如精准邮件群发、邮件订阅等，从而获得较好的推广效果。

3. 微博/微信营销

大部分网站店铺会在微博和微信上注册账号，微博营销传播快、覆盖面广、目的性强；而微信更便于管理和维护客户关系。

4. 其他

除了以上推广形式，常见的还有事件营销、软文推广、群推广、论坛推广、博客推广、短信营销、问答平台推广等。

三、客户营销阶段

当营销推广活动把用户引入店铺后，第一阶段是进行用户转换，让其产生购买行为；第二阶段是优化客户体验，培养忠诚客户。

(一)促销策略

在用户网络购物行为的产生过程中(如图 10-5 所示)，促销活动可以直接促成用户的购买行为，实现用户的转换。

1. 常见的促销手段

1) 折扣促销

折扣促销是直接让利于客户，让其可以直观感受到实惠，因此是目前最常用的一种阶段性促销方式，如特价、降价优惠，发放优惠券、团购促销、批量作价优惠(指购买到一定数量的产品可以享受优惠，可以有效增加消费者一次性购买商品的数量)等。

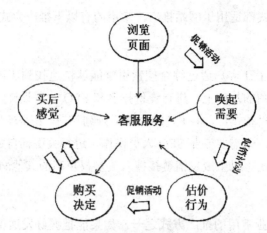

图 10-5　用户网络购物行为产生过程

2)　有奖促销

在电商平台上常见的有购物满额抽奖促销、有奖征集等，奖励可以刺激客户的购买欲望，有效提高销售量。但需要注意开奖规则的真实性和抽奖的公平性。

3)　赠品促销

赠品促销也属于奖励行为，其关键在于赠品的选择，得当的赠品会对产品销售起到积极的促进作用，而不合适的赠品只会使成本上升，利润减少，消费者也不满意。选择合适的赠品应注意：第一，不要选择次品、劣质品，这样做只会适得其反，影响形象；第二，选择适当的能够吸引买家的产品或服务，如红包、返现；第三，注意赠品的预算，不可过度赠送赠品而造成成本加大。

4)　积分促销

积分促销有积分抵扣、积分换购、积分赠送等形式，可有效吸引买家再次来店购买，在巩固老顾客的同时，还可以吸引新买家，拓展发掘潜在买家。

5)　联合促销

联合促销也指产品组合促销，通常是与其他产品或产品的配件进行捆绑销售形成套餐，可有效减少库存，但要做到产品的受众统一。

2. 常见促销契机

1)　节日促销

节日促销是指在节庆日举行促销活动，如民俗节日促销、西方节日促销、现代节日促销。

2)　主题促销

主题促销是指拟定主题举行促销活动，这在电商平台上最为流行，如开业主题促销、店庆主题促销、季节主题促销、会员制主题促销、主题商品促销等。

(二)服务营销

在用户网络购物行为的产生过程中，客户服务伴随着售前、售中和售后整个过程，可以直接影响客户的购买决定，甚至影响其后续的购买行为。

1. 建立客服团队

建立岗位分明的客服团队，如售前和售后客服，并进行专业化的客服培训，明确职责规范。

2. 制订服务原则

服务应做到及时、真诚、热情，并以结果为导向，做到服务与质量并存，解客户之忧。还应通过自身努力，让潜在的目标客户成为购买客户，甚至成为长久客户。

3. 建立考核制度

考核制度应结合商家的实际情况来制订，参考指标如表 10-2 所示。

表 10-2　客服考核指标

指标名称	指标含义
指标完成率	即实际销售额/计划销售额
咨询转化率	即最终下单的人数与向客服咨询的人数的比率：最终下单人数/咨询人数
下单成功率	最终付款人数/下单人数
客单价	即特定时间内所有客户购买本店的商品的额度：特定时期内销售总额/付款客户人数
回复率	即回复客户数/总接待客户数
平均响应时间	即实时响应咨询的时长

4. 进行服务分析

服务代表着店铺、企业乃至品牌的形象，进行服务分析有利于提高服务质量。例如，对售前的接单、询单转化率以及客单价进行定期分析，并调取未成交的顾客聊天记录，发现客服的问题所在；对举报维权的顾客，调取售后聊天记录，找出原因，及时更正等。

(三)会员营销

第三方电商平台通常会提供与会员管理相关的服务，用户在店铺产生购买行为后，就可以成为店铺会员。会员营销可以有效提升客户价值，创造更大的销量，培养忠诚客户。

1. 会员分类

会员分类是会员营销的基础。首先进入会员管理系统，对客户的购买行为及其订单进行分析。然后将客户进行细分类，划分出会员等级，如哪些客户能给企业暂时带来很大的利益，哪些客户能给企业带来长远的利益，哪些客户可能会成为金牌客户，哪些企业可能成为潜在客户。

2. 会员活动

会员活动是会员营销的核心，可有效实现转化。会员活动包括发放会员折扣卡、会员等级折扣、会员礼品赠送等。适当拉大会员折扣梯度，可让忠诚的店铺会员感受到最大的尊重和实惠。

3. 会员短信

短信是维护会员最为便捷的方式。信息能第一时间被买家看到，具有时效性和互动性，并且成本相对较低。短信的内容可以包含新品上市时间、优惠活动及链接地址。但要选择合适的发送时间，并且之后尽量固定时间。正常的发送时间是 9:30～12:00，14:00～18:00，20:00～22:00，应避开用户的休息时间，从而提高被实时看到的概率。

4. 会员邮件

发送会员邮件因其精准度高，成本极低，可承载的内容丰富多样，所以也是维护会员常用的方式，但到达率和效果较难评估。

(四)管理客户评价

客户评论属于口碑营销的一种形式。口碑营销的特点就是人们对一种产品或服务的感受很好，本着分享的原则把产品和服务传达给第三者，从而让其他人了解这个产品或服务。毋庸置疑，电子商务平台上的买家评论区就是口碑营销的极佳载体，真实反映了店铺的商品及服务品质。大部分客户在浏览商品信息的时候，都会浏览关于商品的评论。据调查，有 98%的用户相信网络评论，有 82%的人认为可以根据评论去购买至少一件商品。因此，良好的评价可以让买家放心购买，有效提升销售转换率。也就是说，以买家评价引导消费是电子商务平台促进销售的关键部分。

什么是好的店铺评价？好的店铺评价=评价人数多+评价分数高。所以需要从增加评价数量和提升评价分数两个方面管理和维护客户评价体系。

1. 增加评价数量

(1) 交易前灌输评价意识，培养买家的评价习惯。店铺或商品页面展示正常的购买流程，确认收货之后的流程体现为评价环节，让买家在购买之前就了解评价是整个交易流程中必有的环节，培养其评价习惯。

(2) 在交易过程中的诸多环节里可以适时提醒买家进行评价。

① 在商品的配送包裹里附送的售后服务卡片中包含评价提示。

② 在商品配送的过程中，在发货关怀中附上评价提醒。例如，发货分正常发货和延

迟发货。正常发货关怀的内容包括感谢购买、物流信息、查询电话、卖家售后关怀电话、评价提醒等；延迟发货关怀的内容包括感谢购买、延迟道歉、解释、预计发货时间、恳请买家谅解、卖家售后电话、评价提醒等。当商品到达客户所在城市的时候，也是一个很好的客户关怀节点，此时可以发送同城到达提醒短信，内容包括：感谢购买；告知包裹到达同城；提醒电话保持畅通，以便快递联系送货；提醒检查签收；评价提醒等。

③　客户签收商品后，是引导客户评价、获得好评的关键时期。关怀内容包括：感谢购买；提醒已签收；询问是否收到、是否满意；提醒对服务和商品的满意度进行评价等。

(3)　交易后，引导长时间未评价的买家进行评价或让买家进行商品使用后的评价。引导步骤参考：问候——询问商品是否收到——询问商品是否满意——询问使用过程中有无遇到问题——如买家表示满意且无使用问题，友好提醒进行评价——祝福语。

2. 提升评价分数

在保证优良的商品和服务品质的前提下，可以通过以下方式使评价的分数得到有效的提升。

1)　常规引导

(1)　店铺页面和商品页面或售后卡片中展示高分评价演示，避免买家因不熟悉评分规则而误评。

(2)　客服主动与客户沟通交流，引导客户进行高分评价。

2)　活动引导

可以进行一些促销或奖励活动，促进买家主动给予高分评价，如满分有奖(礼品、二次免邮、二次优惠、红包、会员折扣等)等活动。

3)　危机管理

对于一些产生纠纷的交易，商家要积极主动地进行处理，将优质的服务品质展示给买家，做好将不满意变成满意的关键工作。要做好危机管理，且得到买家的认可和好评，商家可以做好以下工作：

(1)　熟悉且掌握第三方平台的售后纠纷处理规则及条款；

(2)　及时、真诚地与买家沟通，了解买家的疑问，并给予正确处理；

(3)　勇于承担责任；

(4)　提供超出买家期望值的服务。

第三节　第三方平台营销实训

一、基本训练

(1)　访问代表性 B2B、B2C、C2C 平台，了解其功能、特点和商业模式，并进行分析。

(2) 利用 Alexa(http://alexa.com)查看电子商务平台的排名、页面浏览量及介绍。

【查询方法】

1. Alexa 排名查询方式

步骤一：打开 http://alexa.com 网站，在 Search 栏目中输入要分析的网站，然后单击 Search 按钮，如图 10-6 所示。

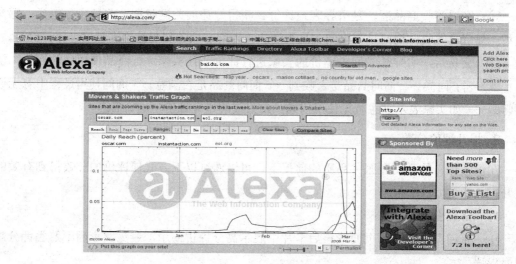

图 10-6　Alexa 界面

步骤二：在打开的页面中单击 Overview 链接，即可看到网站的 Alexa 排名，如图 10-7 所示。

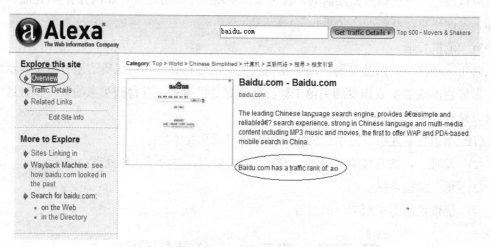

图 10-7　Alexa 排名

2. Page Views(综合浏览量)查询方式

步骤一：参考获取 Alexa 排名方法的步骤二，单击 Get Traffic Details 链接，如图 10-8 所示。

图 10-8 点击 Get Traffic Details 链接

步骤二：在新页面中向下拖动页面，找到 Page Views per user for…项目，即可获取该网站几个不同时间的 Page Views 值，如图 10-9 所示。

Page Views per user for Baidu.com: ⑦
The number of unique pages viewed per user per day for this site

Yesterday	1 wk. Avg.	3 mos. Avg.	3 mos. Change
8.3	8.3	7.7	↓16%

图 10-9 获取该网站几个不同时间的 Page Views 值

3. 访问者来路查询方式

参考 Page Views 查询方式的步骤二，在 Page Views per user for…项目的下方就是 users come from these countries，如图 10-10 所示。

Baidu.com users come from these countries:

China	82.5%
Hong Kong	3.3%
Taiwan	2.0%
United States	1.7%
Singapore	1.6%
More baidu.com users...	← 获取更多国家和地区信息

图 10-10 找到 users come from these countries

二、技能训练：第三方平台的营销实训

(一)第三方 B2B 平台营销实训

(1) 注册为阿里巴巴(www.alibaba.com)用户，通过后台订阅商机快递。

(2) 阅读《中国网民电子商务行为研究报告》，分析网民的电子商务行为特点。

(3) 利用阿里巴巴平台发布一条供应信息，仔细观察发布过程中的每一项，思考如何把营销思想放进去。

(4) 运用平台的附加功能或工具，挖掘其营销价值。

(二)第三方 C2C 平台营销实训

现阶段第三方 C2C 平台为个体及中小企业网上零售的首选，目前我国最大的 C2C 平台为淘宝。

(1) 注册为淘宝用户。

(2) 开通淘宝店铺，为店铺起名字，并装修店铺，最后上传产品。

(3) 了解淘宝站内的推广功能，并尝试进行网店的推广。

(4) 与同学共同完成一个交易流程，并关注每一个环节中卖家和买家各自淘宝后台的交易状态变化。

本章小结

电子商务是在开放的网络环境下，基于浏览器和服务器的应用，使买卖双方不谋面地进行各种商贸活动，从而实现网上购物、网上交易、在线支付等操作的商业运营模式。为促进电子商务交易，商家将产品营销活动与电子商务相融合，借助科技型营销方案来带动产品收益的增长。第三方电子商务平台在提供相关贸易服务的同时，也为商家提供了营销推广渠道，综合性的服务让越来越多的企业入驻第三方电子商务平台。

在第三方平台上进行营销，主要是为了实现三个效应：一是广告效应，即应用广告宣传使更多买家了解网上店铺及产品；二是品牌效应，在电子商务上进行店铺设计、信息上传、日常营销、售后服务、在线咨询等，方便商家向买家推广品牌信息，这属于品牌建设与形象塑造范畴；三是服务效应，电子商务平台上的服务伴随着整个交易过程，是商家与买家沟通交流的重要手段，提升服务质量可以推动品牌形象的树立。

如何实现以上效应？商家首先要明白在第三方平台上营销是无处不在的。其次要具备从入驻平台到促进产品销售这一系列过程中的整合营销思维。从品牌的建设，到产品促销，再到客户的维护，都需要营销思维。同时，要清楚平台内和平台外的渠道及活动形式，合理充分地利用，让营销效果最大化。

随着电子商务的深入发展，第三方电子商务平台将发挥着越来越重要的作用，其提供的服务范围会愈加宽广，增值服务的完备度也越来越高，其营销内容和形式也会更加丰富多样。

思考与练习

1. B2C 模式最早都是独立商城，自进自销，如京东商城、当当网、苏宁易购等，但现在都已转型做平台，为什么？

2. 自行搜集入驻第三方平台的营销案例，分析其品牌塑造和营销推广策略。

知识扩展

新零售：零售业的再革命

亚马逊是一家总部位于西雅图的世界500强公司，也是电子商务时代的世界领军企业。2016年12月5日，时值美国一年一度的圣诞购物旺季前夕，亚马逊在西雅图开设了一家具有革命性意义的实体便利商店——Amazon Go。这家自助式便利商店，无须排队付款，只需将想要购买的东西放进购物筐即可，不需要的东西也可随时拿出，系统都会自动记忆，顾客拿货后可以直接走人，由后台电子信息系统和手机App直接完成付款全过程。这种"新零售"模式省去了普通超市中顾客排队等待交款的过程，非常方便和快捷。

在国内，"新零售"概念是由阿里巴巴集团董事局主席马云于2016年10月在杭州云栖大会上提出的："纯电商时代很快会结束，未来的十年、二十年，……只有'新零售'这一说，也就是说线上线下和物流必须结合在一起，才能诞生真正的'新零售'。"

一石激起千层浪，"新零售"很快成为一个业界新词而被广为传播，很多企业家、学者和媒体对此热议不断。按照阿里巴巴的研究报告，新零售应当是一个"新物种"，通俗地讲就是一种新业态；马云个人的观点是，新零售伴随的还有新制造、新技术、新金融与新物流；与此同时，不少业内人士将新零售概括为虚拟零售实体化、传统零售商智能化。但无论如何定义，首先必须肯定新零售的核心是线上、线下的结合，但这种结合又不是简单的板块拼凑，而是借助与利用全新的技术力量达到对零售业的整体改造，重新配置"人、货、场（场景）"等传统商业要素，包括重构生产流程、供求关系、消费体验等，最终回归与凸显零售的本质，即满足消费者需求的同时为消费者创造更多的价值。

首先，新零售是一种场景化零售。通过创设线上、线下的消费场景，让购买者不仅获得使用产品的知识，还能充分体验到获取产品的快乐，并且这种体验既可以来自商品本身，也可以延展到商品价值以外。这样，看上去是一个虚拟的购物场所，但呈现给消费者的是一片娱乐天地；走进一家实体门店，购买者就如同走进一个情趣横生的生活迷宫。购物场景化、场景娱乐化、产品卖场+消费体验将成未来零售的主打。

其次，新零售是一种赋能化零售。对于消费者而言，不是仅在琳琅满目的货物面前作出被动的选择，而是可以参与到产品设计、定制与加工生产的过程，也就是说，消费者不仅能够决定需求，更能决定与影响供给；对于企业而言，则要根据消费者需求进行个性化制造与推送，或是通过对消费者行为的数据化分析，捕捉与锁定主流消费趋势，进而发现全新的规模化市场，实现精准营销，由此就要求生产企业无所不能，也就是所谓的泛在制造与柔性制造，相应地，零库存将成为生产企业的常态。

再次，新零售是一种扁平化零售。一种趋势是，将更多的分级批发与经销商挤出市场，从传统的 C2P2B2M（消费者—销售渠道—企业—工厂）渠道逐步过渡到 C2B2M（消费者—企业—工厂）渠道；另一种趋势是，彻底粉碎传统的销售渠道，直接过渡到 C2M（消费者—工厂）渠道。不管是哪种渠道的再造，均意味着市场信息穿流路程的缩短，相应地提高了生产企业的响应能力；与此同时，制造商将由关注经销商转为关注消费者，同时摆脱经销商分流利润的无奈处境，并将其更多的红利转移给消费者。

还有，新零售是一种去中心化零售。电商时代消费者的消费日趋中心化，即主要集中于淘宝、京东等大型电商平台，中小型商家都难以得到流量和关注，与此不同的是，随着媒体、论坛、朋友圈、App 等更多消费入口和渠道的开发，消费者在哪里，流量就在哪里，价值就在哪里，其中优质的商品、服务与口碑成为吸引用户与流量的关键。

最后，新零售是一种快捷化零售。除了供给端对消费端能够作出快速响应外，货物将在更顺畅与更快速的通道中进行传送。在实体门店购物，可以直接在智能终端输入商品代码，而后计算总价，终端立即支付，这样，无须在收银台排队等候，商品将会由物流系统送货上门。在电商平台购物，再也不会有货物延迟送达的痛点，"一小时达""半日递"将成为常态。这样，基于打通"最后一公里"的理念，社区便利店将会遍地开花，外加附近的商业超市，未来在线上下单的商品将不再是从其他省份的仓储跨省送达，而是从距离最近的便利店与商超送达。

以大数据、云计算、物联网、虚拟现实（VR）和人工智能（AI）等组成的"零售技术"（Retail Tech）在新零售中发挥着至关重要的作用，甚至可以说新零售革命实质就是新零售技术的革命。大数据通过采集与分析消费者行为的信息，为企业定制与零售商的精准营销提供支持；云计算打破各个网点之间的数据孤岛，为制造端与供应链输出廉价的方案设计与解决方法；物联网形成线下网点与线上网点的快速联动与协作，促成生产端与销售端以及物流端的无缝对接与接续驳运；3D、VR 以及 AR（增强现实）多维度创设消费场景，加快购买决策的形成；人工智能将实现对生产、供应与配送环节简单劳动的替代，高盛的预测是，到 2025 年 AI 将为零售业每年节省 540 亿美元成本开支，同期带来 410 亿美元的新收入。

（节选、改编自毕夫. 新零售：零售业的再革命. 对外经贸实务[J]. 2017(7).）

第十一章
新媒体营销前沿

学习目标

　　理解场景营销、直播营销与 VR 营销产生的背景和营销优势，能策划相关的营销活动

携手腾讯，宝马X1新车发布会的直播营销

1. 项目背景

X1是宝马车身最为紧凑的SUV车型，身列市场飞速扩张的高端豪华紧凑级SUV领域。X1的主要竞品是奔驰GLA和奥迪Q3。2016年5月20日，宝马全新X1震撼发布，锁定的是25岁到35岁的全新中坚力量。

为了烘托全新X1的上市气氛，宝马X1"敢作敢为"音乐秀在西双版纳傣秀剧场开演。宝马在这里推出改变巨大的X1，并且传播"敢作敢为"的产品精神。傣秀的场馆本身仅仅可以容纳1000人左右亲临现场，怎样让这次以音乐为承载的新车发布在线上获得最大程度的关注，传达全新X1所宣扬的品牌态度，从而和年轻人群进行深度的沟通？

人群洞察：在中国，25岁到35岁的年轻人已经成为社会的中坚力量。他们正不断快速成长，变得更加成熟有力，就像全新宝马X1一样。如今的他们追求的不是肤浅的兴奋和满足，而是迎合他们内心世界的理想生活方式，这就是为什么选择了Live Real(敢作敢为)作为X1上市发布的关键词、为什么选择了音乐秀作为X1上市发布的承载形式。

营销目标：让全新X1可以实现非同以往的发布亮相，让车型得到充分曝光的同时，使"敢作敢为"的品牌理念得以巧妙展现。具体数据要求：在曝光方面，希望本次发布可以获得超过500万以上的曝光，同时能够收集2000个以上的销售线索。

2. 策略与创意

以音乐秀作为内容载体，携手能够诠释Live Real的代表歌手，通过全渠道直播和在线实时互动，创新实现一场超越时空界限的新车发布秀，让X1上市发布的声量最大化。

内容层面：X1邀请了70、80、90年代的音乐代表人物许巍、黑豹乐队、谭维维、朴树、袁娅维、窦靖童等参与演出，通过音乐从多个角度对Live Real进行解读，用Live Free，Live Bold，Live Curious，Live Deep四个章节进行串联。

传播层面：发布会前一周，借助视频与音乐平台，寻找对音乐秀有兴趣的年轻用户，通过歌词海报互动、X1音乐歌单定制、预约直播功能的开放，实现最大限度的活动预告与曝光。直播当天，X1通过社交、音乐、视频、OTT、VR平台五路信号共同组成直播生态链，实现了发布会的全面直播。

品牌层面：X1作为整场音乐秀的关键角色、"敢作敢为"精神的符号，在现场自然融入每段音乐故事，并且通过线上线下的交互，也向线上用户充分展现车型卖点和特色。

3. 执行过程与媒体表现

发布会前一周，根据音乐秀的内容特征，借助视频与音乐平台，寻找对音乐秀有兴趣的年轻用户；用内容切入，进行提前预热，通过歌词海报定制、X1歌单推送欣赏、直播预约等板块实现最大限度的预告和曝光。超过百万人参与歌词海报制作与好友互动，数百万人预约了直播，让年轻用户在演出开始前对此次发布会翘首以盼。

发布会当天，实现了包括腾讯视频、微信、QQ 音乐、企鹅电视、腾讯炫境 VR 在内的五维立体直播，从而满足年轻用户对于音乐秀体验的多元化需求。

演唱会在晚上 8 点正式开始。微信在晚上 7：45 开始释放朋友圈广告，直接连接直播内容，成为演唱会内容在朋友圈的首次直播；音乐平台在演唱会当天用闪屏、焦点图等优势资源为入口关联直播内容；视频的 PC 端＋移动端在演唱会前对预约人群进行直播提醒，用户可进行直播观看；客厅 OTT 让直播平台更多元，用户同期可以在客厅享受宝马 X1 的演唱会直播；另外，此次直播启动了身临其境的 360 度直播技术。在移动端，用户可通过腾讯炫境和 VR 眼镜感受沉浸式的直播体验；在 PC 端，用户可切换到 360 度全景模式进行观看，满足年轻人追逐炫酷体验的高端需求。

直播通过丰富的互动形式实现了线上和现场的全面互动。用户可以投票为自己喜欢的歌手加油，通过弹幕与其他网友交换意见，并决定宝马 X1 在现场发布会最终的亮相形式；全程融入了包括 VR、全景、大数据、ibeacon 在内的技术支持，让线上体验更身临其境。

4. 营销效果与市场反馈

完成初定 KPI，最终数据为：超过 1050 万在线观众观看发布会直播，创造 4000 万次互动，人均停留时间超过 34 分钟，超过 22 366 人在活动结束后预约试驾。

宝马 X1 发布会效果超出行业均值 10 倍，第一时间引发多方电视与社交媒体自主传播。

(本案例获金鼠标数字营销大赛最佳营销效果奖、数字媒体整合类金奖，来自"金鼠标"网)

思考：本案例的直播营销结合了哪些数字技术？对提升传播效果起到什么作用？

第一节　场景营销

一、场景营销的定义

(一)广义的场景营销

广义的场景营销是指企业基于消费者所处的具体情景，通过与消费者的互动而展开的营销推广活动。

例如，菲律宾第二大航空公司宿务太平洋航空，2015 年在香港做了一次"接地气"的营销尝试，便是广义场景营销的典型案例。香港的季风气候让人心烦，少见晴天，多是阴雨，到处都湿漉漉的，人们都从心底里想逃到阳光明媚的地方晒一晒。宿务太平洋航空利用香港的气候特点，直接在街道地面上喷涂防水二维码和广告语。晴天的时候这个二维码和广告语是隐形的，一下雨就显现出来(见图 11-1)，二维码上简洁的文字告诉在阴雨天气里烦闷不已的大众：菲律宾现在是大晴天！大家只要拿出手机扫描二维码，就能马上进入宿务太平洋航空的官方网站，即时买票，来一场说走就走的旅行。

图 11-1　宿务太平洋航空公司防水二维码

艾瑞咨询研究院认为，广义的场景营销经历了三个阶段，即线下场景营销、线上场景营销和线上+线下场景营销。[①]

(1) 线下场景营销，属于传统营销，伴随着线下商业的出现而萌芽、成长，如我们常见的海报展示、传单派发、活动庆典等。

(2) 线上场景营销，属于传统网络营销，伴随着 PC 和移动设备的普及而不断发展，如依据用户使用门户、搜索、电商、社交等不同网络服务的行为确定用户场景，智能化、有针对性地展示营销内容。

(3) 线上+线下场景营销，即目前狭义上的场景营销，兼具两种营销的优点，让用户获得现场体验的同时，弥补了传统场景营销效果监测缺失的不足。

(二)狭义的场景营销

狭义的场景营销是指基于对用户数据的挖掘、追踪和分析，在由时间、地点、用户和关系构成的特定场景下，连接用户线上和线下行为，理解并判断用户的情感、态度和需求，为用户提供实时、定向、有创意的信息和内容服务，通过与用户的互动沟通，树立品牌形象或提升转化率，实现精准营销。

2016 年 3 月，光音网络旗下的场景社群营销平台广告家 Pro.cn 与国家 5A 级景区太湖鼋头渚联手做出了一次场景投放的积极探索，在鼋头渚国际樱花节期间，广告家 Pro.cn 密集调动线上线下场景资源，进行了一次精准投放的场景营销。

在投放前期，广告家 Pro.cn 通过调用相同领域的投放数据结合鼋头渚国际樱花节自身

---

① 艾瑞咨询. 中国场景营销市场研究报告(2016)，http://www.iresearch.com.cn/report/.

的属性，分析出此次投放的目标用户为江浙皖地区 25～50 岁、月收入 5000 元以上，爱好摄影、旅游、园艺、健康等活动的人群。

此后，广告家 Pro.cn 横跨 PC 端与移动端，对地理位置的场景切片进行细分，覆盖江浙沪皖生活场景，深入 1000 多个小区和区域内的旅行社、园艺店、摄影器材店等，充分利用独有的场景媒体资源，通过独有"场景"轨迹定向功能，洞察受众在不同场景下的行为，将搜索过樱花节的用户作为核心参考人群，针对有相似网络行为履历的用户，选择户外、园艺、车友、摄影等具有高度相关性的社群媒体投放，有针对性地集中展示，在移动端及全网投放广告，最终将这些目标用户引向鼋头渚官网或其他指定网站。

经过数十天的投放，广告家 Pro.cn 的场景化营销体系完成品牌曝光超 2000 万次，覆盖人数达到 195 万，而且超过 6 万的目标用户对鼋头渚樱花节产生了进一步了解的兴趣。

二、场景营销的优势

有新媒体传播学者指出，与 PC 时代的互联网传播相比，移动时代场景的意义更突出，移动传播的本质是基于场景的服务，即对场景(情境)的感知及信息(服务)适配。换句话说，移动互联网时代争夺的是场景。因此，场景成为继内容、形式、社交之后媒体的另一种核心要素。当移动媒体在内容媒体、关系媒体和服务媒体三个方向上拓展时，它的主要任务就是完成信息流、关系流与服务流的形成与组织。

相较于原有的营销方式，场景营销具有以下明显优势。

1. 更切合消费者接收信息的心理

移动互联时代新媒体生态下的数据孤岛、注意力失焦和阅读碎片化等特征，带来前所未有的营销困扰。而场景营销，不仅满足了消费者"信息汲取"的需求，而且基于数字化营销手段，实现了消费者的体验升级。一方面，基于移动生态与数字需求，场景建立起用户的时态关联，实现目标消费者的多元触达和感知活化；另一方面，利用场景下的技术支持、数据创新，实现营销信息的有效传递和精准覆盖，通过对用户与市场的全面洞察，实现有效的营销推广。

2016 年，力美科技独家拥有的全国 75% 地铁 Wi-Fi 资源正式开卖后，以首登、二登、连接闪屏、信息流等广告形式，为快消类广告主实现地铁全场景、全覆盖立体式营销，肯德基首吃"螃蟹"并赢取"开门红"。4 月 7 日至 4 月 14 日，肯德基在上海进行地铁 Wi-Fi 的广告投放。iOS 用户在地铁内打开无线局域网，选择"肯德基一早的鼓励"Wi-Fi，输入手机验证码便可直连 Wi-Fi；Android 用户打开无线局域网选择"肯德基地铁 Wi-Fi"，在地铁内网下载 App 安装，输入手机验证码即可直连 Wi-Fi，同时向用户推送广告信息(见图 11-2)。通过上下地铁判断"家—工作场所"的轨迹，匹配相对应的 KFC 线下实体店，推送相应的广告素材；打通线上+线下，通过线上广告活动促进线下互动，向实体店引流，提高到店率。据第三方数据监测机构秒针的数据显示，Android版连接闪屏单日点击率为19.54%，iOS版SSID品牌专区单日点击率为19.7%，远远高出行业平均水平！

图11-2　连接地铁Wi-Fi时的广告推送(来自力美科技官网)

2. 情境原生，原生广告匹配场景，优化品牌体验，消除用户的排斥情绪

移动化消费时代，信息接触"高频短时"，让用户产生了代入感，才能引发共鸣。情境原生就是在最恰当的时机，用最合适的形式将最有价值的原生内容进行传递，多种形式提升品牌关联度和用户黏性，实现信息的场景式传递。

对场景的解析是场景营销的关键，其成功的基础在于对移动互联时代用户的全部行为轨迹的记录。伴随着各种硬件设备的发展，对用户线下行为的量化成为可能，用户线上数据和线下数据的结合使营销服务商对用户行为的预测更为精准，能够帮助广告主精准锁定目标人群，通过对投放前时间、地点、区域、年龄段、省份、城市、消费能力和性别等进行分析，使得投放均能够直抵广告主的目标受众，并追踪投放效果；完整记录用户全生命周期的行为轨迹，覆盖线下真实生活和线上数字生活，场景营销中的用户行为预测更精准。

3. 结合技术力量和数据优势，实现用户的精准触达

场景营销延续程序化购买的特点，以"受众购买"为立足点，围绕用户需求生产营销内容，因而往往具有良好的体验，更易通过用户的自发互动引爆社交网络；"受众购买"思维在场景营销中得到进一步深化，实现营销内容与用户需求的契合是场景营销的显著特点。

4. 品效合一，品牌最大凸显，与线下消费直接相连

多样化推广要求品牌和效果的关联统一。场景营销基于移动、个性、碎片化生态，牢

牢把握消费者的变化,从沟通、吸引,到转化、分享,不断调整投放策略,实现品牌、效果、数据、策略的整体统一。贴切的营销行为,能有效提升购买率,优化网络营销效果监测。

5. 应用灵活,操作便利,本地广告主的需求得到满足

场景营销替代了本地广告主落后、低效的传统线下营销方式,为本地广告主提供了可量化、数据化的营销服务,本地广告主如便利店、餐饮娱乐场所等的数字化营销需求可以得到极大的满足。

三、场景营销的核心技术与要素

(一)场景营销的核心技术

场景营销依赖于对人线下行为的量化,线下行为的量化可通过地理围栏(Geo-Fencing)实现,即通过虚拟的围栏在现实环境中划出虚拟地理边界,形成特定的地理区域。当手机进入、离开该区域,或在该区域内活动时,可接收设备自动发出的通知和提示。

根据覆盖范围的不同,地理围栏应用不同的设备和技术:①覆盖范围在 200 米到 1000 米时,通过 GPS 或 Wi-Fi 识别;②在对精度要求更高的情况下,如小于 50 米时,通过 iBeacon 设备识别。基于地理围栏技术,营销服务商可在用户进入某一特定场景时,触发对用户的操作,完成营销行为。

Wi-Fi 探针是实现地理围栏技术的一种方式,利用 Wi-Fi 模块发出的无线广播信号进行设备感知。通过 Wi-Fi 探针技术,不论用户的手机是否连接到 Wi-Fi 热点,均可获知用户经过该 Wi-Fi 热点的时间,并可获得用户的手机身份,记录用户的线下行为轨迹。

iBeacon 是苹果公司 2013 年 9 月发布的移动设备 OS(iOS7)上配备的新功能,配备有低功耗蓝牙(BLE)通信功能的设备,使用 BLE 技术向周围发送自己特有的 ID,接收到该 ID 的应用软件会根据该 ID 采取一些行动。例如,在店铺里设置 iBeacon 通信模块的话,便可让 iPhone 和 iPad 上运行资讯告知服务器,或者由服务器向消费者发送折扣券及进店积分。

(二)场景营销的核心要素

场景营销代表着网络营销向线下的渗透,网络营销服务商用互联网的方式改造传统线下营销,是"互联网+"在营销领域的集中体现。在场景营销中,场景、数据、算法和体验是核心要素。

1. 场景

场景营销的发展得益于互联网场景的不断丰富和完善,尤其是移动设备的大量普及和移动应用的快速发展,为场景营销的实施提供了技术基础。衣食住行等生活场景是目前场景营销中重点关注的细分场景，场景为营销信息和内容提供了新的触达环境。

2. 数据

数据包括场景数据和用户数据，在场景数据的基础上，挖掘、追踪、记录和分析用户的线下数据，通过对用户线下数据和线上数据的融合，实现对用户线上加线下完整行为轨迹的分析，完成用户的多维、立体画像，为预测用户的行为提供基础。

3. 算法

数据是场景营销的基础，而让数据发挥价值依赖于高效的算法。算法基于大量数据的训练，为处理更大数据提供可能，算法和数据在场景营销中互相促进。目前场景营销中应用的主要算法有分类算法、推荐算法等。

4. 体验

场景营销使营销内容无时无刻不呈现在用户面前，成为伴随用户数字生活和现实生活的一部分。体验在场景营销中变得极为重要，这对营销内容、展现方式、用户互动等都提出了较高的要求，即如何达到营销效果和用户体验的平衡。

四、场景的特性

时间、地点、用户和关系构成场景，这四个变量中任意一个发生变化，场景随之发生改变。进行场景营销，需要把握场景的特性。

(1) 瞬时性。人不可能两次进入同一场景，这要求场景营销做到实时化，每个时刻的营销都随场景变化。

(2) 连续性。上一个场景的结束连接着下一场景的开始，这要求场景营销做到无缝连接，无间断进行。

(3) 关联性。不同场景之间可以发生任意转化，这要求场景营销能做预判，并准备多套营销方案以便随场景迁移补充或替代。

(4) 情感性。不同的场景氛围，带给人不同的感受，引发人不同的情感，这要求场景营销能体会用户在不同场景下的情感诉求，契合、烘托用户在相应场景下的情感，使用户对营销内容产生共鸣。

五、场景营销的未来展望

未来，人类将处在大数据时代，智能手机及各种传感器将记录、存储人类的一举一动、一言一行，人类生活的社会将变成一个巨大的数据库，技术的发展为预测人类的行为提供了可能。场景营销发展的核心便在于预测用户的行为，用户每时每刻产生的数据，都被场景营销产业链中各环节上的企业用于细分研究、行为研究、留存研究、媒介接触习惯研究等，从而更好地服务于营销行为，提升营销效率。

在物联网时代，各种信息传感设备，如射频识别装置、红外感应器、iBeacon 设备等与互联网结合形成一个巨大复杂的网络，覆盖广泛丰富的场景，因而语音识别、图像识别、体感互动和情绪感知等技术的发展，将实现对人的全面感知。与此同时，随着 VR/MR/AR 技术的发展，线下场景与线上场景间的界限将渐渐模糊，两者高度融合，真实与虚拟交织，共同构筑出新的场景，这将对场景营销的体验带来颠覆性的改变，场景营销的前景更加广阔。

第二节　直播营销

一、网络直播业概况

近两年来，网络直播迅速发展为一种新的互联网文化业态。2015 年，全国在线直播平台数量接近 200 家，其中网络直播的市场规模约为 90 亿，网络直播平台用户数量已经达到 2 亿，大型直播平台每日高峰时段同时在线人数接近 400 万，同时直播的房间数量超过 3000 个。[1]而到了 2016 年，我国网络直播整体营收达到 218.5 亿，平台数量有 250 多家，用户规模达到 3.44 亿，网民总体渗透率达 47.1%，30 岁以下网民渗透率为 73.6%。[2]因此，2016 年也被称为"网络直播元年"。

(一)直播平台的分类

直播平台大致可分为以下四类[3]。

1. 泛娱乐类平台

泛娱乐类平台，是与主播高度相关的直播类型，直播的主要内容在于观众和主播的交流互动，带有较强的情感色彩与社交属性，未来的发展主要集中在内容升级层面。该平台因主要为 UGC 内容(用户生产内容)，企业除支付基础运营费用外，投入较少，同时相关主播资源丰富，是四大类直播平台中准入门槛最低的一类，占比超半数，达 51.1%，也是 2016 年以来获得爆发式增长的平台类型。

---

① 数据来自"报告大厅"网站《网络直播行业分析：2017 年我国网络直播行业发展趋势解读》，http://www.chinabgao.com/freereport/73836.html.

② 数据来自腾讯文化产业办公室发布的《网络表演(直播)社会价值报告》，http://www.tisi.org/4897.

③ 艾瑞网.2016 年中国移动视频直播市场研究报告，www.iresearch.com.cn.

2. 游戏类平台

游戏直播伴随着游戏产业的兴起而发展，通过评论、弹幕等与用户实时交互，是以游戏直播内容为主的直播平台。该类型直播与游戏厂商关系密切，人群垂直度较高，因此一直处于稳定发展阶段，平台数量无明显增长，在所有平台中占比 18.0%。

3. 垂直类直播平台

随着移动直播技术的兴起，及用户对直播热情的提高，"直播+"发展迅速，作为一个传播载体，可以与其他行业进行良好的结合并获得 1+1>2 的效果。目前主要有"电商直播""旅游直播"和"财经直播"等，其占比达 27.8%，仅次于泛娱乐类直播平台。

4. 版权类直播平台

版权类直播平台，包括电视直播、活动直播及自制节目直播，属于较为传统的直播类型，以第三方的客观角度对活动的现场情况进行传递。因电视台及相关活动资源稀缺，平台数量相对较少，仅占3%。

(二)各类直播平台在用户付费方式上的区别

目前移动直播平台的主要营收依然集中在用户付费上，泛娱乐类、游戏类直播与版权类直播在用户付费方式上有所区别。

1. 泛娱乐、游戏类内容

泛娱乐、游戏类直播平台是根据用户互动打赏分成获得营收，平台依据发展状况及不同主播间的创收能力制订分成规则(见图 11-3)。流量越充足、互动频率越高的平台给主播带来的收益越大，与此同时平台也会抽取较高比例的分成。主播与平台间是协同发展关系。

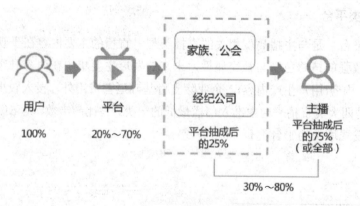

图 11-3　直播平台用户打赏付费资金流向

2. 版权类内容

版权类直播平台以内容的观看为主，互动性较弱，因此，此类用户付费以增值服务为主。目前，优秀内容如演唱会直播、大型活动直播等依然为稀缺资源，因此，付费观看为主要营收方式，同时提供免看广告和个性化定制等增值服务。

二、网络直播快速发展的原因

网络直播在我国的快速发展，大致有以下几个原因。

1. 直播本来就存在广泛的群众基础

2015 年我国在线直播平台数量接近 200 家，其中秀场直播市场规模达到 75 亿，移动直播平台的用户数量已达 2 亿，大型直播平台媒体在高峰时段同时在线人数接近 400 万，新生代网民个性鲜明，乐于展现自我，预测 2018 年中国秀场直播市场将会突破 150 亿。

2. 智能手机的普及使直播从 PC 端向移动端转化

传统的在线直播需要一台 PC 和一个账号，而智能手机的普及摆脱了直播硬件的桎梏，成本也更低，人人都能参与，且携带便捷，用户掏出手机就能开播。

3. 4G 网的出现让直播随时随地就能玩

4G 网络通信速度快、智能性能高且资费便宜，为用户随时随地玩直播提供了条件。

4. 直播用户大多是在互联网中成长起来的"85 后"年轻用户

根据易观千帆对娱乐直播用户的监测数据：24 岁及以下和 25~30 岁的用户占比高达 73.1%，就用户年龄分布来看，娱乐直播用户大多是在互联网中成长起来的"85 后"年轻用户，这部分人群性格独特、想法极多，可带来多元化的直播内容。

5. 媒体演进呈现富媒体化

互联网时代信息化传播工具历经了从文字到图片到语音再到视频的进化，视频直播成为人们分享交流的新方式。社交平台完成了"文字→图片→语音→视频→视频直播"的进化。

6. 资本抢滩移动直播

如果说以上几点是移动直播火爆的必要土壤，那么资本的抢滩就是点燃这把火的重要催化剂。国内几大巨头(如腾讯、阿里、新浪、360 等)也纷纷步入移动直播领域，移动直播作为互联网元素的集大成者，正逐渐成为新一轮争抢阵地。腾讯投资斗鱼，并推出自己的腾讯直播。新浪继秒拍后一如既往地跟一直播深度合作，阿里将优酷和微博变成自家的营销平台，360 也参与投资花椒，足见商界对移动直播领域的好感。

三、直播营销的优势

"一种新媒介的出现，将导致一种新文明的产生。"伊尼斯在《传播的偏向》一书中写道。从电视到互联网、从 PC 到手机、从微博到微信，每一次的媒介变革都带来了一场营销革命。直播营销是一种营销形式上的重要创新，也是非常能体现出互联网视频特色的板块。对于广告主而言，直播营销有着极大的优势。

(1) 某种意义上，直播营销本身就是一场事件营销。除了本身的广告效应，直播内容的新闻效应往往更明显，引爆性也更强，可以更轻松地进行传播和引起关注。

(2) 能体现出用户群的精准性。在观看直播视频时，用户需要在一个特定的时间共同进入播放页面，但这其实与互联网视频所倡扬的"随时随地性"背道而驰。但是，这种播出时间上的限制，也能够真正识别出并抓住这批具有忠诚度的精准目标人群。

(3) 能够实现与用户的实时互动。相较于传统电视，互联网视频的一大优势就是能够满足用户更为多元的需求。不仅仅是单向的观看，还能一起发弹幕吐槽，喜欢谁就直接献花打赏，甚至还能动用民意的力量改变节目进程。这种互动的真实性和立体性，也只有在直播的时候能够完全展现。

(4) 深入沟通，产生情感共鸣。在这个碎片化的时代里，在去中心化的语境下，人们在日常生活中的交集越来越少，尤其是情感层面的交流越来越浅。直播，这种带有仪式感的内容播出形式，能让一批具有相同志趣的人聚集在一起，情绪相互感染，达成情感气氛上的高度凝聚。

(5) 营销效果直接。在变现上，依托便捷的互联网支付渠道，用户的打赏和购买行为可以迅速完成，进而可以帮助直播平台形成稳定的现金流。

四、直播营销模式

直播作为互动性与实时性极强的社交媒体平台，其营销优势主要体现在为用户提供真实的使用场景，增强产品体验感。此外，用户的高频互动行为可使营销者实时接收营销效果反馈，即时解决用户的问题，增强营销效果。直播营销模式主要有以下几种。

1. 直播+发布会

"直播+发布会"已成为各大品牌抢夺人气、霸占流量和制造热点的营销法宝。

2016 年 3 月 25 日，11 位美拍达人现场直播周杰伦出任唯品会 CJO(首席惊喜官)发布会，1 小时内带来 20 万互动人次及高达 550 万的点赞，当之无愧成为业界最早使用"直播+发布会"玩法的案例典范。

在"11 位达人+周杰伦(网红+明星)"的双重粉丝经济下，通过直播场景形成了一个共同的兴趣社群，打破了传统发布会在时间、空间、形式上的制约，实现了"网红带领粉丝全民穿越，360° 无死角观看直播"的神奇效应。不仅圈住了直播现场外的人气和注意力，还通过打赏、互动、点赞等实现了双向互动、高关注度和持续热度。

2016 年 6 月 30 日，在 vivo X7 发布会现场，同样有网红们的靓丽身影。vivo 官方邀请到了来自美拍、一直播、映客三大平台的四大知名主播进行现场发布会直播，2 小时内吸引近 160 万用户观看，获赞超过 250 万。

主播们在线对 vivo X7 新品手机进行全面展示及亲自体验，手机 1600 万柔光自拍、内存运行快等产品亮点也在直播互动中得到了完美解读。

2. 直播+产品体验

邀请人气网红站台背书，往往能使品牌人气迅猛提升，形成良好的广告转化效果。该形式适用于快消(如食品、饮料、化妆品、服装、日化)、3C 数码、智能硬件、景区、餐饮、娱乐、线下服务等多个行业，是个普适性极高的玩法。

2016 年 5 月 17 日，淘宝外卖举办的饿货节，除了最直接的 5 折大优惠之外，还联合淘宝直播，找来了 100 位饿货主播，直播吃外卖，并号称"百位饿货 96 小时不间断直播，陪你吃外卖"。

这场大型活动，第一天的收看总时长就超过了 1 万小时，最火爆的某直播间，同时有 7 万多人涌入，只为了围观某女主播吃火锅。反手剥麻辣小龙虾、面盆吃拉面、用刀叉吃鸡爪、萌妹子连吃 50 个生煎、健身达人传授吃外卖心得等，看得粉丝们疯狂点赞留言。

在各种渠道砸重金投放广告，和其他品牌竞争，还不如淘宝外卖这一招，巧用 100 位人气主播自带的流量资源。这次直播营销活动，共计有 700 多万人涌进了淘宝直播频道围观百人吃外卖，直播互动上百万条，日均流量翻倍有余；淘宝外卖的流量也呈爆发式增长，惊人地连翻数倍。而在手机淘宝外传播的网红们，也在映客直播上收获了大量的热门推荐和置顶，在斗鱼上获得了首页推荐。

3. 直播+日常活动

以性感著称的 Calvin Klein 在 Twitter 的直播平台 Periscope 上，直播了它极具标志性的 2016 秋季广告大片制作全程，包括选秀、幕后花絮等。"所有镜头都通过 GoPro 相机和 iPhone 完成，你会觉得很真实，很原始，很自然。" CK 首席营销官认为，实时直播不容易修饰，因而看起来更加真实。

另外一家，虽然是老牌 B2B 企业，但是百年来一直走在营销前沿的 GE(美国通用电气公司)，也成为直播营销的尝试者：2015 年 7 月，GE 推出了一场为期五天的无人机直播，从东海岸到西海岸，在五个不同的地点对五个业务现场(如深海钻井、风力发电等)进行全方位扫描。同时，GE 也在社交媒体配合解答了观众诸如"工人们站在百米支架上工作如何克服恐惧？"等的问题，激发了他们对科技和企业的兴趣。

4. 直播+解密

"直播+解密"是行业内较为创新的营销方法，通过"网红记者"将不易于传播、不被公众熟知的品牌优势传播出去。例如，有趣的产品制造过程、难以展现的企业实力、小众的产品或服务以及美容整形过程等。

美联英语百名美女直播、七大 TOP 人气主播走进北京、上海、深圳，携手百名美女老师，解密美联英语课堂。"网红+老师"的强大美女阵容吸引了百万用户的在线围观，成为教育界首个尝鲜直播营销的成功案例。在线互动在拉近品牌和用户距离的同时，也大大提升了品牌的知名度、美誉度。

5. 直播+广告植入

广告植入一直以来都备受品牌偏爱，直播口播广告或原生内容插入广告的形式既不生硬，又能收获粉丝的好感，获得良好的转化效果。

微信美妆大号"小魔女 TV"通过直播与粉丝分享防晒秘笈，无缝植入屈臣氏脱毛膏、面膜、防晒霜、去油纸、保湿补水等系列防晒产品，在互动试验中直接导入购买链接，转化效果非常好。2 小时直播全程实力霸屏热门，吸引超过 10 万年轻女性受众观看。

6. 直播+名人访谈

企业"大佬"参与访谈直播，对于传递企业文化、提升企业知名度及市场好感度、塑造良好的企业公关形象等都起着积极作用，是一种十分值得尝试的直播营销方法。

2016 年 5 月 28 日，微播易 CEO 徐扬首次尝试直播，2 个半小时内吸引超过 81 万人在线观看，晋升"广告圈第一网红"。

2016 年 6 月 6 日，由徐扬担任总指导兼总策划的杨守彬(丰厚资本创始合伙人)首次直播，3 小时内突破 520 万观看量，累计获得 368 万花椒币打赏，荣登"创投圈第一网红"。

2016 年 6 月 29 日，徐扬再次出手，担纲总指导，帮助茵曼 CEO 方建华首次尝试直播，2 小时内吸引 77 万人在线观看，再次打造出"服装界第一网红"。

除此之外，微播易还在李开复、牛文文、E 店宝 CEO 陈涛及北大纵横创始人王璞等众多行业大佬的直播首秀中出手协助策划，同样获得了可喜的成绩。徐扬甚至想帮助 72 个垂直领域尝试、试探直播玩法，让每个行业都打造出一个"大佬"网红。

7. 直播+产品售卖

"直播+产品售卖"将流量变现、产品售卖紧密结合，成为当下的变现利器。

帮宝适 2016 年 6·18 天猫促销，请来网红奶爸米逗夫在线直播教学如何挑选纸尿裤，仅宝爸辣妈主动参与的互动就高达 4000 次，互动排名在当天的天猫同类直播中名列前 3，效果可媲美母婴类明星直播。

五、直播营销操作流程

无论是大品牌还是个人，在利用直播进行营销时往往离不开以下几个流程。

1. 精确的市场调研

直播是向大众推销产品或者个人，推销的前提是我们深刻了解用户需要什么，我们能够提供什么，同时还要避免同质化的竞争。因此，只有精确地做好市场调研，才能制订出真正让大众喜欢的营销方案。

2. 项目自身优缺点分析

做直播，营销经费充足，人脉资源丰富，就可以有效地实现任何想法。但大多数公司和企业没有足够充足的资金和人脉储备，这时就需要充分发挥自身的优点。一个好的项目不是仅仅靠人脉、财力的堆积就可以达到预期的效果，只有充分发挥自身的优点，才能取得意想不到的效果。

3. 市场受众定位

能够产生结果的营销才是一个有价值的营销。我们的受众是谁，他们能够接受什么，等等，都需要做恰当的市场调研，只有找到合适的受众才是做好整个营销的关键。

4. 直播平台的选择

直播平台种类多样，根据属性可以划分为几个不同的领域。例如，如果做电子类的辅助产品，虎牙 App 是个不错的选择；如果想直播推销衣服、化妆品，淘宝 App 及美妆 App 将会带来意想不到的流量。所以，选择合适的直播平台也是关键。

5. 良好的直播方案设计

做完上述工作之后，成功的关键就在于最后呈现给受众的方案。整个方案设计都需要销售策划及广告策划的共同参与，从而让产品在营销和视觉效果之间取得良好的平衡。在直播过程中，过分的营销往往会引起用户的反感，所以在设计直播方案时，如何把握视觉效果和营销方式的尺度，还需要不断地商讨。

6. 后期的有效反馈

营销最终是要落实在转化率上，方案的实施及后期的反馈要及时，通过数据反馈可以不断地修正方案，使营销方案的有效性不断增强。

第三节　VR 营 销

一、虚拟现实相关概念

虚拟现实技术(VR)是一种计算机仿真系统，通过对三维世界的模拟，创造出一种崭新的交互系统。它利用计算机生成一种模拟环境，是一种多源信息融合的交互式三维动态视景和实体行为系统仿真，让用户沉浸到该环境中。在产业界，将虚拟现实定义为三类技术应用方式：虚拟现实(VR，Virtual Reality)、增强现实(AR，Augmented Reality)和混合现实(MR，Mixed Reality)。实际上，在学术界的划分中，混合现实技术还分为增强现实和增强虚拟环境(AVE，Augmented Virtual Environment)两类。

简单来说，虚拟现实(VR)，看到的场景和人物全是虚拟的，是把人的意识代入一个虚拟的世界。增强现实(AR)，看到的场景和人物一部分是真实的，一部分是虚拟的。它通过电脑技术，将虚拟的信息应用到真实世界，真实的环境和虚拟的物体实时地叠加到了同一个画面或空间。VR 的视觉呈现方式是阻断人眼与现实世界的连接，通过设备实时渲染的画面，营造出一个全新的世界。AR 的视觉呈现方式是在人眼与现实世界连接的情况下，叠加全息影像，加强其视觉呈现的方式。

混合现实(MR)，既包括增强现实和增强虚拟，指的是合并现实和虚拟世界而产生的新的可视化环境。在新的可视化环境里物理和数字对象共存，并实时互动。

从概念来看，AR 和 MR 并没有明显的分界线，都是将虚拟的景物放入现实的场景中。在 AR 的视界中，出现的虚拟场景通常都是一些二维平面信息，这些信息甚至可能和我们目前看到的事物无关，功能只是在不影响我们正常视线的情况下起到提示的作用，所以这些信息会固定在那里，无论我们看哪个方向，该信息都会显示在我们视野中这个固定的位置上。而 MR 则是将虚拟场景和现实融合在一起，只有我们看向那个方向的时候，才会看到这些虚拟场景，看向其他方向的时候就会有其他的信息显示出来，而且这些信息和背景的融合性更强。简单来说，虚拟信息如果跟随视线移动就是 AR，如果相对于真实物品固定就是 MR。

二、虚拟现实技术的特点

虚拟现实基于动态环境建模技术、立体显示和传感器技术、系统开发工具应用技术、实时三维图形生成技术、系统集成技术等多项核心技术，主要围绕虚拟环境表示的准确性、虚拟环境感知信息合成的真实性、人与虚拟环境交互的自然性、实时显示、图形生成、智能技术等问题的解决让用户能够身临其境地感知虚拟环境，从而达到探索、认识客观事物的目的。虚拟现实具有以下三个重要特征，常被称为虚拟现实的 3I 特征。

1. 构想性

构想性(Imagination)是指虚拟的环境是人想象出来的，同时这种想象体现出设计者相应的思想，因而可以用来实现一定的目标。所以虚拟现实技术不仅仅是一种媒体或一个高级用户界面，还是为解决工程、医学、军事等方面的问题而由开发者设计出来的应用软件。虚拟现实技术的应用，为人类认识世界提供了一种全新的方法和手段，可以使人类跨越时间与空间，去经历和体验世界上早已发生或尚未发生的事件；可以使人类突破生理上的限制，进入宏观或微观世界进行研究和探索；也可以模拟因条件限制等原因而难以做到的事情。

2. 沉浸感

沉浸感(Immersion)是指用户感受到被虚拟世界所包围，好像完全置身于虚拟世界之中一样。虚拟现实技术最主要的技术特征，是让用户觉得自己是计算机系统所创建的虚拟世界中的一部分，使用户由观察者变成参与者，沉浸其中并参与虚拟世界的活动。沉浸性来源于对虚拟世界的多感知性，除了常见的视觉感知外，还有听觉感知、力觉感知、触觉感知、运动感知、味觉感知和嗅觉感知等。理论上来说，虚拟现实系统应该具备人在现实世界中具有的所有感知功能，但鉴于目前技术的局限性，在现在的虚拟现实系统的研究与应用中，较为成熟或相对成熟的主要是视觉感知、听觉感知、触觉感知技术，而有关味觉与嗅觉的感知技术正在研究之中，目前还很不成熟。

3. 实时交互性

实时交互性(Interactivity)是指用户模拟环境内物体的可操作程度和从环境得到反馈的自然程度。交互性的产生，主要借助于虚拟现实系统中的特殊硬件设备(如数据手套、力反馈装置等)，用户能通过自然的方式，产生与在真实世界中一样的感觉。虚拟现实系统比较强调人与虚拟世界之间的自然交互，并且交互还表现出实时性。

三、VR 营销的优势

可以说，VR 虚拟现实技术已经成为全球品牌的创新营销武器，其所带来的虚拟、沉浸式体验，是电视、广播、户外、杂志或网络等其他媒介形式望尘莫及的。

1. 提供更诱人的"虚拟试用"，使用户产生即时消费冲动

许多传统营销都没有深度触及营销的本质——促成购买行为的产生，而如果能够借助VR 设备虚拟出使用体验，则可更有效说服消费者，促成交易。

在 Google Cardboard 的帮助下，沃尔沃可以让消费者在家里对新 XC90 车进行虚拟试驾。用户只需要将应用下载到自己的手机上，然后戴上 Google Cardboard，就可以进行 360 度的试驾体验。Google Cardboard 是由一块纸板、两个透镜以及一块磁铁做成的平面包装观看设备。当用户戴上 Google Cardboard 后，便可以在家中感受沃尔沃 XC90 车型经过开放田野、山区和湖泊的驾驶乐趣以及沃尔沃 XC90 的平顺性。

在医学里，虚拟现实也可以在很多方面帮助医疗厂商有效推广产品。例如，一家制造偏头痛药物的公司就生产了一台基于虚拟现实的交互式症状模拟器，让人能感受某种疾病给患者本身所带来的痛苦。这不仅可以推销他们的产品，还可以提高人们对非可见慢性疾病的关注。这项 VR 技术可以帮助患有慢性疾病的患者，如焦虑症患者、创伤性后遗症患者等。另外，虚拟现实营销还可以展示某个治疗手段或者某种药物是如何减轻患者的痛苦。

2. 带来逼真的广告，提升产品的美誉度

有很多品牌无法直观展示其复杂的内容与特性，如仅依靠传统的电视、广播、户外、杂志或网络等呈现，难以达到广而告之的目的，不能激发消费者的欲望。但若通过虚拟现

实就可以非常直观、逼真、360°地展示给消费者，如向潜在客户解释复杂技术并介绍制造工艺，或者直接远程观察产品的产地、生产线等。

众所周知，好奶源是一罐好奶粉的关键，当众多奶粉品牌都在水深火热地打着"好奶源"概念时，荷兰美素佳儿却已走在时代的前沿，成为目前首家利用 VR 营销给消费者带来沉浸式体验的奶粉品牌，让消费者与好奶源发源地荷兰自家牧场来个零距离、360°亲密接触。为配合 2016 年 5 月 16 日至 17 日的聚划算超级大牌日，美素佳儿天猫官方旗舰店隆重推出购买奶粉赠送时下最炫酷的 VR 眼镜的优惠活动，让消费者足不出户就能 360°全方位去体验荷兰自家牧场的百年品质，达到"好奶源看得见"的宣传效果。这也因此帮助美素佳儿天猫旗舰店创造了 2 天售出超过 3 万听(盒)婴幼儿奶粉的销售奇迹，相当于 1 万个宝宝一个月的口粮。

爱尔兰啤酒希望给用户一次爱尔兰原汁原味的体验，于是他们制作了 VR 视频，并用临时的场景快速搭建了一个爱尔兰酒吧。首先邀请消费者带上 VR 头盔，一开始画面展现的是来自爱尔兰迷人草地的风景，渐渐地就出现爱尔兰本地的酒吧、美酒和爱尔兰帅气的男子，此时画面上提示让用户摘下 VR 头盔，虚拟场景变成了现实，让消费者大呼惊讶。

3. 改变购物体验，方便消费者作出购买决策

VR 正在从各个视角创造机会给消费者带来新奇的体验，同时为电子商务带来了前所未有的、近乎真实的购物体验。

阿里巴巴成立 VR 实验室，实施 Buy+计划，全面布局 VR。Buy+是通过 VR 技术最大限度地搭建出真实的异地购物场景，实现消费者足不出户买遍世界的目标。

使用 Buy+，即使身在国内某个城市的家中，消费者戴上 VR 眼镜，进入 VR 版淘宝，就可以选择去逛纽约第五大道或者英国复古集市，体验身临其境的购物乐趣，"在全世界买买买"。简单来说，消费者可以直接与虚拟世界中的人和物进行交互，甚至将现实生活中的场景虚拟化，体验一个可以互动的商品。例如，在选择一款沙发的时候，消费者再也不用因为不太确定沙发的尺寸而纠结。戴上 VR 眼镜，可直接将这款沙发"放"在家里，尺寸、颜色是否合适，一目了然。

4. 实时数据收集，据此改善营销状况

当下 VR 技术与数字营销正在迅速配对，帮助企业推动品牌的营销。易观国际预测，到 2017 年年底，全球使用 VR 设备的用户将达 4600 万，且这个数字有望在未来两年翻两倍以上。因此，借助越来越庞大的用户群，进行实时客户数据收集，可以帮助公司快速调整自己的市场营销策略。

例如，如果一项虚拟现实营销项目的效果并不理想，那么该品牌可以根据 VR 技术设备数据反馈快速制定新的策略，以迎合大众消费者的实际需求。VR 头显的出现，可以让消费者更易于识别商品信息，与商场、厂商间接地"交流"，也让商场、厂商能记录消费行为

倾向。如果企业做的是化妆品和服装的销售,可以尝试利用 VR 更新商品的外观,让顾客在虚拟世界中"试穿""试用"并把效果分享到社交平台,企业根据这些数据、意见重新制定营销策略。欧洲几个知名时装零售商,如 Marc O'Polo,Oliver Sweeney 和 Drykorn 经常利用 VR 头显中的射频识别(RFID),帮助他们更有效地管理现货库存。这些 RFID 标签可以使零售商看到实时的商店或库房中衣物或鞋履等每个商品的位置,并更快速地帮助已体验 VR 并在虚拟世界中"试穿""试用"的客户找到他们想要的样式和大小。该技术还能够记录商品在不同商店的销售率。然后,他们可以实时调整布局,从而更好地满足特定商店客户群的需求。

四、如何做好 VR 营销

1. 根据产品定位选择合适的 VR 演示方式

企业的产品故事是什么,很大程度上决定了企业需要为产品提供怎样的 VR 体验方式。如果企业只想展示一个房间、一个场所或者一款产品,那么可以考虑使用 360°视频,比如用一块纸板、两个透镜以及一块磁铁做成的 VR 眼镜;如果想让用户能控制自己的方向,可能就需要加入更复杂的技术。如果展示中包含地点变更、操作指南或者导航等技术,企业还需要为 demo(样片)加入一个菜单,并且将操作描述清楚,确保用户在体验过程中能够理解和接受产品所传递的信息。

2. 选择最合适的 VR 平台

对于目前市面上的 VR 产品/平台,有几点因素是企业需要在做决定之前充分考虑到的。

一是希望提供的 VR 体验有多深刻?如果只想展示一个 360°视频,那么 Google Cardboard 或 GearVR 技术就可以满足需求。如果希望提供更多的交互,那么就需要选择支持传感器追踪并有运算性能保障的高端 VR 头显。

借助 VR demo(样片)提供 VR 体验同样也需要考虑体验时长,它不仅和目标受众有关,也受所用的 VR 技术、demo 成本以及演示场所的影响。如果希望在某个大型展会上让用户在你的展台驻足并体验,一般应将 VR demo 的时长控制在 3～5 分钟,这是因为参展的用户通常希望快速地了解你的产品是什么,然后跑到下一个展台去,他们不会停留太久,而且时间太久容易产生眩晕感。

二是企业的预算是多少? Google Cardboard 提供了入门级的 VR 体验,售价不贵,一般一个 VR 头显在 200 元左右。而 Oculus Rift DK2 售价在 2000 元左右,消费者版预订价更贵,达到了 4000 元左右。如果辛苦制作出来的 VR demo 因为产品太贵,只有一小部分人才能看,就达不到推广产品的效果。

3. 结合产品定位,借助 VR demo(样片)让产品有超凡体验与动感故事

VR 能在营销界成为热点的原因,就是它可让人身临其境地去任何一个场景。因此,产

品定位是在制作 VR demo 时最优先考虑的，如何借助虚拟现实使产品更好地讲故事、更好地体现品牌的精神是整个体验的核心。

欧莱雅通过 VR "高空吓你" 体验来推广一款名叫 "勇气" 的香水：城市日落的景色是壮观的，但当体验者伸出头往下看，突然发现自己站在纽约市建筑的高楼壁架上，在风中摇摇欲坠，高不可攀，还有心欣赏日落之美吗？体验者每走出一步都是胆战心惊的，将背紧紧地贴在墙上，经过几分钟勇气的考验，终于走过去，拿到了欧莱雅 "勇气" 主题香水——Diesel Only the Brave。该体验的名字叫作 "Only The Brave"。这是欧莱雅为本款香水做的一个 VR 营销体验。这个体验为了让消费者身临其境，不仅使用了 HTC Vive 头显，还使用了 Leap Motion(手势识别设备)，体验者可以在虚拟场景中看到自己的手并捉到和现实中对应的香水。为增强现场的刺激效果，主办方还在体验者的腿上绑了控制器，让他们可以清晰地看到自己一步步地走在危险的高楼壁架上的情景。

4. 选择合适的合作者

VR 是一项有门槛的新技术，要想提供更好的 VR 体验，企业在寻找 VR 人才或代理公司时尤其要重视对方在该领域的技术积累和成果。如果找错了人，或者干脆自己埋头来做，可能导致所制作出来的 demo 在体验效果上达不到宣传的要求，甚至让观看者产生眩晕感。

帮助企业制作 VR demo 的合作单位必须对虚拟现实有充分的了解并具备相关的制作经验，了解一次舒适的体验的标准是什么，以及如何进行优化，如帧率在哪个范围区间对用户而言是最好的，等等。

本章小结

广义上的场景营销是指企业基于消费者所处的具体情景和时间，通过与消费者的互动而展开的营销推广活动。狭义的场景营销是指基于对用户数据的挖掘、追踪和分析，在由时间、地点、用户和关系构成的特定场景下，连接用户的线上和线下行为，理解并判断用户的情感、态度和需求，为用户提供实时、定向、有创意的信息和内容服务，通过与用户的互动沟通，树立品牌形象或提升转化率，实现精准营销。

场景营销具有以下明显优势：更切合消费者接收信息的心理；情境原生，原生广告匹配场景，优化品牌体验，消除用户的排斥情绪；结合技术力量和数据优势，实现用户的精准触达；品效合一，品牌价值最大限度地凸显出来，与线下消费直接相连；应用灵活，操作便利，本地广告主的需求得到满足。

直播营销也有着明显的优势：直播营销本身就是一场事件营销，可以更轻松地传播信息并引起关注；能体现出用户群的精准性，能够真正识别并抓住具有忠诚度的精准目标人群；能够实现与用户的实时互动；与用户深入沟通，引发情感共鸣，让一批具有相同志趣的人聚集在一起，情绪相互感染，达成情感气氛上的高度凝聚；营销效果直接。

VR 技术已经成为全球品牌的创新营销武器，其带来的虚拟、沉浸式体验，是其他媒介形式望尘莫及的。VR 营销提供更诱人的"虚拟试用"，产生即时消费冲动；带来逼真的广告，提升产品美誉度；改变购物体验，通过 VR 让电商销量得到更大的提升；实时数据收集，据此改善营销状况。

思考与练习

1. 你认为狭义的场景营销与场景消费概念有何异同？
2. 自行搜集一个 VR 营销的案例，分析其销售促进与品牌塑造方面的优势和策划特点。

知识扩展

VR 行业概述

1. VR 的主要设备构成

VR 设备分为输入设备、输出设备以及软件三部分。输入设备主要是动作捕捉设备和动作控制设备，是实现 VR 交互特点的关键设备。动作捕捉设备是采集肢体动作进而在虚拟世界进行交互的设备；常见的动作控制设备有传统的键盘、方向盘、操纵杆类设备。目前动作捕捉设备较为复杂。

输出设备是 VR 目前最多也是最直观的设备，有外接式 VR 头盔、一体式 VR 头盔、智能手机 VR 眼镜。

VR 软件公司主要做 VR 交互系统，也就是输入设备的软件部分，包括激光定位技术、红外光定位技术、可见光定位技术以及计算机视觉动作捕捉技术等。

2. VR 的发展历程

虚拟现实是由美国 VPL 公司创建人拉尼尔(Jaron Lanier)在 20 世纪 80 年代初提出的。其具体内涵是：综合利用计算机图形系统和各种现实及控制等接口设备，在计算机上生成的、可交互的三维环境中提供沉浸感觉的技术。其中，计算机生成的、可交互的三维环境称为虚拟环境(Virtual Environment，VE)。

早在 20 世纪 60 年代，虚拟现实之父 Ivan SutherLand 所发表的名为"终极的现实"的论文，描述的就是现在人们熟悉的 VR 技术。从 20 世纪 90 年代开始，VR 产品才开始跨入民用领域，但那时产品技术还不够成熟。2014 年 Facebook 以 20 亿美元收购 Oculus，Oculus 于 2016 年年初推出第一代面向大众的商用虚拟现实头戴式眼镜 Oculus Rift；索尼公司也于 2016 年上半年推出 PlayStation VR。2016 年已被认为是 VR 元年。

3. VR 在关键领域的应用

1) 军事领域

军事仿真训练与演练是虚拟现实技术重要的应用领域之一，也是虚拟现实技术应用最早、最多的一个领域。美国国防部将虚拟现实技术列为 21 世纪保证美军优势地位的七大关键技术之一，并应用于军事演练，带来了军事演练观念和方式的变革，推动了军事演练的发展。

军事仿真演练也是我国虚拟现实应用较早的领域。从 1996 年开始，在"863"计划的资助下，以北京航空航天大学为系统集成单位，联合国内多家单位，持续开展了分布式虚拟环境 DVENET 的研究开发工作，并取得一定成果。DVENET 主要由环境系统和一系列开发工具组成。为了验证 DVENET 的支撑能力，测试其可靠性和稳定性，开发了一个基于 DVENET 的军事演练概念演示系统"飓风 2000"。"飓风 2000"包括潜艇海战、舰船登陆和坦克连进攻战斗等内容。目前，军事领域仍然是虚拟现实技术应用最迫切、应用系统开发最多的领域之一。

2) 游戏娱乐领域

虚拟现实游戏既是虚拟现实技术重要的应用方向之一，也对虚拟现实技术的快速发展起了巨大的作用。尽管存在众多的技术难题，虚拟现实技术在竞争激烈的游戏市场中还是得到了越来越多的重视和应用。可以说，电脑游戏自产生以来，一直都在朝着虚拟现实的方向发展，虚拟现实技术发展的最终目标已经成为三维游戏工作者的崇高追求。从最初的文字 MUD 游戏，到二维游戏、三维游戏，再到网络三维游戏，游戏在保持实时性和交互性的同时，正在一步步地提高逼真度并增强沉浸感。随着虚拟现实技术的快速发展和软硬件技术的不断进步，虚拟现实游戏必将为人类的娱乐活动、教育和经济发展作出新的更大的贡献。

3) 医学领域

医学领域对虚拟现实技术有着巨大的应用需求，为虚拟现实技术的发展提供了强大的牵引力，同时也对虚拟现实研究提出了严峻的挑战。由于人体的几何、物理、生理和生化等数据量庞大，各种组织、脏器等具有弹塑性，各种交互操作如切割、缝合、摘除等也需要改变人体的拓扑结构，因此构造实时、沉浸和交互的医用虚拟现实系统具有一定难度。目前，虚拟现实技术已初步应用于虚拟手术训练、远程会诊、手术规划及导航、远程协作手术等方面，某些应用已成为医疗过程中不可替代的手段和环节。

4) 工业领域

在工业领域，虚拟现实技术多用于产品论证、设计、装配、人机工效和性能评价等。代表性的应用，如模拟训练、虚拟样机技术等已受到许多工业部门的重视。20 世纪 90 年代美国约翰逊航天中心使用虚拟现实技术对哈勃望远镜进行维护训练，以及波音公司利用虚拟现实技术辅助波音 777 的管线设计就是典型的成功范例。美国空军阿姆斯特朗实验室开发完成的 DEPTH 系统，采用可视化和虚拟现实技术进行维修性与保障性分析，使设计人员在进行设计的同时就能够了解维修任务是否可行，在飞机设计定型之前，就可以发现潜在的保障性问题。

5)　教育文化领域

教育文化领域也是虚拟现实技术的一个重要应用领域。现在虚拟现实已经成为数字博物馆、科学馆、大型活动开闭幕式彩排仿真和沉浸式互动游戏等应用系统的核心支撑技术。在数字博物馆、科学馆方面，利用虚拟现实技术可以进行各种文献、手稿、照片、录音、影片和藏品等文物的数字化展示。对这些文物展品的高精度建模也不断给虚拟现实的建模方法和数据采集设备提出更高的要求，推动了虚拟现实的发展。许多国家都积极开展了这方面的工作，如纽约大都会博物馆、大英博物馆、俄罗斯冬宫博物馆和法国罗浮宫等都建立了自己的数字博物馆。我国也开发并建立了大学数字博物馆、数字科技馆和虚拟敦煌、虚拟故宫等。

(资料来源：根据百度 VR 网等资料综合编写)

后 记

　　快速发展的互联网技术、数据科学技术和视听媒体技术，推动着新媒体营销技术和形式的快速迭代，整合性强、多媒体协同应用的新媒体营销实践也因此异彩纷呈，但同时让学习者、观察者感到迷茫。为此，本书力图将新媒体营销化整为零，清晰地展示新媒体营销的各个主要领域，为综合性的新媒体营销应用打下基础。

　　本书由张文锋拟定编写提纲，并撰写了导言、第一章、第二章、第六章、第七章、第八章和第十一章，黄露老师撰写了第三章、第四章、第五章、第九章和第十章，最后由张文锋统稿。

　　本书参考了大量的图书文献和网络资料，恕难一一注明，在此对各位资料贡献者谨表谢意。

　　由于编者的学识水平有限，书中难免有疏漏和不当之处，恳请读者批评指正。

张文锋

2017 年初秋

参 考 文 献

1. Andrew Goodman. 赢在关键词广告——Google Ad-Words 制胜法宝[M]. 北京：人民邮电出版社，2010.
2. 阿里学院. 网络整合营销(外贸篇)[M]. 北京：电子工业出版社，2013.
3. 蔡余杰，纪海. 场景营销：大连接时代的"营销颠覆者"[M]. 北京：当代世界出版社，2016.
4. 陈明. 计算机网络概论[M]. 北京：中国铁道出版社，2012.
5. 程小永，李国建. 微信营销解密[M]. 北京：机械工业出版社，2013.
6. 冯英健. 网络营销基础与实践[M]. 3 版. 北京：清华大学出版社，2007.
7. 龚铂洋. 直播时代的场景革命[M]. 北京：清华大学出版社，2016.
8. 胡小英. 企业软文营销[M]. 北京：中国华侨出版社，2015.
9. 郎恩·萨福科. 互联网时代营销圣经[M]. 3 版. 北京：人民邮电出版社，2015.
10. 黎友隆. 网络营销[M]. 北京：中国言实出版社，2012.
11. 刘谋清，胡敏. 狼客：网络营销成功法则[M]. 北京：电子工业出版社，2014.
12. 欧朝晖. 解密 SEO——搜索引擎优化与网站成功战略[M]. 北京：电子工业出版社，2007.
13. 石建鹏，文丹枫. 微信力[M]. 北京：电子工业出版社，2013.
14. 魏亚萍. 电子商务基础[M]. 北京：机械工业出版社，2008.
15. 文武赵. 微博营销手册：企业和个人微博营销全攻略[M]. 合肥：黄山书社，2011.
16. 喻国明，欧亚，张佰明. 微博：一种新传播形态的考察——影响力模型和社会性应用[M]. 北京：人民日报出版社，2011.
17. IOTER. 中国 VR 行业最全研究报告：现状、机会、发展趋势(2017.5) [OL]. http://www.iot-online.com/IC/tech/2017/050465986.html.
18. 艾瑞网. 2016 年中国移动视频直播市场研究报告[OL]. www.iresearch.com.cn.
19. 艾瑞咨询. 中国场景营销市场研究报告(2016)[OL]. http://www.iresearch.com.cn/report/.
20. 报告大厅. 网络直播行业分析：2017 年我国网络直播行业发展趋势解读[OL]. http://www.chinabgao.com/freereport/73836.html.
21. 彭兰. 场景：移动时代媒体的新要素[J]. 新闻记者，2015(3).
22. 腾讯文化产业办公室. 网络表演(直播)社会价值报告(2017)[OL]. http://www.tisi.org/4897.
23. 吴勇毅. VR 时代，怎样才是正确的撩客姿势[J]. 销售与市场，2017(11).
24. 中国电子技术标准化研究院. 虚拟现实产业发展白皮书(2016.4)[OL]. http://www.199it.com/archives/516786.html.